企业管理概论

刘雷 / 主编

赵红 徐伟 温馨 余维田 刘忠君 / 副主编

清华大学出版社

北京

内容简介

近年来中国经济蓬勃发展,尤其是新经济、新业态逐渐兴起,数字经济全面提速为企业管理理论的扩充提供了宝贵的素材,也对企业经营管理课程教学提出了新的要求。同时,高校为培养高素质应用型人才,亟须了解企业运作的基本模式和规律,为职业发展奠定良好的基础。

本书在案例组织上突出时效性和本土化,在知识体系设计上突出应用性和实践性,对企业这一重要的社会组织运行进行了全景式介绍。本书特别适合非管理类专业学生对企业管理活动学习的需求,也可以作为高职高专院校学生攻读本科学历的考试参考书目,还可为广大企业管理实践者从事经营活动提供指导与借鉴。

本书封面贴有清华大学出版社防伪标签,无标签者不得销售。
版权所有,侵权必究。举报: 010-62782989, beiqinquan@tup.tsinghua.edu.cn。

图书在版编目(CIP)数据

企业管理概论/刘雷主编. --北京: 清华大学出版社,2023.7(2025.1重印)
ISBN 978-7-302-63682-3

Ⅰ.①企… Ⅱ.①刘… Ⅲ.①企业管理—教材 Ⅳ.①F272

中国国家版本馆 CIP 数据核字(2023)第 094018 号

责任编辑: 吴梦佳
封面设计: 傅瑞学
责任校对: 李 梅
责任印制: 丛怀宇

出版发行: 清华大学出版社
网　　址: https://www.tup.com.cn, https://www.wqxuetang.com
地　　址: 北京清华大学学研大厦 A 座　　　　邮　编: 100084
社 总 机: 010-83470000　　　　　　　　　　邮　购: 010-62786544
投稿与读者服务: 010-62776969, c-service@tup.tsinghua.edu.cn
质量反馈: 010-62772015, zhiliang@tup.tsinghua.edu.cn
课件下载: https://www.tup.com.cn, 010-83470410
印 装 者: 三河市天利华印刷装订有限公司
经　　销: 全国新华书店
开　　本: 185mm×260mm　　　印　张: 14.75　　　字　数: 353 千字
版　　次: 2023 年 7 月第 1 版　　　　　　　　　印　次: 2025 年 1 月第 2 次印刷
定　　价: 48.00 元

产品编号: 094996-01

前言

习近平总书记在党的二十大报告中指出：教育、科技、人才是全面建设社会主义现代化国家的基础性、战略性支撑。必须坚持科技是第一生产力、人才是第一资源、创新是第一动力，深入实施科教兴国战略、人才强国战略、创新驱动发展战略，这三大战略共同服务于创新型国家的建设。复合型、高素质大学生的培养能够切实促进三大战略顺利实施，也是创新型国家建设的有力保障。教育部和中国工程院发布的"卓越工程师教育培养计划"通用标准中要求新时代的工程人才必须具有从事工程工作所需的经济管理等人文与社会科学知识。经济管理知识主要是指工程经济、项目管理、质量管理、生产组织和运作管理、产品营销和售后服务等方面的知识。

随着我国经济的飞速发展，涌现出来一大批具有代表性的企业，为企业管理理论和实践提供了丰富的参考样本。本书在近两年的筹备、编写和修改过程中，各位参与编写的教师及研究生集中阅读分析了大量教材和学术论文，在兼顾典型性、时效性、导向性等要求的同时，选取了多个行业的企业案例。本书具有以下特点。

（1）体系完整，突出实务导向。本书涵盖了企业经营管理实务的各个模块，包括企业战略管理、组织管理、经营决策、人力资源管理、生产运作管理、物流管理、市场营销、财务管理，同时强调文化管理和创新与创业管理，帮助学生对现代企业的运行有较为全面的认识。

（2）强调案例教学，突出案例的时效性。本书各章均设置了引导案例和章后案例，案例突出时效性。书中选取的案例涉及传统行业、高新技术行业等，使学生能够更好地把握各章理论知识、联系实践应用。

（3）注重课程思政指导，突出育人原则。本书注重融合国内优秀管理文化，贯彻人才培养理念和内涵，深刻领会立德树人根本任务的要求，突出培养文化自信，讲好中国故事，厚植爱国情操，坚定理想信念。

本书共十一章，按照企业一般性介绍、企业战略、组织、决策方法及各职能模块、企业创新和企业文化的管理的编写思路确定总体框架。第一章主要介绍企业发展典型阶段，管理的一般定义、管理者的作用和管理职能，较系统地介绍了企业管理理论的演变。第二章主要介绍企业战略概论、战略环境分析及企业竞争战略的实施与控制。第三章主要介绍企业的组织管理，包括企业组织结构的典型种类、组织结构设计的基本问题，以及组织变革。第四章主要介绍企业经营决策相关知识，包括经营决策分类和基本原则，经典的定性决策方法和定量决策方法。第五章～第九章主要介绍企业核心的职能管理模块，包括人、财、物、市场等企业核心资源的管理。第十章主要介绍技术创新和创业的基本规律与理论。第十一章是企业文化管理，分为企业文化概述和企业形象两部分。

本书由刘雷负责编写框架和全书统筹。温馨编写第一章和第二章；刘雷编写第三章和第四章；刘忠君编写第五章；余维田编写第六章和第七章；赵红编写第八章和第九章；徐伟编写第十章和第十一章。此外，研究生杨丽丽、赵娜、张诚、辛媛媛、张丽、周宇晴、王鹏举、陈雪婷、孙鸿燕参与了本书的编写，已毕业的学生张国雄、胡珊珊、付海英、房珊、王淇娴均为本书前期资料收集整理付出了大量精力，在此向各位老师和同学表示衷心的感谢。

本书编写还得益于课程组祝爱民、邹华、宿恺、袁峰老师的教学成果，在此向四位老师表示感谢。

由于编者水平有限，书中不当之处在所难免，请各位读者不吝指正。

编　者

2023 年 1 月

目录

001 第一章 绪论

第一节 企业 / 001
一、企业的发展 / 002
二、企业的法律形式 / 003

第二节 管理与企业管理的职能 / 005
一、管理的任务和定义 / 005
二、管理者 / 006
三、管理职能 / 007

第三节 企业管理理论演变 / 009
一、中国古代的管理思想 / 009
二、西方早期的管理思想 / 009
三、管理理论的产生与发展 / 010

本章小结 / 017

018 第二章 企业战略管理

第一节 企业战略概论 / 018
一、企业战略的概念 / 018
二、企业战略的特征 / 019
三、企业战略的分类 / 020
四、企业战略管理过程 / 021
五、战略方案选择及其标准 / 022

第二节 企业战略环境分析 / 023
一、外部环境分析 / 023
二、行业环境分析 / 025
三、竞争者分析 / 028
四、可持续竞争优势 / 029

第三节 企业竞争战略的实施与控制 / 030
一、企业竞争战略的提出 / 030
二、企业基本的竞争战略 / 031
三、企业竞争战略的选择与实施 / 033
四、企业竞争战略的评价与控制 / 035

本章小结 / 038

第三章　企业组织管理

第一节　企业组织结构的基本形式 / 039
一、直线制 / 040
二、职能制 / 040
三、直线参谋制 / 040
四、事业部制 / 041
五、矩阵制 / 042

第二节　组织结构设计中的基本问题 / 043
一、部门化 / 043
二、管理幅度 / 044
三、组织中的权力分配 / 045

第三节　企业组织变革 / 046
一、企业组织变革的概念 / 046
二、企业组织变革的原因 / 047
三、组织变革的程序 / 047
四、企业组织变革的模式 / 047

本章小结 / 049

第四章　企业经营决策

第一节　企业经营决策概述 / 050
一、经营决策的概念 / 050
二、经营决策的基本原则 / 051
三、经营决策的科学程序 / 052

第二节　经营决策的定性方法 / 053
一、专家会议法 / 053
二、德尔菲法 / 053
三、头脑风暴法 / 053
四、戈登法 / 054

第三节　经营决策的定量方法 / 054
一、确定型决策 / 054
二、风险型决策 / 057
三、不确定型决策 / 061

本章小结 / 065

第五章　企业人力资源管理

第一节　人力资源导论 / 068
一、人力资源概述 / 068
二、人力资源管理的含义、内容及意义 / 069

第二节　人力资源规划与工作分析 / 071
一、人力资源规划概述 / 071
二、工作分析的含义、任务与内容 / 073

第三节　企业人力资源招聘 / 075
一、人力资源招聘的含义与意义 / 075
二、人力资源招聘的原则与流程 / 076
三、人力资源招聘的来源与方式 / 077

第四节　企业人力资源培训与开发 / 079
一、人力资源培训与开发的内涵与意义 / 079
二、人力资源培训与开发需求分析 / 081
三、人力资源培训方法与培训效果评价 / 082

第五节　企业绩效与薪酬管理 / 083
一、绩效与绩效管理 / 083
二、绩效考评内容 / 084
三、薪酬的概念、功能及影响因素 / 085
四、基本薪酬体系设计 / 087

本章小结 / 087

第六章　企业财务管理

第一节　公司理财的有关基本概念 / 089
一、公司理财的目标和环境 / 090
二、公司理财的任务与内容 / 091
三、公司理财的基本观念 / 092

第二节　财务分析 / 093
一、财务报表简介 / 094
二、财务分析方法 / 097

第三节　投资管理 / 098
一、流动资产的投资管理 / 098
二、固定资产的投资管理 / 099

第四节　融资管理 / 100
一、股权融资 / 100
二、长期债务融资 / 101
三、资本成本 / 102

四、资本结构 / 103

第五节　股利分配管理 / 105

一、制定股利政策的目的 / 105

二、影响股利政策的因素 / 105

三、股利形式 / 106

四、股利政策 / 107

本章小结 / 108

第七章　企业生产运作管理 / 110

第一节　生产运作管理概述 / 110

一、生产运作的概念及分类 / 110

二、生产运作的类型 / 112

三、生产运作过程 / 113

四、生产运作系统 / 115

五、生产运作管理的概念和目标及基本内容 / 117

第二节　设施选址与生产过程组织 / 118

一、生产、服务设施选址 / 118

二、生产、服务设施布置 / 119

三、生产过程的时间组织 / 122

四、生产过程的组织形式 / 123

第三节　生产计划与控制 / 125

一、生产计划 / 125

二、生产作业计划 / 128

三、生产作业控制 / 130

本章小结 / 132

第八章　企业物流管理 / 133

第一节　企业物流管理概述 / 133

一、企业物流的概念 / 133

二、企业物流的特点 / 134

三、企业物流的分类 / 135

四、企业物流管理的基本任务 / 136

第二节　供应物流 / 136

一、供应物流概述 / 136

二、采购管理 / 137

三、科学采购方式 / 139

四、库存管理 / 140

第三节　生产物流 / 145
一、生产物流概述 / 145
二、生产物流管理的含义、重要性及内容 / 148
三、物料需求计划 / 149

第四节　销售物流和回收物流 / 153
一、销售物流 / 153
二、回收物流 / 157

本章小结 / 158

第九章　企业营销管理

第一节　市场与市场研究 / 160
一、市场与市场需求 / 160
二、市场研究方法与设计 / 162
三、抽样调查 / 166
四、市场预测技术 / 166

第二节　市场营销策略 / 168
一、市场营销组合策略 / 168
二、产品策略 / 170
三、价格策略 / 175
四、营销渠道策略 / 177

第三节　市场促销策略 / 178
一、市场促销策略的概念 / 178
二、人员推销和营业推广 / 178
三、广告促销 / 179

第四节　网络营销 / 180
一、网络营销概述 / 180
二、网络营销方法体系 / 182

本章小结 / 186

第十章　企业创新与创业管理

第一节　技术创新概述 / 188
一、技术创新的基本含义 / 188
二、技术创新分类 / 189

第二节　企业技术创新战略 / 191
一、技术创新与企业竞争优势 / 191
二、技术创新战略 / 191

第三节　创业 / 193
一、创业者的特征和类型 / 194

二、创业机会 / 195
三、创业融资与风险投资 / 196

第四节 风险投资的融资过程 / 197
一、风险投资公司的投资原则 / 197
二、风险投资公司的项目选择标准 / 198
三、融资时需要准备的文件 / 198
四、融资战略任务矩阵 / 199

第五节 创立期企业的组织体制与管理 / 199
一、创立期企业的人才管理 / 200
二、创立期企业的知识管理 / 200
三、生存空间的选择 / 200

本章小结 / 201

 第十一章 企业文化管理

第一节 企业文化概述 / 202
一、企业文化的发展 / 203
二、企业文化的概念和内涵 / 204
三、企业文化的特征 / 205
四、企业文化的结构 / 205
五、企业文化的功能 / 211
六、企业文化建设的内容 / 213

第二节 企业形象 / 215
一、企业形象的概念及构成 / 215
二、企业形象的特征 / 217
三、企业树立良好形象的作用 / 218
四、企业形象与企业文化 / 220

本章小结 / 221

222 参考文献

第一章 绪 论

教学目标

通过本章的学习,使学生对企业和企业管理有基本的了解,对管理思想和管理理论的演变有更深入的认识,了解中国历史文化中蕴含的丰富管理思想和宝贵经验,激发学生对企业管理领域探索的热情。

教学要求

掌握企业的概念和法律形式;掌握管理的任务、定义和管理者的作用;掌握企业管理的职能;理解企业管理理论的发展历史及发展趋势。

引导案例

江南造船厂的前身是创建于1865年(清同治四年)的江南机器制造总局,简称江南制造局。江南造船厂是清政府洋务派开设的规模最大也是近代最早的一个集军事工业、科技研究和造船于一体的大型民族工业企业。150多年来,江南造船厂创造了近百个"中国第一",被称为"中国第一厂",为中国民族工业的发展做出了巨大贡献。它饱经历史沧桑,经久不衰,是中国民族工业的发祥地、中国产业工人的摇篮。其一个半世纪的发展史,是中国民族工业不断发展壮大的缩影。

资料来源:朱永涛. 中国近代企业回顾[J]. 化工管理,2016(25):59-68.

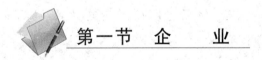

第一节 企 业

学习企业管理知识,必须从认识企业开始。企业一般是指从事生产、流通或服务等活动,为满足社会需要进行自主经营、自负盈亏、承担风险、实行独立核算、具有法人资格的基本经济单位。

在资本主义发展的早期,受市场经济思想和激烈的竞争环境的影响,许多学者和企业家都认为,企业是以获取利润为目的的经济组织。在中国改革开放初期,经济体制从计划经济向市场经济逐步过渡,刚接受市场经济思想的许多学者和企业家也持这种观点。

随着市场经济的发展和不断健全,经济社会不断进步,人们对于企业的认识开始有所提升,更多人认为,企业的首要任务是为社会提供服务,承担社会责任。企业满足了社会需求,就能获得回报、赢得利润，从而获得生存和发展。基于社会责任的观点以及在企业实践的影响下，人们对于企业开始有了进一步的认识。特别是2009年底至2010年初的日本汽车"召回门"事件，让人们对企业有了更深刻的认识，盲目追求利润而不顾消费者和社会的利益将成为企业发展的障碍。因此，企业要把为社会提供有益的服务，并为社会增添财富和有助于市场经济的发展作为自己的宗旨。显然，这种进步的观点对于企业的认识比较全面，具有战略眼光，并且更讲求企业的经营之道，代表了当今企业发展的趋势。

在大数据时代，企业的形式以及商业模式发生了巨大变化，突破了传统的认识。因此，以"变"的思维去认识今天的企业尤为重要。

一、企业的发展

企业起源于需求和分工，是社会生产力发展的产物，并伴随商品生产与商品交换而不断丰富。最早的企业雏形，是手工作坊或类似的家族组织，源于社会需求的发展和专业化分工。这些原始的经济体逐步形成一定的生产规模，并拥有一定数量的劳动者，同时也开始了商品交换。到了资本主义社会，随着社会生产力水平的提高和商品生产的发展，社会的基本经济单位发生了根本的变化，产生了现代意义上的企业。经过工业革命后两百年的风风雨雨，跨入了21世纪的今天，虽然企业的形式发生了变化，其组织和运作等变得越来越复杂，但是，学习企业管理知识必须懂得从本原性上认识企业，这样，学习才不会迷失方向。即使在商业模式不断变化创新的今天，企业仍然是建立在需求和分工的基础之上，万变不离其宗。

进入21世纪，学习企业管理强调要从企业的发展变化上认识管理理论和企业实践。企业既是社会生产力发展到一定历史阶段的产物，又是一个动态变化的经济单位，它随着人类社会的进步、生产力的发展、科学技术水平的提高而不断发展、进步。读懂企业和其发展环境，才能认识企业管理的理论与实践表现。无论是美国的福特、沃尔玛、微软、雷曼兄弟、苹果、特斯拉，日本的丰田、索尼，还是中国的上海家化、上汽集团、阿里巴巴、1号店、华为，企业的个性和发展的跌宕起伏都给予人们许多思考。借助课堂和相关文献资料，或者直接参与企业实践，能够更好地读懂企业和企业行为。所以，学习企业管理更应注重企业实践，并以宏观的视野全方位地认识企业的所作所为和获得的发展。这种全方位，不仅有全球视野所要求的宽度，更有历史的深度。纵观企业的发展历史，大致经历了以下几个时期。

（一）手工业生产时期

手工业生产时期主要是指从封建社会的家庭手工业到资本主义初期的工场手工业时期。此时生产者都属具有一技之长的专业劳动者。16—17世纪，一些西方国家开始由封建社会制度向资本主义制度转变，主要表现在资本主义原始积累加快，向海外殖民扩张，大规模地剥夺农民的土地，家庭手工业急剧瓦解，向资本主义工场手工业过渡。工场手工业呈现出规模大、产业结构明确和细化、采用机器和专业化分工的倾向，已经具有企业的诸多特征。

（二）工厂生产时期

18世纪，随着西方各国相继进入工业革命时期，工场手工业逐步发展到建立工厂制度阶段。到19世纪，工厂制度在采掘、煤炭、机器制造、运输、冶金等行业相继建立，是工场手工业发展的质的飞跃,它标志着企业的真正形成。作为真正意义上的企业在这时才诞生。

(三)企业运作时期

从工厂生产时期过渡到企业运作时期,确立和形成了现代企业制度。这个阶段,不仅体现为生产规模空前扩大、新技术和新设备迅速发展,更重要的是,企业建立了一系列科学管理制度,并产生了一系列科学管理理论。

从宏观角度看,政府的宏观管理和市场规制也更加完善,促进了现代企业制度的进步。从微观角度看,企业内部逐步形成了一支专门的职业经理人队伍,出现了所有权与管理权的分离,并且随着互联网的发展,企业的组织形态也发生了变化,促进了企业管理理论和实践的迅猛发展。

在众多制约和推动企业发展的因素中,科学技术的影响是根本的。每次技术革命后,必然伴随着一场空前规模的产业结构调整,一大批适应社会经济发展需要的全新企业迅速崛起,开拓出一系列新的市场和生产领域,构成新的经济发展热点。今天,互联网企业的蓬勃发展也印证了这一论点。

二、企业的法律形式

在市场经济条件下,企业是法律上和经济上独立自主的实体,它拥有一定法律形式下自主经营和发展所必需的各种权利。因此,无论是新建企业,还是老企业改制,都会面临企业的法律形式选择问题。企业的法律形式主要有个人独资企业、合伙企业和公司制企业。公司制企业主要有两种:有限责任公司和股份有限公司。有限责任公司的股东以其认缴的出资额为限,对公司承担责任;股份有限公司的股东以其认购的股份为限,对公司承担责任。

(一)有限责任公司

有限责任公司由50个以下股东出资设立。股东会是公司的权力机构,依照《中华人民共和国公司法》(以下简称"《公司法》")行使职权。股东会会议由股东按照出资比例行使表决权,公司章程另有规定的除外。股东人数较少或者规模较小的有限责任公司,可以设1名执行董事,不设董事会,执行董事可以兼任公司经理。

有限责任公司设监事会,其成员不得少于3人。股东人数较少或者规模较小的有限责任公司,可以设1~2名监事,不设监事会。监事会应当包括股东代表和适当比例的公司职工代表,其中职工代表的比例不得低于1/3,具体比例由公司章程规定。

有限责任公司的股东之间可以相互转让其全部或者部分股权。股东向股东以外的人转让股权,应当经其他股东过半数同意。经股东同意转让的股权,在同等条件下,其他股东有优先购买权。2个以上股东主张行使优先购买权的,协商确定各自的购买比例;协商不成的,按照转让时各自的出资比例行使优先购买权。

(二)一人有限责任公司

一人有限责任公司是指只有一个自然人股东或者一个法人股东的有限责任公司。一人有限责任公司应当在登记中注明自然人独资或者法人独资,并在公司营业执照中载明。一人有限责任公司章程由股东制定,但公司不设股东会。一人有限责任公司应当在每一会计年度终了时编制财务会计报告,并经会计师事务所审计。

一个自然人只能投资设立一个一人有限责任公司,并且该一人有限责任公司不能投资设立新的一人有限责任公司。一人有限责任公司的股东不能证明公司财产独立于股东自己的财产的,应当对公司债务承担连带责任。

以前所讲的个体企业就是指一人有限责任公司的形式。

(三) 国有独资公司

国有独资公司是指国家单独出资、由国务院或者地方人民政府授权本级人民政府国有资产监督管理机构履行出资人职责的有限责任公司。

国有独资公司章程由国有资产监督管理机构制定,或者由董事会制定报国有资产监督管理机构批准。

国有独资公司不设股东会,由国有资产监督管理机构行使股东会职权。国有资产监督管理机构可以授权公司董事会行使股东会的部分职权,决定公司的重大事项,但公司的合并、分立、解散、增加或者减少注册资本和发行公司债券,必须由国有资产监督管理机构决定。其中,重要的国有独资公司合并、分立、解散、申请破产的,应当由国有资产监督管理机构审核后,报本级人民政府批准。

国有独资公司设董事会,董事会成员由国有资产监督管理机构委派。董事会成员中应当有公司职工代表,职工代表由公司职工代表大会选举产生。

国有独资公司设经理,由董事会聘任或者解聘。经国有资产监督管理机构同意,董事会成员可以兼任经理。董事长、副董事长、董事、高级管理人员,未经国有资产监督管理机构同意,不得在其他有限责任公司、股份有限公司或者其他经济组织兼职。国有独资公司监事会成员不得少于5人,其中职工代表的比例不得低于1/3,具体比例由公司章程规定。监事会成员由国有资产监督管理机构委派,职工代表由公司职工代表大会选举产生。监事会主席由国有资产监督管理机构从监事会成员中指定。

(四) 股份有限公司

股份有限公司的设立有两种形式:发起设立和募集设立。发起设立是指由发起人认购公司应发行的全部股份而设立公司。募集设立是指由发起人认购公司应发行股份的一部分,其余股份向社会公开募集或者向特定对象募集而设立公司。设立股份有限公司,应当有2人以上200人以下为发起人,其中须有半数以上的发起人在中国境内有住所。

股份有限公司采取发起设立方式设立的,注册资本为在公司登记机关登记的全体发起人认购的股本总额。在发起人认购的股份缴足前,不得向他人募集股份。发起人应当书面认足公司章程规定其认购的股份,并按照公司章程规定缴纳出资额。以非货币财产出资的,应当依法办理其财产权的转移手续。发起人不依照前款规定缴纳出资的,应当按照发起人协议承担违约责任。发起人认足公司章程规定的出资后,应当选举董事会和监事会,由董事会向公司登记机关报送公司章程以及法律、行政法规规定的其他文件,申请设立登记。

股份有限公司采取募集设立方式设立的,注册资本为在公司登记机关登记的实收股本总额。发起人认购的股份不得少于公司股份总数的35%,但是,法律、行政法规另有规定的,从其规定。发起人向社会公开募集股份,必须公告招股说明书,并制作认股书,由认股人填写认购股数、金额、住所,并签名、盖章。认股人按照所认购股数缴纳股款,并且由依法设立的证券公司承销,签订承销协议,同银行签订代收股款协议。以募集方式设立股份有限公司公开发行股票的,还应当向公司登记机关报送国务院证券监督管理机构的核准文件。

股份有限公司股东大会由全体股东组成。股东大会是公司的权力机构,依照《公司法》行使职权。股东大会会议由董事会召集,董事长主持;董事长不能履行职务或者不履行职务的,由副董事长主持;副董事长不能履行职务或者不履行职务的,由半数以上董事共同推举一名董事主持。董事会不能履行或者不履行召集股东大会会议职责的,监事会应当及时召集和主持;监事会不召集和主持的,连续90日以上单独或者合计持有公司10%以上股份的股东可以自行召集和主持。股东出席股东大会会议,所持每一股份有一表决权。但是,公司持有的本公司股份没有表决权。股东大会作出决议,必须经出席会议的股东所持表决权过半数通过。但是,股东大会作出修改公司章程、增加或者减少注册资本决议的,以及公司合并、分立、解散或者变更公司形式决议的,必须经出席会议的股东所持表决权的2/3以上通过。

股份有限公司设董事会,其成员为5～19人。董事会成员中可以有公司职工代表。董事会中的职工代表由公司职工通过职工代表大会、职工大会或者其他形式民主选举产生。董事会设董事长1人,可以设副董事长。董事会每年度至少召开2次会议,董事会会议应有过半数的董事出席方可举行。董事会作出决议,必须经全体董事的过半数通过。董事会决议的表决,实行一人一票。董事会会议,应由董事本人出席;董事因故不能出席的,可以书面委托其他董事代为出席,委托书中应载明授权范围。董事应当对董事会的决议承担责任。

股份有限公司设监事会,其成员不得少于3人。监事会应当包括股东代表和适当比例的公司职工代表,其中职工代表比例不得低于1/3。监事会设主席1人,可以设副主席。董事、高级管理人员不得兼任监事。

第二节　管理与企业管理的职能

学习企业管理,必须认识管理的基本概念和职能,这是学习管理的基础。管理是一门科学,也是一门艺术,是科学与艺术的结合。围绕着"管理"这一概念,本节将从管理的任务和定义、管理者和管理的基本职能等方面进行阐述。

一、管理的任务和定义

管理是人类组成群体后产生的需求。人类之所以组成群体,是因为生存的需要,以及在此基础上改善生活的需要,群体使人们的生活丰富多彩、更有意义。这样,人们就自愿放弃各自为政的行为方式,通过协同行动来构成群体和壮大群体。这种协同人们行为的活动,就称为管理。为了更好地阐述管理的定义,本节首先对管理的任务作简单陈述。

(一)管理的任务

人们组成群体的最初和最基本的目的是生存和改善生活,而群体的一个重要特征就是步调一致。为此,人们在群体中就必须放弃以前的那种各自为政的散漫行为方式,在群体中通过成员间的协同行动和群体目标的实现来满足个人的需要。因此,群体中的个人目标与群体目标在大方向上应该是一致的,并且在不同视角下互为基础。

在群体中协调个人的行为,就需要管理。随着群体中人员的职责、权限和相互关系逐步得到有序安排,组织就形成了。这样,一个组织的存在肯定有其目标,管理的任务就在于引导和协调组织成员的行为,以达到组织的目标。具体讲,就是把组织所拥有的人力、物力、财力等资源加以合理的组合和运用,保证组织目标的实现。为推动组织向目标一步一步接近,必须规定组织中每个成员应当从事的活动,并使他们的活动相互协调。如果这些活动都规定得当、协调一致、进展顺利,那么组织中各成员的活动就会对组织目标的实现产生积极的促进作用。从这一意义上讲,在管理过程中要鼓励那些有利于组织目标实现的积极行为,阻止那些妨碍组织目标实现的不利行为。在规范组织成员行为的过程中,制度建设是一项基础性工作,是组织管理的"基础设施"。由于影响因素错综复杂,必须以系统思想为指导进行持续的"基础设施"建设,并不断优化、分实和保障实施。管理的现代化,不仅需要"基础设施"方方面面的现代化,更需要其内涵升华为先进的企业文化,潜移默化地作用于所有组织成员的态度和行动之中,并提升组织的精神面貌和整体影响力。

(二)管理的定义

管理是指确立组织战略和目标,整合组织所有的一切资源,通过优化配置和运作资源更好地实现组织战略和目标的所有的活动过程。这一定义有五层含义:第一,管理是一个活动过程。因此,管理是动态的。第二,管理的任务是达成组织的战略和目标。第三,管理的手段是配置和运作组织拥有的资源。由于资源是有限的,并且可能是分散的或多种多样的,因此必须对资源进行整合和优化配置。第四,管理的核心是持续改进和追求更好(卓越)。第五,管理的本质是决策和协同。过程中的矛盾和不协调可能会成为组织实现既定目标的阻力和障碍,管理就是要努力消除各种不协调和障碍,使成员能够协同行动而实现组织既定的目标。

二、管理者

管理的任务是完成组织的战略和目标,这是组织整体的需求,也是组织整体的共同任务,必须依靠组织整体资源的力量和积极贡献。能否在完成组织战略和目标的过程中,优化配置组织资源并体现出卓越的水平,管理者起着关键作用。

(一)管理者的作用

管理者是组织中被授权指挥他人活动的人。在企业中,管理者的作用是领导全体员工共同实现企业的战略和经营目标,具体的管理活动主要体现在资源管理和决策制定两个方面。资源主要包括人力资源、资产资源、信息资源、决策制定四个方面。

在人力资源管理方面,管理者的作用主要是代表、沟通和指挥。高层管理者代表企业整体,中层管理者代表企业的某个局部,基层管理者代表企业中的一个基层单位。管理者要在企业中进行上下左右的沟通,在上下级之间、横向之间建立和保持良好的人际关系。另外,管理者还要指挥和激励下级有效地完成任务。

在资产资源管理方面,管理者要清晰解读企业资产负债表、现金流量表和利润表,有效发挥企业资产的积极作用,持续提升企业的资产价值。

在信息资源管理方面,管理者的作用主要是有效地获取信息、处理信息和发布信息。管理者要保持信息渠道的畅通,保证信息的正常和快速传递、信息系统的正常运作。管理者要借助信息系统为正确决策收集大量有效的信息,为正确决策进行有效的信息处理,发布指令并推动指令有效实施。

在决策制定方面,管理者的作用主要是制定决策和推动决策的实施。管理者在自己行使职权的领域要选择解决问题的有效方案,并为使决策方案得到有效实施而合理配置资源和协调各方矛盾。

(二)管理的有效性和效率

管理者在管理活动中必须关注管理的有效性和管理的效率。

1. 管理的有效性

管理的有效性是指管理工作对投入后的产出与企业目标一致性的影响。如果一个企业能够很好地利用其拥有的资源去实现既定的目标,则说明其管理是有效的。

2. 管理的效率

管理的效率是指管理工作对投入与产出关系的影响。投入少,产出多,说明发挥作用的资源比例高,浪费的资源少,管理的效率高。

管理的有效性和效率是相互联系的。应当避免在管理中只讲有效性不讲效率,或只讲效率不讲有效性。良好的管理应该是既有效,又高效,既能达到企业的目标,又能充分利用企业的资源。从投入和产出的角度来看,就是以最小的投入取得既定的有效产出,或以一定的投入取得最大的有效产出。图1-1展示了管理的有效性和效率的关系。

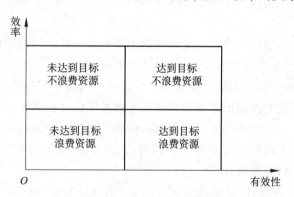

图1-1 管理的有效性和效率的关系

三、管理职能

管理是一个过程,这一过程中管理职能可以划分为计划、组织、领导、控制四个方面。

(一)计划职能

计划是管理过程中的首要职能。计划的含义可从两个角度讨论。第一,从名词的角度(静态的)理解,计划是指实现组织目标的行动方案。第二,从动词的角度(动态的)理解,计划是拟订实现组织目标和行动方案的过程。后者就是管理的计划职能。通常实现组织目标的途径不会只有一条,因而会存在多种行动方案可供选择。从有效性和高效率的观点出发,对两种或两种以上的可选择行动方案进行比较分析,从中作出一个选择的过程,即为决策过程。最后抉择的行动方案,即为决策。

(二) 组织职能

组织的含义也可以从两个方面解释。一是以静态结构解释组织的含义。组织是指为达成某些目标而设计并建立的具有明确职责、权限和相互关系的管理系统。这一管理系统有如下特点:①开放系统,不断与外部环境进行各种资源的交换;②技术系统,不断进行由投入转化为产出的过程;③整合系统,不断与环境相互作用,并与其各子系统(或系统元素)相互依存。二是从动态活动解释组织的含义。组织是指对管理系统拥有资源的职责、权限和相互关系进行有序安排的活动过程。这就是管理的组织职能。这一动态过程具有如下作用:明确管理系统的哪些资源用于哪项活动,或哪项活动使用哪些资源,这些资源何时使用、何地使用、由谁使用、如何使用等,使管理系统内所有资源之间建立起合理的关系。

(三) 领导职能

领导,从静态来讲是能够影响他人行为的个人或集体;从动态和组织的管理活动来讲,是指管理者的一种行为和影响力,这种行为和影响力用于引导和激励组织成员去实现组织目标。所以,领导职能的内容是激励、指导、引导、促进和鼓励,一个组织的目标能够实现,要靠组织全体成员的共同努力。管理的主要职能,就是通过领导的作用引导和激励组织成员去实现既定的组织目标。

(四) 控制职能

控制是促使组织的活动按照计划规定的要求展开的过程。控制职能意味着主动发现计划实施中出现的(或潜在的)偏差,并加以纠正(或预防)。

一个组织,在实现目标的过程中会受到来自组织内部或外部各种因素的影响,其运营计划的执行会因种种干扰的出现而或多或少地发生偏离既定目标的情况。控制职能是以组织运营的作业标准和目标实现情况来测定实际的作业,通过将标准、计划目标与实际结果进行比较后决定是否需要采取纠正行动或进行改进,所以控制职能是组织的一切职能活动按计划进行并实现组织目标的重要保证。

计划、组织、领导、控制四种职能是相互关联、不可分割的一个整体。其中某一职能的完成情况会受其他职能完成情况的影响。比如,计划是管理过程的第一个职能,为实现组织目标而提供的计划方案会直接影响组织的特点和结构,可以想象一个旨在为顾客提供食宿的组织同一个以生产电器产品为盈利手段的组织,它们在特点和结构上可能是完全不同的。另外,精心制订周密计划是组织工作的基础。同时,组织在很大程度上决定着计划的成败,一个适当的、合理的组织是计划得以实现的重要保证。领导必须适应于计划和组织的要求,控制则是对计划、组织、领导加以全面检查,纠正偏差,以保证组织目标的实现。

第三节 企业管理理论演变

一、中国古代的管理思想

如果说西方管理学以"术"见长的话,中国传统的管理智慧则以"道"为尊,这是东方管理智慧的精髓。

早在五千年前,中国就已经有了人类社会最古老的组织——部落和王国,有了部落的领袖和帝王,因而也就有了管理。到了商周时代(约公元前17世纪),中国已经形成严密的国家组织,出现了从中央到地方,高度集权、等级森严的金字塔型的权力结构。

在中国两千多年前的封建社会中,在中央集权的国家管理、财政赋税的管理、官吏的选拔与管理、人口田亩管理、市场与工商业管理、漕运驿递管理、文书与档案管理等方面,历朝历代都有新的发展,出现了许多杰出的管理人才,并在军事、政治、财政、文化教育与外交等领域,显示了卓越的管理才能,积累了宝贵的管理经验。

随着历史的演进,以儒、道、佛(禅)为代表的中国古代文化留下了极为丰富的实践理论原则,我们可以而且应该从中汲取丰富的处世之道和管理智慧,体悟"亦儒亦道亦禅"的圆融境界,以儒养性、以道养身、以禅养心,其蕴含的智慧在现代企业管理中将继续绽放光芒。

二、西方早期的管理思想

人类的管理活动有悠久的历史。远在奴隶社会时代,古巴比伦人、古埃及人、古罗马人就在指挥部队作战、治国施政和教会管理中采取了比较有效的管理方法。

18世纪下半叶,从英国开始的工业革命导致工厂制度的产生,由此带来了一系列新的问题,如工人的组织和相互间的配合问题,在机器生产条件下人与机器、机器与机器的协调运转问题,劳资纠纷问题,劳动力的招募、培训与激励问题,等等。因此,新兴的工厂制度所带来的管理问题完全不同于传统组织所遇到的管理问题,这些前所未有的管理问题都需要人们去研究。在这种情况下,管理理论研究开始出现。

英国经济学家亚当·斯密(Adam Smith)的专著《国民财富的性质和原因的研究》于1776年出版,即《国富论》。在《国富论》中,斯密以制针业为例详细分析了劳动分工带来的好处。斯密认为,通过劳动分工,工人只重复简单的操作,可以提高劳动的熟练程度,节省工序转换所需的时间,同时使工具专门化,有利于设计和改进工具设备,使劳动进一步简化和减少,这使得生产率大大提高。劳动分工的思想至今仍被人们广泛采纳。

剑桥大学的数学教授查尔斯·巴贝奇(Charles Babbage)在1832年出版的《论机器和制造业的经济》一书中继续了劳动分工的研究。他认为,分工不仅可以提高劳动效率,还可以为资本家减少工资支出,因为分工不同,劳动强度和技术要求不同,工资标准也就不同,这样可以使工资总额减少。此外,巴贝奇还强调重视人的因素,认为企业与工人之间有一种共同的利益,主张实行分红制度,使提高了劳动效率的工人能分享一份利润,并奖励提出合理化建议的人员。

罗伯特·欧文（Robert Owen）是英国著名的工业家和改革家，也是19世纪有成就的实业家之一。欧文最早注意到了企业内人力资源的重要性。他认为，工人是人而不是机器，并在自己的工厂里试行一系列的改革措施，如改善工人的工作和生活条件、禁止招收童工、缩短工作时间等。他认为，通过改善员工的生产和生活条件，通常可以提高生产率50%～100%。欧文也因此成为现代人事管理的先驱者和创始人。

还有许多代表人物，尽管他们从不同角度提出了一些先进的管理思想，但由于历史背景以及人们认识的种种局限，有关研究并没有形成系统化的管理理论体系。这也与当时社会普遍只注重生产组织、减少浪费、增加产量、追求利润最大化有关，人们注重的是具体方法而不是理论，但这对于促进生产及科学管理理论的产生和发展都具有积极的作用。

三、管理理论的产生与发展

（一）科学管理理论

随着工业革命从英国转向欧洲大陆及美洲，在19世纪最后数十年，工业得到了前所未有的发展，工厂制度日益普及，生产规模不断扩大，竞争加剧。在这种情况下，如何提高劳动生产率成为企业在竞争中能否脱颖而出的关键，在早期研究和经验总结的基础上，科学管理理论应运而生。

科学管理理论又称古典管理理论，主要代表人物有美国的费雷德里克·温斯洛·泰勒（Frederick Winslow Taylor）、法国的亨利·法约尔（Henri Fayol）等人。

1. 泰勒的科学管理思想

19世纪末20年世纪初，随着资本主义自由竞争逐步向垄断过渡，科技水平及生产社会化不断提高，市场和企业规模不断扩大，生产技术更加复杂，分工协作更加严密，对企业管理工作的要求越来越高。正是在这样的背景下，产生了科学管理理论。

泰勒在管理理论发展史上是一位具有划时代意义的人物。他于1856年出生于美国费城的一个律师家庭，并不负众望考入哈佛大学，后因眼疾而辍学。他的一生做过钢铁厂的工人、总工程师，担任过公司的总经理，出任过美国工程师协会主席，也做过只宣传管理思想而不取报酬的顾问。他的主要著作有《计件工资制》（1895）、《车间管理》（1895）和《科学管理原理》（1911），并在《科学管理原理》中提出了通过对工作方法的科学研究来提高工人劳动效率的基本理论与方法。泰勒在《科学管理原理》中提出的理论，奠定了科学管理的理论基础，标志着科学管理理论的正式形成，泰勒也因此被称为"科学管理之父"。

科学管理的产生是管理从经验走向理论的标志，也是管理走向现代化、科学化的标志，其意义绝不亚于蒸汽机发明导致的工业革命。

科学管理的主要内容包括以下五点。

（1）标准化操作原则。泰勒认为，必须使用适合于每项工作的标准化工具、机器、材料以及相应的作业环境；必须选择适合做、同时又乐于做该项工作的工人，并对其进行标准化动作的培训，减少其不必要的动作，尽快完成任务。

（2）工作定额原则。根据对动作和时间的研究，制定出标准工作定额。标准定额要考虑到工人的劳动强度、休息时间、其他工作配合时间。

（3）实行差别计件工资制。按照标准工作定额，确定两种工资率：对完成或超额完成工作定额的工人,以较高的计件工资率计算报酬;对没有完成工作定额的工人,则以较低的计件工资率计算劳动报酬。雇主和工人之间通过提高劳动生产率的合作实现生产成本的降低,同时提高工人的工资。

(4)建立职能工长制,将计划、执行和控制的职能分开。设立计划部门,按照科学规律,制订计划,管理企业。同时改变过去那种把工作责任都推到作业人员头上的状况。

(5)能力与工作相适应原则。科学挑选工人,安排一流的工人到工作岗位上去,并对工人进行培训和教育,从而最大限度地利用和发挥工人的能力,使之取得最大的成绩。

当然,泰勒的科学管理也存在一定的局限性,主要表现在:泰勒对人的认识是片面的,他认为工人是"经济人",其工作动机只是追求经济利益;科学管理仅重视技术的因素,不重视人的社会因素;他的理论仅解决了个别具体工作的作业效率问题,而没有解决企业作为一个整体如何经营和管理的问题。

与泰勒同时代的科学管理理论学派的代表人物还有亨利·劳伦斯·甘特(Henry Laurence Gantt)、"动作研究之父"弗兰克·吉尔布雷斯(Frank Gilbreth)和他的妻子(美国第一位心理学女博士)莉莲·吉尔布雷斯(Lillian Gilbreth)等。

科学管理思想与经验管理思想相比,研究的重点是如何提高效率,主张运用科学管理来代替单纯的经验管理,主张管理专业化和职业化。

2. 法约尔的一般管理理论

与泰勒不同,法国工程师法约尔一直担任高级管理职务,因此他的理论着重以企业为整体进行经营管理研究。他的管理理论集中反映在他1916年出版的《工业管理和一般管理》一书中。虽然法约尔的管理思想同泰勒的科学管理思想都是科学管理思想的代表,但法约尔的管理思想的系统性和理论性更强,因此法约尔也被誉为"经营管理之父"。

法约尔认为,企业无论大小、简单还是复杂,其全部活动都可以概括为:技术活动、商业活动、管理活动、会计活动、财务活动和安全活动六种,如图1-2所示。法约尔指出,无论是

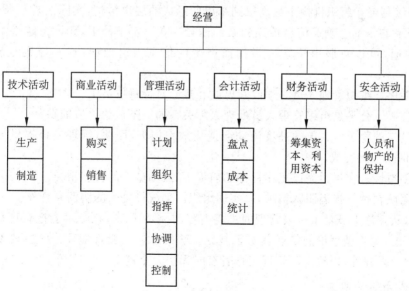

图1-2 企业的活动

管理者还是执行者,都需要培养完成六种工作的能力,特别是管理能力和技术能力。对于基层的工人,主要要求其具备技术能力。对于管理者,随着其在组织中职位的提高,其技术能力的重要性相对降低,而管理能力要求不断提高。

法约尔管理思想的另一项重大贡献是,它首先提出将管理活动划分为五大职能:计划、组织、指挥、协调和控制,并对其进行了详细的分析和研究。他认为,计划就是探索未来和制订行动方案;组织就是建立企业的物质和社会的双重结构;指挥就是使其人员发挥作用;协调就是连接、联合、调和所有的活动和力量;控制就是注意一切是否按已经制定的规章和下达的命令进行工作。法约尔不但阐述了管理各项职能的作用和相互关系,而且特别强调了管理的五项职能是组织的管理者与全体成员共同的职责。他对管理的五大职能的分析为管理科学提供了一套科学的理论框架,后人根据这一框架,建立了管理学并把它引入课堂。

法约尔根据自己多年的管理经验,提出了实施管理的十四项原则。

(1) 劳动分工。类似亚当·斯密的劳动分工原则。核心在于专业化可以提高生产率,从而增加产出。

(2) 权责相当。管理者有发布命令并使人服从的力量,而此权利的前提是管理者遵从责权对等的管理思想。

(3) 纪律严明。全体员工服从和遵守组织运作中的规则。

(4) 统一指挥。任何一位员工只接受一位上级的指挥。

(5) 统一领导。为达成同一目标而从事的各种活动,只能在一个领导和一个计划下进行。

(6) 个人利益服从整体利益。个人利益不能置于集体利益之上,但应注意,集体目标应包含员工的个人目标。领导者要以身作则,协调集体目标与个人目标,缓和两者之间的矛盾。

(7) 员工报酬。报酬合理,能够奖励有益的工作成果和激发全体员工的工作热情。

(8) 集权化。必须根据组织的客观情况,确定适度的决策权力和分配与集中的结构。

(9) 等级制度。组织机构由最高层到基层所形成的层次结构,实际上是一条权力线,它是自上而下和自下而上确保信息传递的必经途径。在一定条件下,允许跨越权力线而直接进行横向沟通,可以克服由于统一指挥而产生的信息传递延误(这一原则也称为"跳板原则")。

(10) 秩序。组织管理人员必须以其忠诚和热心对待每位员工。

(11) 公平。公平是组织管理人员处理人际关系的一条道德价值准则。

(12) 员工的稳定。人员的高度流动会造成效率损失,因此,管理应该提供合理的人事计划,以确保工作的完成。

(13) 创造性。在尽力完成工作目标的前提下,鼓励员工的首创精神。

(14) 团队精神。提倡团队精神,以实现组织内部成员之间的协调和合作。

法约尔从理论上概括了一般管理的主要内容、要素和原则,在学术上把管理科学提高到了一个新高度,为管理理论的发展奠定了基础。法约尔的一般管理理论的主要不足之处在于管理原则缺乏弹性,以致实际管理工作者有时无法完全遵守。

(二) 行为科学理论

以泰勒和法约尔为代表的管理思想使管理完成了从经验到科学的转变,为西方管理理论的发展奠定了坚实的基础。泰勒所倡导的科学管理思想和法约尔创立的一般管理理论,反映了大机器生产和大型管理组织出现后的客观要求,促进了社会生产力的发展。但是,他们强调物质因素的作用,忽视了人的主观能动性;强调物质鼓励,忽视了人的社会需要。事实上,仅依靠工程师的科学设计、奖金刺激、等级分明的指挥系统,并不能给企业带来持久的活力;相反,紧张而单调的劳动和日益严重的劳资矛盾,越来越激起工人的反抗。在这种情况下,科学管理已经不适应新的形势,需要有新的管理理论与方法进一步调动工人的积极性。一些研究人员就把管理研究的角度调整到了对人类工作行为的研究上,行为科学理论很快诞生了。

行为科学的创始人是美国哈佛大学的乔治·埃尔顿·梅奥(George Elton Mayo)教授。1924—1932年,梅奥应美国西方电气公司的邀请,在该公司设在芝加哥附近霍桑地区的工厂里,进行了长达数年的实验,试验最初的目的是研究企业中物质条件与工人劳动生产率之间的关系,实验结果却出人意料地促成了人际关系学说的诞生。霍桑工厂有完善的娱乐设施、医疗制度、养老金制度,但工人仍有很强的不满情绪,生产效率低下。为探求原因,进行了四个阶段的实验。

(1) 照明实验。实验从变换工作现场的照明强度入手,以观察不同照明水平对生产率的影响,结果发现照度的变化对生产效率的影响不大,说明工作的物理环境不是主要影响因素。

(2) 继电器装配小组实验。为了有效控制影响工人生产的因素,实验中先是分期改善劳动条件和待遇,一年半后又逐步取消这些条件和待遇,发现产量仍维持在较高水平。人们分析得出结论,似乎是监督和指导方式的改善,促使工人改变了工作态度,使产量增加。

(3) 大规模访谈。从发放问卷的形式到自由交谈,两年内共访问了2万多人次。得出的结论与上一阶段吻合,即影响生产效率的最重要的因素是工作中形成的人群关系,而不是待遇和环境,工作效率不完全取决于员工自身,还受到组内其他同事的影响,随后实验进入第四阶段。

(4) 对接线工作室的观察研究。这一期间主要是观察实验,有许多重要发现,如员工会自行限制产量,以保护工作慢的同事;对不同级别的上级持不同的态度,职位越高者,越受尊敬,顾忌心理也越重;存在非正式组织,有小派系,有内部行为规范。

根据霍桑实验,梅奥等人总结出:人们的生产效率不仅要受物质条件和环境的影响,更重要的是受社会因素和心理因素等方面的影响。梅奥于1933年出版了代表作《工业文明中人的问题》,提出了与科学管理不同的观点,形成了人际关系论,主要有以下三方面。

(1) 企业员工不仅是经济人,而且是社会人。企业管理者应当重视人的社会性,工人不仅是为了金钱工作,他们还有精神与社会需要,他们需要尊重,彼此关心,互相帮助,有成就感。因此必须满足其需要,工人才会发挥内在的积极性。

(2) 企业中存在"非正式组织"。在长期的工作过程中,以人们之间的感情、爱好、性格为纽带形成区别于正式机构的团体,这种团体的不成文的习惯及行为左右着团体内成员的行为,这类团体就是非正式组织,它对于工作能否顺利实施有着重大的影响。管理应努力使非正式组织与企业具有一致的目标。

(3) 生产效率主要取决于职工的工作态度以及他和周围人的关系。梅奥认为,提高生产效率的主要途径是提高工人的满意度,而工作条件、报酬是第二位的,要力争使职工在安全、归属感、友谊等方面的需求得到满足。

行为科学理论改变了人们对管理的思考方法,它把人看作宝贵的资源,强调从人的作用、需求、动机、相互关系和社会环境等方面研究其对管理活动及结果的影响,研究如何处理好人与人之间的关系、做好人的工作、协调人的目标、激励人的主动性和积极性,以提高工作效率。但其理论也存在一些局限性,主要表现为:①过分强调非正式组织的作用。实践证明,非正式组织并非经常对每个人的行为有决定性的影响。②过多强调感情的作用,似乎职工的行动主要受感情和关系的支配。事实上,关系好不一定使士气高涨,更不一定使生产效率提高。③过分否定经济报酬、工作条件、外部监督、作业标准的影响。事实上,这些因素在人们的行为中仍然起着重要作用。④个人行为的复杂性,使得对行为进行准确的分析和预测非常困难。因此,行为管理思想若要在实践中得到广泛的应用,尚有待于理论的进一步完善与发展。

(三) 现代管理理论发展

第二次世界大战后企业规模不断扩大,跨国公司大量出现,管理已不局限于车间和企业内部生产组织及作业效率问题,人们开始注重企业的发展问题,更加重视行为科学,以人为本。同时,随着现代理论知识如概率论、数理统计、系统论、信息论、控制论的发展和现代化工具如计算机、电视监测系统、自动化生产线等的应用,先前的管理理论已不能适应新的形势发展的需要,这种理论与实践相脱节的问题,吸引了大量的专家、学者加入到管理理论研究的队伍中,出现了"百花齐放,百家争鸣"的局面,形成了"管理的理论丛林"。下面主要介绍几种有代表性的流派。

1. 系统学派

美国高级经理、管理学家切斯特·巴纳德(Chester Barnard,1886—1961)于1938年出版了《经理的职能》一书,从社会组织系统的角度分析了经理人员的职责和任务,探讨了组织形成的原因、正式组织与非正式组织之间的关系等,被认为是现代组织理论的创始人。丹尼尔·卡茨(Daniel Kaltz)、罗伯特·卡恩(Robert Kahn)和詹姆斯·汤普森(James Thompson)等进一步发展了系统理论。系统理论认为,组织是一个系统,是由相互依存的众多因素组成的,局部最优并不等于整体最优。同时组织是一个开放系统,和周围环境相互影响、相互作用。

2. 决策理论学派

决策理论学派是以系统理论为基础,吸收了行为科学、系统理论、运筹学和计算机科学等学科内容而发展起来的。决策理论学派是由美国卡内基-梅隆大学教授、1978年诺贝尔经济学奖获得者赫伯特·西蒙(Herbert Simon)等人创立的。其主要理论可以概括为以下几点。

(1) 管理的中心问题就是决策。决策贯穿于管理活动的全过程,抓住了决策问题,就是抓住了管理的核心与本质。

(2) "决策"的任务,同"执行决策"的任务一样,也是渗透在组织中的。组织就是由作为决策者的个人所组成的系统。

(3) 决策是为了达到某一目标从若干个可行方案中选定优化方案的过程。它至少应包括确定目标、寻求可供选择的多种行动方案、对若干个可行方案进行比较选择、选出最满意的方案四个阶段。

(4) 决策标准应以"满意标准"代替"最优标准",即人们只能按照"足够好的"即"满意标准"来选择方案。

(5) 决策可分为程序化决策与非程序化决策两类。前者是指对日常管理中经常的、大量的、反复出现的问题所做出的决策;后者是指对偶然发生的、不重复出现的非例行活动所做出的决策。

3. 经验主义学派

经验主义学派的代表人物是美国管理学家彼得·德鲁克(Peter Drucker)。该学派强调研究企业管理要从企业管理的实际经验出发,而不能从一般原则出发,即研究管理中的成功经验与失败教训,以解决企业中存在的实际问题。他们认为管理知识的真正源泉是大公司里管理者的经验。因此,管理科学应以大公司的管理经验为主要研究对象,并加以概括和理论化,再向企业管理人员提供实际的建议。

4. 权变理论学派

权变理论学派,20世纪70年代形成于西方,并在美国等地风行一时。其代表人物是英国的琼·伍德沃德(Joan Woodward)。该学派认为,企业管理没有一成不变的模式,要根据企业所处的内外环境随机应变。他们通过对大量事例的研究和概括,把各种各样的情况归纳为几个基本类型,并给每一个类型找出一个模式。他们认为,环境同管理之间存在一种函数关系,其中环境是自变量,管理是因变量,权变管理就是依据环境自变量和管理因变量对具体情况的分析。

5. 管理科学学派

管理科学学派形成于1939年,最先由英国物理学家、诺贝尔奖获得者布莱克特(P. M. S. Blackett)领导的小组进行探索,后由美国的埃尔伍德·伯法(Elwood Buffa)等人从事研究。该学派的主要思想是决策力求减少个人艺术成分,将定量方法运用于管理学科的研究,用程序和数学模型增加决策的科学性,广泛使用计算机作为辅助管理手段。所以管理科学学派通常也被称为数量学派或运筹学派。该学派发展了许多数量分析方法和决策技术,如盈亏平衡分析、决策树、网络计划技术、线性规划、动态规划、排队论、对策论等。

6. 企业文化学派

20世纪70年代末,美国出现了管理文化(企业文化)学派,到20世纪80年代,企业文化学派已经成为管理理论中最有影响的学派之一。美国是世界第一经济强国,进入20世纪70年代后,美国遇到了日本的强大挑战。现实迫使美国人认真研究日本的成功之道。通过实地考察和对比研究,他们发现,在日本经营管理最成功的企业里,居第一位的并不是严格的规章制度,更不是计算机或任何一种科学管理技术,而是企业文化。1982年,以美国人特伦斯·迪尔(Terrence E. Deal)和爱伦·肯尼迪(Allan Kennedy)合著的《企业文化——企业生存的习俗和礼仪》为开端,管理进入一个新的阶段。企业文化包括企业环境、价值、企业中的英雄、礼仪和文化网络五大要素,其核心是组织成员的共同价值观。"企业文化"管理理论很快为世界各国所接受。

(四) 管理理论的发展趋势

管理理论随着社会经济的发展和环境的变化而变化,这是近百年来管理理论和实践发展的一般规律。20世纪80年代以来,企业发展呈现出新的特点:企业规模的巨型化和超小型化并存,生产技术复杂程度大大增加,产品升级换代的周期大大缩短,知识在经济增长中的作用日益突出,企业与社会的联系更加紧密,经济活动国际化趋势明显。面对现代企业管理中出现的新问题、新情况、新要求,企业界和理论界积极创新与环境相适应的管理思想、方式与方法。

20世纪90年代,现代管理理论的新思潮当属企业再造、学习型组织及虚拟组织。有人甚至认为这是管理的革命,将导致传统管理理论与实践出现全面革新,迎来管理的新天地。

1. 企业再造

美国人迈克尔·哈默(Michael Hammer)和詹姆斯·钱皮(James Champy)于1994年出版了《企业再造——管理革命的宣言书》,提出了企业再造理论。该书一出版便引起管理学界和企业界的高度重视,并迅速流传开来。哈默与钱皮认为,工业革命两百多年来,亚当·斯密的分工理论始终主宰着当今社会中的一切组织,大部分的企业都建立在效率低下的功能组织上。而企业再造是要对企业的业务流程从根本上进行再思考、重新设计,使流程本身更简练,从而使企业赢得长期和全局的竞争优势。

企业再造的核心是突破传统的分工理论,强调一种流程思想。它与传统职能层级机制的区别在于:在传统的组织中,强调分工,整个任务被分解,在各个阶段,由拥有专门技能的人员完成相应部分的工作,这种功能分工的内在层级性导致组织的等级结构;而企业再造针对为顾客创造价值的企业活动,以流程为中心去安排工作,创造性地重新设计业务流程,形成绩效的跃进式改变。再造不是对现有流程的改良,而是根本性的改变。

2. 学习型组织

彼得·圣吉(Peter Senge)在1990年出版的《第五项修炼——学习型组织的艺术与实务》一书中,正式提出了学习型组织的概念,创立了学习型组织理论。圣吉认为,当今社会已经进入信息时代,企业要想在社会变革和市场经济大潮中立于不败之地,成为学习型的企业组织是一个发展趋势。也就是说,每个企业必须比竞争对手学习得更快更好,才能在竞争中处于优势。

所谓学习型组织,是指通过培养整个组织的学习氛围,充分发挥员工的创造性思维能力而建立起来的一种有机的、高度柔性的、扁平化的、符合人性的、能持续发展的组织。这种组织具有持续学习的能力,具有高于个人效率总和的综合效率。学习型组织是愿景驱动型的组织,是善于学习和不断学习的组织,是"学习工作化、工作学习化"的组织,是民主和团结的组织,是善于应对各种复杂局势的具有创造能力的组织。学习型组织的核心实质在于拥有强大的组织学习能力,能够在组织与环境相互作用的过程中快速学习成长,完善组织的运作方式,从而获取成功。

3. 虚拟企业

20世纪90年代以来,随着科技进步和社会发展,企业环境发生了重大变化。一方面,客户根据自己生产、工作和生活的需要以及经济承受力,对产品的品种与规格、花色式样等提出了多样化和个性化的要求;另一方面,企业面对客户不确定的多样化和个性化需求以及不断变化的市场,为求得生存与发展必须具有高度的柔性和快速反应能力,现代企业向组织结构简单化、扁平化方向发展,于是就产生了能将知识、技术、资金、原材料、市场和管理等资源联合起来的虚拟企业。

虚拟企业是指两个以上独立的实体,为了迅速向市场提供产品和服务,在一定时间内结成的动态联盟。虚拟企业不具有法人资格,也没有固定的组织层次和内部命令系统,而是开放的组织结构。这种动态联盟,是建立企业外部联系,进行业务协作的方式。虚拟企业由几个有共同目标和合作协议的企业组成,成员之间可以是合作伙伴,也可以是竞争对手,一改以往企业之间单纯的输赢关系为双赢的关系。虚拟企业通过集成各成员的核心能力和资源,在管理、技术、资源等方面拥有得天独厚的竞争优势,通过分享市场机会和顾客,实现双赢的目的。

 本章小结

企业起源于需求和分工,是社会生产力发展的产物,并伴随商品生产与商品交换而不断丰富。企业是指从事生产、流通或服务等活动,为满足社会需要而进行自主经营、自负盈亏、承担风险、实行独立核算、具有法人资格的基本经济单位。企业的发展大致经历了手工业生产时期、工厂生产时期、企业生产时期及公司制度的建立等阶段。企业有着多种属性与复杂形态,按照不同的划分标准,可将企业划分为多种类型。

管理起源于人们的共同劳动。管理是确立组织战略和目标,整合组织所有的一切资源,通过优化配置和运作资源更好地实现组织战略和目标的所有的活动过程。在这一过程中,管理职能可以划分为计划、组织、领导、控制四个方面。

管理理论发展的历程一般可分为三个阶段:科学管理理论、行为科学管理理论和现代管理理论。随着社会经济发展和环境的变化出现了一些新的管理理论与方法,呈现出新的趋势。

关键术语

企业　管理　管理者　管理职能　科学管理理论　行为科学理论　现代管理理论

思考题

1. 企业是怎么产生的?其目的就是盈利吗?为什么?
2. 为什么说企业管理既要追求效率,更要强调有效性?
3. 请陈述管理的四大职能及四大职能之间的关系。
4. 举例说明信息技术的发展对企业管理的影响。
5. 未来的企业会是什么样的?

第一章　绪论

第一章案例阅读

第二章 企业战略管理

教学目标

通过本章的学习,培养学生的战略性思维,关注与企业现实相关的战略问题,学会并利用战略管理的基本理论、基本方法和分析工具解决企业面临的实际战略问题,提高战略角度的观察敏锐度与洞察力。

教学要求

了解战略与战略管理的相关概念;理解战略的特征;掌握战略环境分析的内容和方法;掌握不同类型战略的特点;了解战略的实施与控制过程。

引导案例

罗尔斯-罗伊斯公司是全球最大的航空发动机制造商。作为波音、空客等飞机制造企业的供货商,罗尔斯-罗伊斯公司并不直接向飞机制造企业出售发动机,而是采用"租用服务时间"的形式,并承诺在对方的租用时间段内,承担一切保养、维修和服务。21世纪以来,罗尔斯-罗伊斯公司积极进行战略转型,通过改变运营模式,扩展发动机维护、发动机租赁和发动机数据分析管理等服务,以服务合同绑定用户,增加了服务型收入。公司销售的现代喷气发动机中,55%以上都签订了服务协议。在过去18个月中80%的民用发动机订单都含有服务协议。2007年服务收入达到公司总收入的53.7%。

资料来源:袁枫.沿着旧地图,找不到新大陆——国外企业战略转型成功案例[J].中国中小企业,2021(5):21-23.

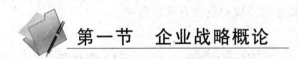

第一节 企业战略概论

一、企业战略的概念

企业战略包括了企业的意图、企业的目标、企业的战略和企业的政策。持有此观点的著名代表人物是美国哈佛大学商学院教授肯尼斯·安德鲁斯(Kenneth Andrews),他认为:战略是目标、意图或目的,以及为达到这些目的而制定的主要方针和计划的一种模式。另一位著名的代表人物是美国管理学家伊戈尔·安索夫(Igor Ansoff)。安索夫根据自己在美国洛克希德飞机公司多年的管理经验,以及在大学里教学和咨询的经验,于1965年发表了著名的《企业战略论》。他提出:企业战略就是决定企业将从事什么事业,以及如何从事这一事业。这种战略更强调关注企业外部环境,尤其是企业的产品构成和目标市场。

此外,美国哈佛大学工商管理学院教授迈克尔·波特(Michael Porter)在1980年出版了《竞争战略》一书。波特认为,战略的形成是一个设计过程。波特的研究为企业战略提供了一种理论基础而不是理论框架,他主张分析企业环境中影响竞争的五种力量,并提出了企业应用的通用战略:成本领先、产品差异化、目标聚集等。他的观点至今为很多企业制定战略所用。近年来,随着对MBA教育的争论,以及美国金融危机的爆发,明茨伯格(H. Mintzberg)的言论备受人们的关注。他认为,在企业经营活动中经营者可以在不同的场合以不同的方式赋予战略不同的定义。他提出战略是由五种规范的定义阐明的,即计划(plan)、计策(ploy)、模式(pattern)、定位(position)和观念(perspective),即5P's。

综上所述,企业战略就是着眼于企业的未来,根据企业外部环境的变化和内部的资源条件,为求得企业生存和长期发展而进行的总体性谋划。在谋划过程中必须始终牢记企业愿景和宗旨。

二、企业战略的特征

企业战略具有整体性、长远性、整体最优性、风险性、社会性、灵活性、系统性、指导性等特征。

1. 整体性

企业战略是以企业全局为对象,根据企业总体发展的需要而制定的,它规定了企业的总体行为,从全局实现对局部的指导,使局部得到最优的结果,使全局目标得到实现。企业战略追求的是企业的总体效果,是指导企业一切活动的总体性谋划。

2. 长远性

企业战略的制定要以企业外部环境和企业内部条件的当前情况为出发点,并且对企业当前的生产经营活动有指导和限制作用。但是,企业战略制定的着眼点在于企业未来的生存和发展,只有面向未来,才能保证战略的成功。

企业战略立足于未来,是对较长时期内企业的生存和发展问题进行通盘考虑,从而决定企业当前的行动。凡是为适应环境变化所确定的、长期基本不变的行动目标和实现目标的行动方案,均是企业战略的研究范畴。而那些针对当前形势,能够灵活地适应短期变化,用来解决基本问题的方法都是战术。企业要实现战略与战术的统一和互动。

3. 整体最优性

战略研究立足于组织整体功能,按照事物各个部分之间的有机联系,把总体作为研究的主要对象,从总体与部分之间的相互依存、相互结合和相互制约的关系中,揭示总体的特征与运动规律,发挥战略的整体优化效应,达到预期的目标。

4. 风险性

风险性的实质是组织的变革,这种变革的正确与否关系到组织的生存死亡,具有很强的风险性,在制定企业战略时必须采取防范风险的措施。同时,战略既是关于组织在激烈的竞争中如何与竞争对手进行竞争的行动方案,也是针对来自组织外部各个方面的压力应对各种变化的方案,具有明显的抗争性。

5. 社会性

企业战略研究不仅立足于组织的目标,还要兼顾国家和民族的利益,兼顾组织成员的利益,兼顾社会文化、环境保护等各方面的利益。制定组织战略时还要特别注意自己所应承担的社会责任,注意树立良好的社会形象,维护组织的品牌。

6. 灵活性

企业战略能够对整个企业的发展起指导作用,同时企业的战略需要灵活设定。企业所面对的外部环境是复杂的,在这样一个多变的环境中,企业所规划的战略也不可能是一成不变的,还需要根据行业的变化进行及时的调整,从而发挥战略对企业的指导优势,规避风险。

7. 系统性

企业战略应该立足长远发展,确立远景目标,并围绕远景目标设立阶段目标及各阶段目标实现的经营策略,以构成一个环环相扣的战略目标体系。同时,根据组织关系,企业战略需由各个层次的战略构成一个系统。

8. 指导性

企业战略界定了企业的经营方向、远景目标,明确了企业的经营方针和行动指南,并筹划了实现目标的发展轨迹及指导性的措施、对策,在企业经营管理活动中起着导向的作用。

三、企业战略的分类

企业战略是有层级和类别的,可以分为总体战略、竞争战略、公司层战略、职能战略、业务层战略。

1. 企业总体战略

安德鲁斯认为,企业总体战略决定和揭示企业目的和目标,确定企业重大的方针与计划、企业经营业务类型和人文组织类型以及企业应对职工、顾客和社会作出的贡献。总体战略主要是决定企业应该选择哪类经营业务,进入哪些领域。

2. 企业竞争战略

企业竞争战略又称企业经营战略,主要解决企业如何选择其经营的行业和如何选择在一个行业中的竞争地位的问题,包括行业吸引力和企业的竞争地位。换句话说,企业竞争战略要解决的核心问题是,如何通过确定顾客需求、竞争者产品及本企业产品三者之间的关系,来奠定本企业产品在市场上的特定地位并维持这一地位。行业吸引力指由长期盈利能力和决定长期盈利能力的各种因素所构成的各行业对企业的吸引力,一个企业所属行业的内在盈利能力是决定这个企业盈利能力的重要因素。同时在一个行业中,不管其平均盈利能力怎样,总有一些企业因有利的竞争地位而获得比行业平均利润更高的收益,这就是企业的竞争地位。

行业吸引力和企业竞争地位都可以由企业加以改变。竞争战略就是一个企业在同一使用价值的竞争上采取进攻或防守行为。通过竞争战略的选择,企业可以在一定程度上增强或削弱一个行业的吸引力。同时，一个企业也可以通过对竞争战略的选择显著改善或削弱自己在行业内的地位。因此，竞争战略不仅是企业对环境做出的反应，而且是企业从对自己有利的角度去改变环境。常见的竞争战略为：①总成本领先战略；②差异化战略，又称别具一格战略；③集中化战略，又称目标集中战略、目标聚集战略、专一战略。

3. 企业公司层战略

企业公司层战略包括发展战略、稳定战略和紧缩战略。发展战略是指采用积极进攻态度的战略形态，主要适合行业龙头企业、有发展后劲的企业及新兴行业中的企业。具体的战略形式包括：市场渗透战略、多元化经营战略、联合经营战略。稳定战略是采取稳定发展态度的战略形态，主要适合中等及以下规模的企业或经营不景气的大型企业，可分为无增长战略（维持产量、品牌、形象、地位等水平不变）、微增长战略（竞争水平在原基础上略有增长）两种战略形式。该战略强调保存实力，能有效控制经营风险，但发展速度缓慢，竞争力量弱小。紧缩战略是采取保守经营态度的战略形态，主要适合处于市场疲软、通货膨胀、产品进入衰退期、管理失控、经营亏损、资金不足、资源匮乏、发展方向模糊的危机企业，可分为转移战略、撤退战略、清算战略三种战略形式。此外，制定公司层战略最流行的方法之一是公司业务组合矩阵。

4. 企业职能战略

企业职能战略是为实现企业总体战略和经营战略，对企业内部各项关键的职能活动做出的统筹安排。企业的职能战略包括财务战略、人力资源战略、研究与开发战略、生产战略、营销战略等，职能战略应特别注重不同的职能部门如何更好地为各级战略部门服务以提高组织效率。

概括来说，企业的总体战略和竞争战略分层次地表明了企业的产品、市场、竞争优势和基本目标，规定了企业的核心任务和总的方向，企业要实现这样的战略设想，必须通过有效的职能活动来运用资源，使企业的人力、物力和财力与其生产经营活动的各个环节密切结合，与企业的总体战略和竞争战略协调一致，只有这样才有可能成功。

5. 企业业务层战略

企业业务层战略是针对企业中能够独立运作的单个分部或战略业务单元而言的战略业务。总体上，业务层战略考虑的是协调和合并单位战略，使它们与公司层战略协调一致；挖掘竞争能力和每个单位的竞争优势；确定产品市场的恰当位置，并制定每项产品的竞争战略；监督产品和市场，以使战略在当前的发展阶段中适应产品市场的需要。

四、企业战略管理过程

企业战略管理是决定企业将采取何种战略，以及如何对所选战略进行评价和实施，即企业战略管理包括战略制定、评价和实施的全过程。

战略管理过程的基本思路：企业高层领导者要根据企业宗旨和目标，分析企业生产经营活动的外部环境，确定存在的经营机会和威胁；评估自身的内部条件，认定企业内部优势与弱点；比较企业和主要竞争对手经营的优势与劣势，建立长期目标，制定可供选择的战略以及选择特定的战略实施。管理人员要尽可能多地列出可供选择的战略方案。所以设计战略方案是进行战略决策的重要环节，在此基础上依据一定的标准对各个方案进行评估，判断出哪一种方案最有助于企业实现目标,以便做出最后决策。战略实施就是要将备选战略转化为行动方案,根据战略计划的要求,进行企业资源的配置,调整企业结构和分配管理工作,并通过计划、预算和进程等形式实施既定的战略。在执行战略的过程中,企业管理人员还要对战略的实施成果和效益进行评价,同时,将战略实施中的各种信息及时反馈到战略管理体系中,确保对企业整体经营活动的有效控制,并根据情况的变化修订原有战略,或者制定新战略,开始一个新的战略管理过程。因此,战略管理是一个不断循环、不断发展的全过程整体性管理过程。

战略评价是战略管理的最后阶段。由于外部及内部因素处在不断变化中,所有的战略都将面临不断的调整与修正,所以,管理者有必要了解战略管理各阶段存在的问题。这一阶段的活动包括重新审视外部与内部因素、度量业绩、采取纠正措施。

综上所述,战略管理过程是指对一个组织的未来方向制定决策和实施这些决策。由此,战略管理过程大致可以分为两个阶段:战略分析与选择,即战略规划阶段和战略实施与评价阶段。战略规划阶段的工作主要包括定义企业使命、建立企业的战略目标、提出企业的组织方针、建立实现企业使命的长期目标和短期目标、选择决定用于实现企业战略目标的具体战略方案、分析与评价企业内外战略环境。战略实施与评价阶段的工作内容主要包括建立实现企业战略的组织结构、确保实施战略所必要的活动能有效进行、监控战略在实施过程中的有效性、进行战略评价等。

五、战略方案选择及其标准

对企业战略有基本认识以后,企业战略方案的制订很关键。战略方案的建立与选择过程是一个重大的决策过程。战略方案的建立一般包括以下主要内容:考虑战略选择影响因素;提出决策目标;确立方案标准;建立、比较和选择备选方案;评估风险。

1. 战略选择影响因素

企业在进行战略选择前,首先应该考虑以下因素:公司过去的战略、高层管理者对风险的态度、公司环境、公司文化与权力的关系、低层管理者或职能部门人员的态度、竞争者的行为和反应、时限的长短。

2. 方案标准的分类

方案标准可以分为限定性标准和合格标准。限定性标准是指一个方案能够成为可行方案的最低标准,一般使用限定性标准来确定可行方案;合格标准是指判定一个方案最后是否能够作为最终方案的合格判定标准,一般使用合格标准来确定满意方案。

3. 选择标准时应该回答的问题

在战略方案的选择阶段,决策者应该明确回答以下问题:什么样的方案可以达到这些标准?(即什么样的方案可以达到预期目标?)出现什么情况时这个方案会失败?发生什么样的情况会使这个方案产生负效应?对企业会产生什么负效应?对社会会产生什么样的负效应?

方案标准不仅是判断方案效果的标准,而且是判断一个方案是否可行或满意的标准,假如一个方案不能够对上述问题做出明确的回答,那么这一方案就不能列为可行方案。

第二节 企业战略环境分析

企业是一个开放组织,它的经营管理活动必然受客观环境的影响和控制。企业的产生、存在和发展不仅是因为它们的产品或服务能满足社会的需要,也是因为它们能适应所处的环境。所以,把握环境的现状及未来的变化趋势,利用有利于企业发展的机会,避开环境的威胁因素是制定企业战略首先要考虑的问题。企业战略环境分析就是要确定哪些外部因素会影响企业,这些外部因素将会发生哪些变化,这些变化会以何种方式影响企业,这些因素对企业影响的程度如何等。这些多主体、多层次、发展变化的战略环境构成了一个系统。

一、外部环境分析

外部环境可分为一般环境和具体环境两大类。一般环境是指能影响某一特定社会中一切企业的宏观环境,这种影响既包括对企业的直接影响也包括对企业的间接影响。具体环境是指能够直接影响某个企业的微观环境。

(一) PEST 分析

企业宏观环境是指那些来自企业外部并对企业战略产生影响、发生作用的所有不可控因素的总和。企业宏观环境分析大体可以概括为四类:政治环境(political environment)分析、经济环境(economic environment)分析、社会环境(social environment)分析和科技环境(technological environment)分析,即 PEST 分析法。

1. 政治环境分析

政治环境对于企业战略的影响是巨大的。政治环境是指那些制约和影响企业的政治要素的总和。政治是一种十分重要的社会现象,政治因素及其运用状况是企业宏观环境中的重要组成部分。政治环境中对企业起决定、制约和影响作用的因素主要有政治局势、政党、政治性团体、地方政府的方针政策等。

此外,政治环境中也包括政府制定的一些法律、法规,这些法律法规直接影响着某些商品的生产和销售,对企业的影响具有刚性约束的特征,主要有政府的政策和规定、税率和税法、企业法、专利法、环保法、反垄断法、进出口政策、政府预算和货币政策等。

2. 经济环境分析

经济环境是指构成企业生存和发展的社会经济状况及国家经济政策的多维动态系统,主要由社会经济结构、经济发展水平、经济体制和宏观经济政策四个要素构成。一个企业经营的成功与否在很大程度上取决于整个经济运行的状况。对于经济环境的分析,关键要考察以下几点:①国民经济总体运行情况,即当前处于经济周期的哪个阶段,国民生产总值各项指标的变动情况;②通货膨胀率、银行利率、外汇汇率等经济指标,这些是影响市场和消费水平的重要指标;③经济体制、就业率、失业率、市场机制的完善程度、能源供给与成本等。

3. 社会环境分析

社会环境是指企业所处环境中诸多社会现象的集合。企业在保持一定发展水平的基础上，能否长期获得高增长和高利润，取决于企业所处环境中社会、文化、人口等方面的变化与企业的产品、服务、市场和所属顾客的相关程度。在社会环境中，社会阶层的形成和变动、社会中的权力结构、人们的生活方式和工作方式、社会风尚与民族构成、人口的地区流动性、人口年龄结构等方面的变化都会影响社会对企业产品或劳务的需求。

社会环境中还包括一个重要的因素，就是物质环境。社会生产离不开物质资源，无论生产创造的财富属于哪个门类，其起始点必定是物质资源。物质环境包括土地、森林、河流、海洋、生物、矿产、能源、水源等自然资源以及环境保护、生态平衡等方面的发展变化。

4. 科技环境分析

科技环境是指一个国家和地区的科技水平、科技政策、新产品研发能力以及新技术发展动向等。在衡量科技环境的诸多指标中，整个国家的研发（R&D）经费总额、企业所在产业的研发支出状况、技术开发力量集中的焦点、知识产权与专利保护、实验室技术向市场转移的最新发展趋势、信息与自动化技术发展可能带来的生产率提高前景等，都可以作为关键战略要素进行分析。

（二）自然环境分析

一个国家的自然资源与生态环境，以及生产的布局、人的生存环境、自然资源、生态平衡等方面的变化，也会给企业造成一些环境威胁和机会，因而也是企业制定经营战略必须重视的问题。

（三）SWOT分析

开展外部环境分析时，企业通常在PEST分析的基础上积极开展SWOT分析。所谓SWOT，S(strengths)是指企业自身的优势，W(weaknesses)是指企业自身的劣势，O(opportunities)是指企业外部环境中的机会，T(threats)是指企业外部环境的威胁。

SWOT分析的具体做法是：根据企业的总体目标和总体战略的要求，列出对企业发展有重大影响的内部及外部环境因素，确定标准、进行评价，判断什么是企业内部的优势及劣势，什么是外部的机会和威胁，如图2-1所示。

相对于竞争对手而言，企业自身的优势和劣势可以表现在资金、技术、设备、产品、市场、管理和职工素质等方面。判断企业自身的优势和劣势有两项标准：一是单项标准，如市场占有率低则表示企业在市场上存在一定的问题，在市场上处于劣势；二是综合标准，即对影响企业的一些重要因素根据其重要程度进行加权打分综合评价，以此判断企业内部的关键因素对企业的影响程度。

企业外部的机会是指环境中对企业发展有利的因素，如政府支持、高新技术的应用、良好的供应和销售关系等。企业外部的威胁是指环境中对企业发展不利的因素，如新的竞争对手的出现、市场增长率的减缓、供应商和购买者讨价还价能力的增强、技术的老化等影响企业目前竞争地位或未来竞争地位的主要因素。

根据上述分析，就可以基本判断企业应采取什么样的经营或发展战略。

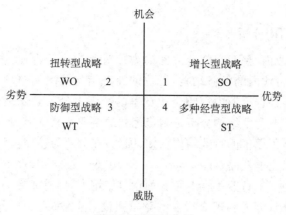

图 2-1 SWOT 分析

二、行业环境分析

（一）行业性质

行业状况是企业需要面对的最直接、最重要的环境，也可以称为任务环境。企业首先要判断自己所处行业是否存在发展的机会，根据行业寿命周期来判断行业所处的发展阶段，进而判断该行业的行业性质是朝阳产业还是夕阳产业。

行业的寿命周期是一个行业从出现直到完全退出社会经济领域所经历的时间。行业寿命周期主要包括四个阶段：导入期、成长期、成熟期和衰退期。行业寿命周期曲线的形状是由社会对该行业的产品需求状况来决定的。行业是随着社会某种需求的产生而产生，又随着社会对这种需求的发展而发展，最后，当这种需求消失时，整个行业也就随之消失，行业的寿命即告终止。行业的寿命周期长则达百年，短则也有几十年。行业的寿命周期是在忽略产品型号、质量、规格等差异的基础上对行业整体发展水平予以考察和分析得出的。判断行业处于寿命周期的哪个阶段，可以用市场增长率、需求增长率、产品品种、竞争者数量、进入（或退出）行业的障碍、技术变革和用户购买行为等作为分析指标。

（二）行业能力分析

行业能力是指某个行业中每个竞争者所具有的能力的总和。行业能力分析主要是对行业规模结构和行业技术状况的分析。

行业规模结构分析是为弄清行业的发展与社会需求之间的关系，这对于确定企业的经营范围具有重要意义。进行行业规模结构分析的内容有：行业生产产品或提供服务的总量与社会需求之间的关系；行业产品结构与该产品发展趋势之间的关系；行业目前的实际生产能力与设计能力之间的关系；行业内规模能力悬殊型和规模能力均衡型各自所占的比重；本企业规模与行业规模的发展趋势之间的关系等。

在科学技术高速发展的时代，技术状况对行业发展的影响越来越重要，只有对行业技术状况进行全面的分析，才能正确判断行业的发展前景和行业能力的发展水平。进行行业技术状况分析的内容有：行业目前的技术位于技术寿命周期的哪个阶段？行业的总体技术水平如何？行业技术的变化节奏如何？行业技术的发展方向是什么？本企业的技术水平在行业中处于什么地位？

（三）行业竞争结构分析

在某个具体的行业内，企业与企业之间的力量对比构成了行业竞争环境。一个行业的竞争激烈程度取决于行业内的经济结构，行业的经济结构状况又对竞争战略的制定和实施起制约作用。所以，要根据行业内影响企业竞争的经济力量及其发展变化来确定企业的竞争战略，进行良好的行业竞争结构分析是制定优秀的企业战略的基础。但是，"大云平移"之下，"跨界"的挑战打破了原来的行业结构认知，因此，在分析讨论时应该加入这方面的思考。

迈克尔·波特在《竞争战略》(Competitive Strategy, 1980)一书中提出了影响竞争的五种力量。他认为，任何一个行业都存在着五种竞争作用力，即进入威胁、替代威胁、买方讨价还价能力、供方讨价还价能力和现有行业的竞争强度。企业的竞争环境就源于企业在行业内同这五种竞争作用力之间的相互关系。这种基本竞争力量的状况及其综合强度，决定着行业竞争的激烈程度，同时也决定了行业内企业的最终获利能力。

行业竞争结构和竞争强度分析是在行业分析的基础上，进一步回答行业中竞争压力的来源和强度，进而做好对竞争的防范。在对行业竞争进行分析时，通常采用的方法是波特的五种竞争力模型。波特认为：企业的获利能力很大程度上取决于企业所在行业的竞争强度，而竞争强度取决于市场上所存在的五种基本的竞争力（见图 2-2）。正是这些力的联合强度影响和决定了企业在行业中的最终盈利潜力，为此企业想在市场上取得竞争优势，必须先对这五种基本的竞争力量进行分析。

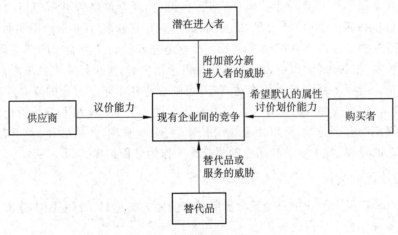

图 2-2　波特的竞争力模型

1. 潜在进入者

潜在进入者是指当前在本行业外，有能力和准备进入本行业的企业。由于潜在进入者的加入，行业内原有竞争力量的格局将发生或已经发生变化。因为潜在进入者在加入某一新领域时，会向该行业注入新的生产能力和物质资源，以获取一定的市场份额，其结果可能导致原有企业因与其竞争而出现价格下跌、成本上升、利润下降的局面。这种由于竞争力量的变化而对行业内原有企业产生的威胁称为进入威胁。但是，一个企业能否进入另一个行业，取决于该行业对潜在进入者设置的进入障碍，以及该行业现有企业对进入者的态度。如果进入障碍比较高,对欲进入行业的企业来说就会非常困难,对行业内现有企业来说,进入威胁就会小一些;反之,进入威胁就会增大。决定进入障碍的因素有:规模经济、产品差异、资金需求、转换成本、销售渠道以及政府的政策、法规和法令等。然而,"大云平移"打破了这一规律。

2. 现有企业间的竞争

这是指行业内各企业之间的竞争关系和程度。不同行业的竞争激烈程度是不同的。如果一个行业内主要竞争对手基本上势均力敌,无论行业内企业数目多少,行业内部的竞争必然激烈,在这种情况下,某个企业想要成为行业的领先企业或保持原有的高收益水平,就要付出较高的代价;如果行业内只有少数几个大的竞争对手,形成半垄断状态,企业间的竞争便会趋于缓和,企业的获利能力就会增大。决定企业间竞争激烈程度的因素有:主要竞争者的数目、竞争者之间的实力对比、行业销售水平的增长程度、产品及服务的差异化程度、企业的战略目标以及退出障碍等。

3. 购买者

如果购买者的砍价能力弱,可以为行业内企业提供较大的利润空间,市场竞争也比较缓和;如果购买者的砍价能力较强,就可能挤压行业的利润空间,并使行业内企业处于紧张的竞争状态。所以,强势的购买者往往成为行业发展的威胁。比如,汽车零部件厂商受到的最大威胁来自整车制造商,整车制造商时不时发出的全球采购言论是对国内零部件行业的威胁,导致零部件行业被挤压成了微利和高危行业。

4. 供应商

供应商的抬价会导致质量方面的风险。所以,强势的供应商威胁行业发展的不仅是价格,还有质量,导致行业内企业竞争优势减弱。

5. 替代品

替代品是指与本企业产品具有相同功能或类似功能的产品。强势替代品是指在质量相同的情况下,替代品的价格会比被替代品的价格更具竞争力,这样的威胁将导致行业内企业格局发生变化。当行业缺乏替代品或替代品竞争力不强时,行业内仍然是原有的竞争格局,强势企业可以保持较高的价格和利润空间。

虽然五种竞争力量共同决定行业竞争的强度和获利能力,但是,对于不同的行业或在不同的时期,各种力量的作用是不同的,一般是最强的力量或某几种力量共同处于支配地位,起决定作用。因此,进行竞争战略分析就必须抓住那些处于支配地位、起决定作用的竞争力量。应该指出的是,企业对行业的竞争强度和获利能力并不是完全无能为力的,企业可以通过制定适当的战略或进行战略调整来谋求相对优势地位,从而获得更高的利润,甚至改变影响行业的竞争结构。

(四) 市场需求状况分析

市场需求是企业生存的根本。可以从市场需求的决定因素和需求价格弹性两个角度分析市场需求。人口、购买力和购买欲望决定着市场需求的规模,其中生产企业可以把握的因素是消费者的购买欲望,而产品价格、差异化程度、促销手段、消费者偏好等影响着购买欲望。影响产品需求价格弹性的主要因素有产品的可替代程度、产品对消费者的重要程度、购买者在该产品上支出在总支出中所占的比重、购买者转换到替代品的转换成本、购买者对商品的认知程度以及对产品互补品的使用状况等。

（五）行业内战略群体分析

确定行业内所有主要竞争对手战略诸方面的特征是行业分析的一个重要方面。一个战略群体是指某一个行业中在某一战略方面采用相同或相似战略的各企业组成的集团。战略群体分析有助于企业了解自己的相对战略地位和企业战略变化可能产生的竞争性影响，使企业更好地了解战略群体间的竞争状况，发现竞争者，了解各战略群体之间的"移动障碍"，了解战略群体内企业竞争的主要着眼点，预测市场变化和发现战略机会等。进入21世纪以后，尤其是在"大云平移"背景下，行业内战略群体分析的作用已经发生变化，研究的视野必须更加宽广。

三、竞争者分析

企业进行竞争者分析的目的在于预测竞争对手的行为，开展竞争者分析的重要性依赖于企业所处行业的结构。在一个生产同质产品、分散程度很高的市场上，市场竞争是众多生产者决策的结果，分析单个竞争者显得毫无意义；而对于高度集中的行业，一个企业的竞争环境主要受几个主要竞争对手的影响。

竞争者的信息一般包含以下三大方面：预测竞争者未来的战略和决策，预测竞争者对本企业采取的战略的反应，确定如何影响竞争者才能有利于本企业的发展。竞争者分析的基本框架应包括以下六方面的内容。

1. 识别竞争者

企业参与市场竞争，不仅要了解谁是自己的顾客，还要弄清楚谁是自己的竞争对手。从表面上看，识别竞争者是一项非常简单的工作，但是，由于需求的复杂性、层次性、易变性，技术的快速发展和演进以及产业的发展，市场竞争中的企业面临复杂的竞争形势，一个企业可能会被新出现的竞争对手打败，或者由于新技术的出现和需求的变化而被淘汰。企业必须密切关注竞争环境的变化，了解自己的竞争地位及彼此的优劣势，只有知己知彼，方能百战不殆。

2. 确定竞争者目前的战略

分析的起点是确定竞争者正在采用的战略。竞争对手的战略可以通过企业的言行表现出来。当然，言行不一定一致，企业的战略意图与实际实施的战略会有很大的区别。了解企业战略意图的主要来源是年度报告、企业股东大会发布的信息、一些高级管理者的谈话和一些投资分析家的会议记录。而企业正在实施的战略，必须通过竞争者的行为和决策体现出来，比如正在实施的投资项目、雇用人员的状况、最近启动的收购与兼并计划、最新的广告和宣传计划等。可以通过两种方式来了解竞争者目前的战略，一是与实施计划的员工进行交流，二是与评估战略的投资家进行沟通。

3. 确定竞争者的目标

要预测竞争者战略的未来变化，就必须了解其目标，特别是确定竞争者基本的财务与市场目标。这样企业才能知道采取怎样的策略能赢得更多的市场份额。企业必须跟踪了解竞争者进入新的产品细分市场。若发现竞争者开拓了一个新的细分市场,这对企业来说可能是一个发展机遇;若企业发现竞争者开始进入本公司经营的细分市场,这意味着企业将面临新的竞争与挑战。对于这些市场竞争动态,企业若了如指掌,就可以争取主动,有备无患。

4. 竞争者对行业的假定

竞争者的战略决策受外部环境、所处行业、宏观经济状况等因素的影响,这也反映了高层管理者的理念。长期的实践表明,这种行业内流行的高层管理者的理念会直接影响整个行业的发展。因此,不同的企业都遵循相同的原则,这种在行业内流行的理念被称为"行业处方"。进入 21 世纪以后,这一切逐步发生改变,行业的"边界"已经被互联网"捅破"。

5. 确定竞争者的实力

对企业而言,如何评价竞争对手具有的实力也很重要。竞争者面对市场威胁的反应能力取决于自身的实力。在评价竞争对手实力这一阶段,关键要审视该公司的战略资源,主要包括:财务状况、资本设备、劳动力、商品忠诚度和管理技巧。同时也要评价该公司各主要环节的能力,比如研发能力、生产能力、市场营销能力、服务能力、财务能力、市场占有能力、产品竞争力等。

6. 竞争者的反应行为

按竞争者的反应行为可将竞争者分为迟钝型竞争者、选择型竞争者、强烈反应型竞争者、不规则型竞争者。某些竞争企业对市场竞争措施的反应不强烈,行动迟缓。这可能是因为竞争者受到资金、规模、技术等方面的限制,无法做出适当的反应;也可能是因为竞争者对自己的竞争力过于自信,不屑于采取反应行为;还可能是因为竞争者对市场竞争措施不够重视,未能及时捕捉到市场竞争变化的信息。另外,一些竞争企业对不同的市场竞争措施的反应是有区别的。例如,大多数竞争企业对降价这样的价格竞争措施总是反应敏锐,倾向于做出强烈的反应,力求在第一时间采取报复措施进行反击,而对改善服务、增加广告、改进产品、强化促销等非价格竞争措施不大在意,认为不构成对自己的直接威胁。此外,许多竞争企业对市场竞争因素的变化十分敏感,一旦受到来自竞争者的挑战就会迅速做出强烈的市场反应,进行激烈的报复和反击,这些强烈反应型竞争者通常都是市场上的领先者,具有某些竞争优势。还有一些竞争企业对市场竞争所做出的反应通常是随机的,某些时候可能会对市场竞争的变化做出反应,也可能不做出反应;它们既可能迅速做出反应,也可能反应迟缓;其反应既可能是剧烈的,也可能是柔和的。

四、可持续竞争优势

一般而言,竞争优势是指能够给某一企业带来高于行业平均利润水平的、具有更多附加价值的、特殊的资源条件和管理基础。如今,竞争优势还需增加可持续要素和获得资源的优势。

自从波特提出竞争优势论之后,"竞争优势的可持续性"就一直是争论不休的议题。这方面的争论激发出 20 世纪 90 年代一些极富创造力的策略思考,其中包括资源基础论(resources based view,RBV)以及知识基础论(knowledge based view,KBV),前者衍生出核心竞争能力论,而后者衍生出知识管理论。另外,在日趋动态的环境和企业战略必须不断创新的条件下,可持续竞争理论需要通过管理导向转变为对顾客有价值的产品或服务。竞争优势的可持续性直接影响企业战略的实施效果和企业成长的质量。

可持续竞争优势的主要特点可以概括为以下几个方面。

(1) 体现为产业结构中的进入障碍的显著程度。进入障碍会决定潜在进入者侵入分享企业竞争优势的程度。

(2) 表明企业价值活动的移动障碍的显著程度。移动障碍会决定企业调整本身的价值活动以及追求竞争优势的能力,会影响竞争对手模仿企业竞争策略以追逐相同竞争优势的难易程度。

(3) 可持续竞争优势对竞争优势具有防护作用,其主要来自竞争阻绝机能。如果进入障碍高,对手所遭遇的移动障碍相对于企业也较高,加上企业的竞争阻绝机能发挥作用,企业则有机会维持一段时期的竞争优势。反之,进入障碍遭到瓦解,对手迅速移动资源、模仿企业策略作为,或是竞争阻绝机能失效等,都会使企业的竞争优势荡然无存。

(4) 可持续竞争优势通常是指深刻地镶嵌在组织结构内部的资源条件和管理基础,以及不易被竞争者模仿的管理要素或无形资产,比如,品牌形象、投资方式、技术专利、良好的服务等。在波动日益频繁的环境下,企业要获得可持续竞争优势,就必须关注资源的稀缺性。拥有稀缺资源,并有效地利用拥有的资源,将支持企业更快地进入市场并具有创造顾客价值的先发优势。

第三节 企业竞争战略的实施与控制

一、企业竞争战略的提出

在企业经营中经常碰到两种情况:一是在一个非常有吸引力的行业里,一个企业如果处于不利的竞争地位,可能依然得不到令人满意的利润;二是一个具有优越竞争地位的企业,由于栖身于一个前景黯淡的行业,从而获利甚微,即便努力改善其地位也无济于事。由此企业的经营者面临两个非常严峻的问题,即如何选择企业经营的行业和如何选择企业在一个行业中的竞争地位。这就是企业竞争战略要解决的核心问题。

由此派生出两个问题:第一个是行业吸引力,即由长期盈利能力和决定长期盈利能力的各种因素所决定的各行业对企业的吸引能力;第二个是企业在该行业中的竞争地位,不管行业的平均盈利能力怎样,总有一些企业因其有利的竞争地位而获得比行业平均利润更高的收益。

行业吸引力和企业的竞争地位都不是静止的。随着时间的推移,行业的吸引力会增加或减少,而企业的竞争地位反映出竞争厂商之间的一场永无休止的争斗,甚至长期的稳定局面也会因竞争格局的变动而突然告终。行业吸引力和企业的竞争地位都可以由企业加以改变,这也是竞争战略的选择具有挑战性和刺激性之处。行业吸引力部分反映了一个企业几乎无法施加影响的那些外部因素,而通过竞争战略的选择,企业可以从一定程度上增强或削弱一个行业的吸引力。同时,一个企业也可以通过对竞争战略的选择来显著地改善或削弱自己在行业内的地位。因此,竞争战略不仅是企业对环境做出的反应,也是企业从对自己有利的角度去改变环境。

二、企业基本的竞争战略

(一)波特的竞争战略

根据波特的理论,企业基本的竞争战略是为了取得三个优势:成本领先、差异化和专一。成本领先战略强调以很低的单位成本价格为价格敏感用户生产标准化的产品。差异化战略旨在为价格相对不敏感的用户提供某行业中独特的产品与服务。专一战略指专门提供满足小用户群体需求的产品和服务,如图 2-3 所示。

	品牌式样竞争优	
	低成本	差异化
宽泛市场	成本领先战略	差异化战略
特定市场	专一战略	专一战略

图 2-3　波特的竞争战略

1. 成本领先战略

成本领先战略又称低成本战略,是指企业在提供相同的产品或服务时,其成本或费用明显低于行业平均水平或主要竞争对手的竞争战略。或者说,企业在一定时期内为用户创造价值的全部活动的累计总成本,低于行业平均水平或主要竞争对手的水平。

成本领先战略使企业在竞争中获得低成本优势,其意义是使企业能够在相同的规模经济下,获得最大的利润,或累积更多的发展资金,或在不利的经营环境中具有更强的讨价还价的能力。成本领先是三种基本战略中最明确的一种。在这种战略的指导下,企业的目标是要成为其行业中的低成本生产厂商。

2. 差异化战略

差异化战略与成本领先战略形成鲜明对比,差异化战略更强调企业与客户的关系,即通过向客户提供与众不同的产品或服务,为客户创造价值。

在差异化战略的指导下,企业力求就客户广泛重视的一些方面在行业内独树一帜。差异化战略选择被行业内许多客户视为重要的一种或多种特质,并为企业选择一种独特的地位以满足客户的要求,以期获得溢价的报酬。

差异化战略赖以建立的基础是产品本身、销售交货体系、营销渠道及一系列其他因素,并且其重点因行业不同而不同。

3. 专一战略

专一战略与其他战略迥然不同,因为专一战略着眼于在产业内一个狭小空间里做出选择。采取专一战略的企业,往往选择行业内一个或一组细分市场,并量体裁衣使其战略专为选定的市场服务而不是为其他细分市场服务。通过对其目标市场进行战略优化,选择专一战略的企业致力于寻求其在目标市场上的竞争优势,尽管它并不拥有在全面市场上的竞争优势。

专一战略结合成本领先战略和差异化战略形成了两种形式:特定目标市场上的成本领先战略和特定目标市场上的差异化战略。在特定目标市场上的成本领先战略的指导下,企业寻求其目标市场上的成本优势,而在特定目标市场上的差异化战略中企业追求其目标市场上的差异优势。

采取专一战略的企业较之那些以全行业为战略目标的竞争对手而言,在竞争优势和战略目标方面具有以下优势:以全行业为战略目标的竞争对手也许会在满足特殊市场需求方面表现欠佳,或者由于在满足某一市场需要时表现过头而难以同时承受多目标市场的高成本压力,这些为采用专一战略的企业提供了机会。

(二)用户一体化和系统一体化

近年有不少企业创造了两种新的竞争战略:用户一体化和系统一体化,并获得了成功。他们将这两种新的竞争类型与波特提出的传统的一般竞争类型相组合,形成了竞争战略三角模型(见图2-4)。该模型的一个角是波特提出的传统的一般竞争类型,它们的共同基础是产品的经济性;三角形的另一个角是用户一体化战略,其成功的基础是用户经济性;三角形的最后一个角是系统一体化战略,它们以提高系统的经济性为竞争基础。

图2-4 竞争战略三角模型

1. 用户一体化战略

用户一体化战略是指企业以提高用户价值为己任,力求通过企业的活动来降低个体用户成本,从而提高用户的价值。虽然采用此类型可能会造成企业成本的提高,但由于个体用户价值提高的贡献量不但大于市场一般水平,还大于本企业为此提高的成本量,所以企业的利润水平还是有所提高。用户一体化战略以用户经济性作为竞争的基础。用户一体化战略往往采用包括供应商、企业及用户在内的合伙或联盟的方式。

2. 系统一体化战略

系统一体化战略是企业以与企业活动有直接关系的整个系统的优势为竞争优势的基础,以形成系统经济为其活动的经济基础。这一战略是通过建立并拥有产业标准来实现的。

三、企业竞争战略的选择与实施

1. 成本领先战略的选择与实施

成本领先战略,从逻辑上要求企业是成本领先者,而不是竞争这一地位的几家企业之一。成本领先战略采取前向、后向和横向一体化的主要目的在于获取成本领先的收益。

选择成本领先战略往往是因为有以下因素的影响:市场中有很多对价格敏感的用户;实现产品差别化的途径很少;购买者不太在意品牌间的差别;存在大量讨价还价的购买者。实施成本领先战略的要点在于使价格低于竞争者,从而提高市场份额和销售额,将一些竞争者逐出市场。

成功的成本领先战略通常应贯彻整个企业,其实施结果表现在高效率、低管理成本、低奖金、制止浪费、严格审查预算需求、大范围的控制、奖励与成本节约挂钩及雇员对成本控制活动的广泛参与。

采取成本领先战略的风险有:竞争者可能会进行效仿,这会压低整个行业的盈利水平;行业内某关键技术上的突破可能会使这一战略失效;购买者的兴趣可能会转移到价格以外的其他产品特征上。

在目前竞争激烈的市场环境下,成本领先战略一般都与差异化战略结合使用。

2. 差异化战略的选择与实施

实施差异化战略的企业为创造和维持差异化优势,通常要承担比成本领先战略高得多的成本。差异化战略通常考虑差异化形成要素、差异化成本和客户需要,以影响企业价值链中的差异化价值活动,为用户创造可接受的价值。这种价值最终表现为降低客户的成本,或者提高客户的绩效,或者兼而有之。因此,了解和确定什么是客户的价值是建立差异化战略的出发点。客户的价值体现在客户的价值链中,企业通过自己的价值链与客户的价值链的联系,去识别和确定需要实现的差异化价值。

决定采取某种差异化战略,必须首先仔细研究客户的需求和偏好,以便决定将一种或多种差异化特征结合在一个独特的产品中,达到所需要的产品特性。成功的差异化战略能够使企业以更高的价格出售其产品,并通过使客户高度依赖产品的差异化特征而得到客户的忠诚。产品差异化可体现于如下方面:服务水平、零配件的提供、工艺设计以及产品的性能、寿命、能耗、使用的方便性。

采取差异化战略面临两种风险,其中一种风险是客户对某种特殊产品价值的认同与偏好不足以使其接受该产品的高价格。在这种情况下,成本领先战略会轻而易举地击败差异化战略。采取差异化战略的另一种风险是竞争者可能会设法迅速模仿产品的差异化特征来缩小差异。

相对于实行差异化战略的企业而言,成本领先者虽然具有成本低的竞争优势,但仍须在竞争对手差异化的基础上创造出与差异化竞争对手价值相等或价值近似的产品,以领先于产业平均收益水平。差异化基础上的价值相等能使成本领先者直接将其成本优势转化为较竞争对手高的收益。差异化的价值近似,意味着为获取满意的市场份额而进行的必要的削价不会抵消成本领先者的成本优势,因此成本领先者能赚取高于产业平均水平的利润。

3. 专一战略的选择与实施

专一战略的成功实施要求企业所处的行业有足够的规模和良好的增长潜力。中型和大型企业要想有效采取专一战略，必须将其与差异化战略或成本领先战略结合起来使用。所有的企业实际上都在采用差异化战略。因为在任何一个行业中，只有一家企业能够以最低的价格实现差异化，其他公司则必须通过其他途径使自己的产品实现差异化。

当客户有独特的偏好或需求，或当竞争公司不想专业化于同一目标市场时，专一战略最为有效。采用专一战略的企业将经营目标集中于特定的消费者群体、特定的地域市场或特定规格的产品，从而能够比服务于更广泛市场的竞争者更好地为特定的细分市场服务。

采用专一战略的风险在于，一旦竞争结构发生改变或消费者的需求偏好发生改变，企业将面临很大的经营风险。如果一个企业能够在其细分市场上获得持久的成本领先或差异化地位，并且这一细分市场的产业结构很有吸引力，那么实施专一战略的企业将成为其行业中获取高于平均收益水平的佼佼者。

在选择专一战略时，细分市场结构上的吸引力是一个必要条件，因为一个行业中，一些细分市场比其他市场的盈利率低得多。只要实施专一战略的企业选择不同的目标市场，行业中通常总有容纳几种持久的专一战略的市场空间。大多数产业包含的大量的细分市场，即每一个包含不同的客户需求或不同的最优化生产或交货体系的细分市场，都是专一战略的候选市场。

4. 用户一体化战略的选择与实施

在采取用户一体化战略时，企业的活动边界实际上已经由仅包括本企业扩大到包括消费者活动在内的较大范围。用户不再是企业的外部环境，而是企业内部成分之一，而且决定着企业内部其他活动成分的构成及活动原则。企业可以通过接近用户来与用户形成一体。例如，与用户一起开发新产品，按用户的要求安排自己的系统等。这种一体化有双重作用：其一是用户用于学习如何使用某产品或服务的投资，会形成较高的转换成本，这一较高的转换成本将用户与企业牢固地捆绑在一起；其二是企业了解用户的要求，并提高企业满足用户要求的能力，从而提高企业对用户的吸引力。在成本敏感性较高、成本结构复杂而且变化较快的产业中，采用用户一体化战略，有可能改变消费者的生命周期特征，甚至改变产业的竞争规则，从而改变已经稳定了的产业组织关系。产业组织关系的改变可以改变企业在产业中的地位。

5. 系统一体化战略的选择与实施

系统一体化战略不仅意味着企业活动边界的进一步扩大，而且改变了传统的企业关系及企业与用户的关系。在系统一体化类型中，企业与其他具有直接业务互补关系的企业（如计算机软件商及硬件商，音响设备制造商及CD盘的制造商就互为互补方）的活动构成统一的活动系统。通过相关企业对活动系统的大量投资及建立与活动系统相适应的产业标准来提高业务相关企业（主要是供应商和外加工企业）的转移成本，从而锁住业务相关企业和用户，将竞争对手挤出该活动系统。

四、企业竞争战略的评价与控制

(一) 企业战略评价的标准

战略评价对企业战略执行利害攸关,而及时的评价可以使管理者对潜在问题防患于未然。战略评价主要包括三项基本活动:一是考察企业战略的内在基础;二是将预期结果与实际结果进行比较;三是采取纠正措施,以保证行动与计划的一致性。

现实中,想要证明某种战略是最佳的或肯定能奏效,几乎是不可能的,然而我们可以通过评价发现战略的致命弱点。理查德·鲁梅尔特(Richard Rumelt)提出了用于战略评价的四条标准:一致、协调、优越和可行。协调与优越主要用于公司的外部评估,而一致与可行主要用于公司的内部评估。

1. 一致性

一个战略方案中不应出现不一致的目标和政策。企业内部的冲突和部门间的争执往往是管理无序的表现,但它也可能是各战略不一致的征兆。确定企业内部问题是否是由战略间的不一致所引起的可从以下三方面入手。

(1) 尽管更换了人员,管理问题仍持续不断,便可能存在战略间的不一致。

(2) 如果一个组织部门的成功意味着另一个组织部门的失败,那么可能存在战略间的不一致。

(3) 如果政策问题不断地被上交到最高领导层来解决,那么便可能存在战略间的不一致。

2. 协调性

协调是指在评价战略时既要考察个体趋势,又要考察整体趋势。企业战略必须对外部环境和企业内发生的关键变化做出适当的反应。

3. 可行性

一个良好的企业战略必须做到既不过度耗费可利用资源,也不造成无法解决的派生问题。在评价战略时,很重要的一点是要考察企业是否已经展示了实行既定战略所需要的能力、技术及人才,以及企业现有的物力、人力及财力资源能否保障实施这一战略。

4. 优越性

企业战略要能够使企业在特定的业务领域创造和保持竞争优势。竞争优势通常来自企业对资源的合理配置,从而提高企业的整体效能。此外,企业在行业中所处的位置也会在企业战略中发挥关键作用。好的位置是具有防御性的,可以阻止竞争对手向本公司发动全面的进攻。只要基础性的内外部关键因素保持不变,位置优势便趋向于自我延续。因此,竞争地位牢固的公司很难被击垮,尽管其技能可能平平。企业处于良好竞争地位的主要特征是,它使企业从某种经营策略中获得优势,而不处于该位置的企业则不能类似地受益于同样的策略。因此,在评价某种战略时,企业应当考察与之相联系的位置优势特性。在进行战略评价时,分析哪些技能可以帮助企业在特定的领域建立和保持竞争优势,并确保战略实施的质量,也是至关重要的。

（二）战略评价中的关键问题

战略评价对于所有类型和规模的企业来说都是必要的。战略评价应能够做到：从管理的角度对预期和假设提出问题，对战略目标和价值观进行审视，并激发建立变通战略和判定评价标准的创造性。无论大企业还是小企业，在各个层级实行一定程度的深入实际式的走动式管理对于有效的战略评价都是必要的。战略评价活动应当保持连续性，而不只是在特定的时期或在发生问题时才进行战略评价。如果只是在年末才进行战略评价，则无异于亡羊补牢。连续而不定期的战略评价可以有效监督经营过程中的各种考核基准。

企业可以用建立修正的外部因素评价（external factor evaluation，EFE）矩阵和内部因素评价（internal factor evaluation，IFE）矩阵的方法检查企业战略的基础。修正的 IFE 矩阵（revised EFE matrix）应侧重于企业在管理、营销、财务、生产、研究开发及计算机信息系统方面的优势和劣势的变化。修正的 EFE 矩阵应表明企业战略如何对关键机会与威胁做出反应，同时它还应对如下问题做出分析。

1. 外部因素评价中的关键问题

外部因素评价中的关键问题包括：竞争者曾对本企业的战略做出何种反应；竞争者的战略曾发生过哪些变化；主要竞争者的优势与劣势是否发生了变化；竞争者为何进行某些战略调整；为什么有些竞争者的战略比其他竞争者的战略更为成功；本企业的竞争者对其现有市场地位和盈利的满意程度如何；主要竞争者在进行反击之前还有多大的忍耐空间；我们如何才能更有效地与竞争者进行合作。

有众多的外部及内部因素会阻碍企业长期目标和年度目标的实现。从外部看，阻碍企业实现目标的因素包括：竞争者的行动、需求的变化、技术的变化、经济状况的变化、人口迁移及政府行动。从内部看，企业有可能采取了无效的战略或者战略实施活动不利，原目标也可能制定得过于乐观。因此，企业目标未能实现不一定是由管理者和雇员的工作不善造成的。应使所有的企业员工都明白这一点，以鼓励他们支持战略评价活动。当企业战略失效时，企业领导需要尽快知道这一信息。对于构成现行战略基础的外部机会与威胁和内部优势与劣势，企业应随时关注其变化情况。实际上，问题并不在于这些因素是否将发生变化，而在于它们将于何时、以何种方式发生变化。

2. 战略评价中需审视的内部关键问题

战略评价中需审视的内部关键问题包括：本企业的内部优势是否仍是优势？本企业的内部优势是否有所加强？如果是，内部优势的增强体现在何处？本企业的内部劣势是否仍为劣势？本企业是否又有了其他新的内部劣势？如果是，这些新的内部劣势体现在何处？本企业的外部机会是否仍为机会？现在是否又有其他新的外部机会？如果是，新的外部机会体现在何处？本企业的外部威胁是否仍为威胁？现在是否又有了其他新的外部威胁？如果是，新的外部威胁体现在何处？

（三）影响战略评价的要素

企业的战略制定与选择，基本上是一个战略决策问题，决策反映的是决策者的水平、能力与综合素质。而战略决策很大程度上取决于战略评价。战略评价就是分析论证每一个可行战略方案的机遇与挑战、优点与缺点、成本与收益。但对战略分析评价的过程中，人们希望给予客观的、公正的评价,但由于影响战略评价的因素有很多,要保证战略评价的正确性,提高评价水平,企业还必须注意以下一些问题。

1. 战略评价人员的价值观与行为偏好

战略评价人员的价值观、认识事物的态度、行为方式与行为偏好都会对战略评价的结果产生很大的影响。例如,第二次世界大战中美国的巴顿将军经常选择进攻战略而很少采用防御战略,原因在于他对于进攻与防御的认识、评价不同。再如一个喜欢投机的人与一个喜欢踏踏实实做事的人对同一战略的认识与评价也会大不相同。

2. 战略评价人员所采用的工具与方法

在现代战略评价工作中,评价人员多借用一些评价工具与方法。提倡采用现代化的、科学的、有针对性的战略评价方法,反对采用落后的、经验性的、宽泛的工具与方法。从某种意义上讲,战略评价的工具与方法很大程度上影响了战略评价结果的质量。

3. 战略评价者掌握的信息与资料

一般认为,战略评价人员必须掌握充分、及时、准确、全面的信息资料,然后才能作出客观、公正的评价。但由于信息资料的分散性、不对称性和保密性,每一个战略评价工作者所掌握的信息资料都是"打了折扣的",因而必然影响战略评价的质量。因此在进行战略评价时,应特别注意拥有那些关键的、重要的信息资料。

4. 战略评价的时效限制

人们评价战略总是根据过去的信息资料和对未来的预测,而一个具体战略的短期表现与长期效应往往并不一致,如果人们对于过去的时间关注太短或对于未来的预期过长,就会使战略评价产生偏差。因此战略评价工作者必须考虑到时间限制对评价结果的影响,避免武断或过早下结论。

总之,影响战略评价的因素很多,因此评价结果往往具有风险性与不确定性,这一点人们应该认识到,在战略决策过程中既要尊重、依据战略评价结果,又不要过于迷信战略评价结果。

(四)战略评价中的绩效度量

战略评价对绩效的度量,主要包括将预期结果与实际结果进行比较,研究实际进程对计划的偏离,评价企业绩效和在实现既定目标过程中已取得的进展。战略评价的绩效标准应当是可度量的和易于调整的。对未来绩效指标的预测远比揭示以往绩效指标的完成情况更为重要。

1. 度量企业绩效的定量标准

战略评价基于定量和定性两种标准。战略评价标准的选择取决于企业的规模、产业、战略和管理宗旨。各种财务比率被广泛地用作战略评价的定量标准。概括而言,适用于战略评价的关键财务比率有:投资收益率、股本收益率、盈利率、市场份额、负债对权益比率、每股收益、销售增长率、资产增长率。

然而,采用数量标准进行战略评价也有一些潜在的问题。第一,绝大多数数量标准都是为年度目标而不是为长期目标确定的。第二,对很多数量指标而言,用不同的会计方法计算会得出不同的结果。第三,在制定数量指标时总要利用直觉进行判断。

2. 度量企业绩效的定性标准

鉴于以上战略评价中可能遇到的问题及其他原因,定性评价标准在战略评价中也同样重要。定性标准主要判断以下问题:战略反映的长远考虑是否与企业自身的情况相一致?战略反映的前瞻性是否与外部环境的变化相一致?从可利用资源的角度看,战略是否恰到好处、能够为企业谋取长期的最佳绩效?战略所涉及的风险程度企业是否可以接受?战略实施的时间表是否符合企业的发展要求?总而言之一句话:战略是否可行?

无论是定量还是定性给出企业绩效标准,都必须站在长远发展的角度来审视,这样战略评价才是有意义的、可持续的。

本章小结

企业战略就是着眼于企业的未来,根据企业外部环境的变化和内部的资源条件,为求得企业生存和长期发展而进行的总体性谋划。战略管理是一个动态、全过程的管理,包括战略制定、评价和实施的全过程。

企业是一个开放组织,其经营管理活动必然受客观环境的控制和影响。企业战略环境分析主要是进行外部环境因素、行业环境因素、竞争环境因素以及可持续竞争优势分析。

企业战略是有层级和类别的,可以分为总体战略、竞争战略、公司层战略、职能战略、业务层战略。基本竞争战略主要有成本领先战略、差异化战略和专一战略等。战略评价是企业战略实施过程中非常重要的工作,及时的战略评价可以帮助管理者及时发现潜在的问题,防患于未然。

关键术语

战略　战略管理　战略环境　企业竞争战略　战略实施　战略控制

思考题

1. 如何理解企业战略?
2. 什么是 SWOT 分析?管理者如何借助 SWOT 分析来支持企业战略管理?
3. 讨论某行业的五种基本竞争力量。
4. 分析影响某行业进入障碍的主要因素。
5. 企业在战略实施的过程中可能会出现哪些问题?
6. 找出几家国内外著名的公司,从公司层和经营层两个方面分析其主要采用的战略。

第二章　企业战略管理　　　第二章案例阅读

第三章 企业组织管理

教学目标

通过本章的学习,使学生能够对企业组织理论、组织结构、组织设计、组织变革有一定的认识,并能利用企业组织相关理论知识分析企业的组织结构演化。

教学要求

了解组织理论、组织结构的发展;理解组织的分类、组织结构的定义、组织结构设计原则、组织变革的原因、学习型组织的特征;掌握组织结构的形式、组织结构的设计程序、组织变革模式。

引导案例

阿里巴巴集团于1999年成立,经过20年的发展,已形成以电子商务交易平台为核心的多元化业务体系,成为网上及移动商务的全球领导者。阿里巴巴集团的发展,既是业务领域不断拓展的历史,也是组织结构不断变革调整的历史。作为互联网企业的领先者,阿里巴巴频繁调整组织架构,目光始终关注未来。面向智能时代,阿里巴巴集团在组织结构上所进行的一系列变革,在一定程度上代表了企业组织变革的发展方向。聚焦阿里巴巴集团的组织结构,探讨面向智能时代的企业组织变革趋势,得出具有普适性的启示,具有重要意义。

资料来源:吴玉玲,许静. 面向智能时代的企业组织结构变革——以阿里巴巴集团为例[J]. 现代营销(经营版),2020(7):127-129.

第一节 企业组织结构的基本形式

自从有了企业,就有企业的组织结构问题。企业的组织结构经历了一个发展和不断演进的过程。到目前为止,企业尝试的组织结构的主要形式有:直线制、职能制、直线参谋制、事业部制、矩阵制等。随着互联网时代的到来,资源的概念、作用形式和价值出现了巨大变化,企业组织结构也开始呈现巨大改变。即使如此,对传统企业组织结构的认识仍然有助于构建企业组织的新形态。

组织结构即组织的框架体系。就像人类由骨骼确定体形一样,组织也是由结构来决定其形状的。企业管理者设立和变革组织结构的行为称为组织设计。本章首先介绍企业组织结构的基本形式，即企业主要采用的组织框架体系；其次，分析企业进行组织结构设计时需要回答的基本问题；再次，讨论权变思想指导的组织结构设计；最后，展望组织结构未来的发展走势和变革过程。

一、直线制

直线制是一种最先出现的，也是最简单的组织形式。直线制组织结构的特点是企业各级行政单位从上到下实行垂直领导，下属部门只接受一个上级的指令，各级主管负责人对所属单位的一切问题负责。厂部不另设职能机构（可设职能人员协助主管负责人工作），一切管理职能基本上都由行政主管来执行。其结构如图3-1所示。

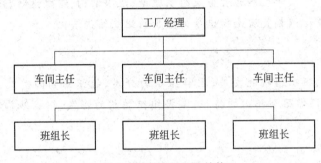

图3-1 直线制组织结构

直线制组织结构比较简单，责任分明，命令统一，但要求行政负责人通晓多种知识和技能，亲自处理各种业务。因此，直线制组织结构适用于规模较小、生产技术比较简单的企业，对生产技术和经营管理比较复杂的企业则不适宜。

二、职能制

职能制组织结构，是指各级行政单位除主管负责人外，还相应设立一些职能机构。如在工厂经理下面设立职能机构和人员，协助工厂经理从事职能管理工作，如设立计划科负责计划工作、设立财务科负责财务工作等。这种机构要求行政主管把相应的管理职责和权力交给相关的职能机构，各职能机构就有权在自己的业务范围内向下级行政单位发号施令。因此，下级行政负责人除接受上级行政主管指挥外，还必须接受上级各职能机构的领导。其结构形式如图3-2所示。职能制能充分发挥职能机构的专业管理作用，但容易形成多头领导导致下级无所适从的问题，不利于建立和健全各级行政负责人和职能科室的责任制。

三、直线参谋制

直线参谋制是在直线制和职能制的基础上，取长补短而建立起来的。这种组织结构形式是把企业管理机构和人员分为两大类，一类是直线领导机构和人员，按命令统一原则对组织各级行使指挥权；另一类是职能机构和人员，按专业化原则，从事组织的各项职能管理工作。直线领导机构和人员在自己的职责范围内有一定的决定权和对所属下级的指挥权，并对自己部门的工作负全部责任。而职能机构和人员是直线指挥人员的参谋,不能直接对部门发号施令,只能进行业务指导。直线参谋制既保证了企业管理体系的集中统一,又可以充分发挥各专业管理机构的作用。直线参谋制组织结构如图3-3所示。

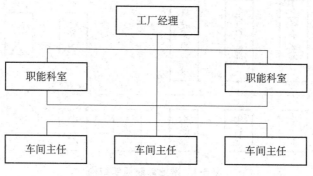

图3-2　职能制组织结构

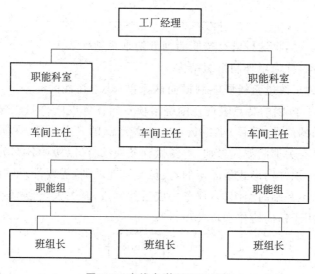

图3-3　直线参谋制组织结构

四、事业部制

事业部制最早由美国通用汽车公司总裁阿尔弗雷德·斯隆(Alfred Sloan)于1924年提出。事业部制是一种高度(层)集权下的分权管理体制,适用于规模庞大、品种繁多、技术复杂的大型企业。一些大型公司常采用此种组织形式。

事业部制实行的是分级管理、分级核算、自负盈亏的形式,即一个公司按地区或按产品类别分成若干个事业部,从产品的设计、原材料采购、成本核算、产品制造,一直到产品销售,均由事业部及所属工厂负责,实行单独核算,独立经营,公司总部只保留人事决策、预算控制和监督权,并通过利润等指标对事业部进行控制。事业部制组织结构如图3-4所示。

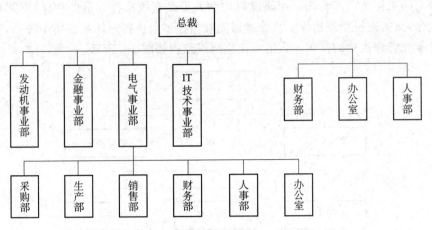

图 3-4 事业部制组织结构

五、矩阵制

在组织结构上,我们将这种既有按职能划分的垂直领导系统,又有按产品(项目)划分的横向领导关系的结构,称为矩阵制组织结构。

矩阵制组织是为了改进直线职能制横向联系差、缺乏弹性的问题而形成的一种组织形式,如图 3-5 所示。矩阵制的特点表现在围绕某项专门任务成立跨职能部门的专门机构上。例如,组成一个专门的产品(项目)小组负责从事新产品的开发工作,在研究、设计、试验、制造各个不同阶段,由有关部门派人参加,力图做到条块结合,以协调各有关部门的活动,保证任务的完成。这种组织结构形式是固定的,人员却是变动的,需要谁,谁就来,任务完成后就可以离开;项目小组也是临时组织的,任务完成后就解散,有关人员回原单位工作。因此,这种组织结构非常适用于横向协作和攻关项目。

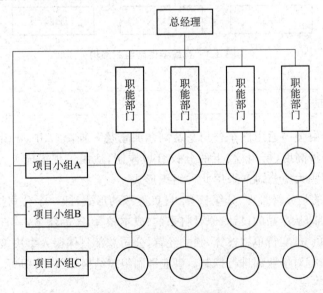

图 3-5 矩阵制组织结构

第二节　组织结构设计中的基本问题

对企业组织结构有了初步了解之后,可以进一步分析三个基本问题:①怎样设置部门,依据什么标准设置部门?②组织管理幅度为多少比较合适?③职权在组织中如何分配比较好?

一、部门化

所谓部门化,就是将组织中的工作和人员组编成便于管理的单位。部门化是建立组织结构的首要环节和基本途径,其根本目的在于有效分工。

企业部门划分方法有多种,企业可以根据组织目标和单位目标选择有利的部门化方法。一般来讲,组织部门化依据的基础有下述几个方面。

1. 人数

若组织中人数较多,且工作内容几乎完全相同,为便于管理,可将人员划分成几个部分,其标志为人数。

2. 职能

职能是分工的基础,因此也是部门化依据的重要基础。每个职能部门完成某项特定的工作,各个部门都负有不同的义务和责任。以职能为依据进行部门化的优点在于提高了各职能部门的专业化程度,节约了人力、提高了工作效率,减少了培训工作,可以说是简单易行且效果好。

3. 产品

按照产品和产品系列组织业务活动,在经营多品种产品的大型企业中显得日益重要。产品部门化主要以企业生产的产品为基础,将生产某一产品的有关活动完全置于同一产品部门内,再在该部门内细分职能部门,进行生产该产品的工作。产品部门化有利于采用专业化设备,并能使个人的技术和专业知识得到最大限度的发挥,同时,也有利于管理者评价各部门的业绩。

4. 顾客

为了满足不同顾客的服务需要,组织还可以以顾客部门化来迎合某些顾客阶层,如精品部、中老年特色服装部、儿科等。顾客部门化方式的一个隐含假定是,每个部门所服务的顾客都有一类共同的问题和要求,需要各自部门予以妥善解决。顾客部门化方式越来越受到企业的重视。

5. 地区

对于地理上分散的企业来说,按地区划分部门是一种比较普遍的方法。其原则是把某个地区或区域内的业务工作集中起来,委派一位经理来主管其事。按地区划分部门特别适用于规模大的公司,尤其是跨国公司。这种组织结构形态在设计上往往设有中央服务部门。区域部门化有助于责任到区域,每个区域都是一个利润中心,有利于地区内部协调与沟通。

6. 过程

这是按产品形成过程的各阶段进行部门化。这样划分有利于各过程的专业化,从而提高工作效率。

部门化过程中有三点必须注意:第一,部门化工作以什么标准划分部门,其本身不是目的,它是便于完成组织目标的一种手段。第二,按某一标准划定部门后,不宜多变。必要的改进是不可缺少的,但频繁的变动会影响工作效率和组织成员的心理状态,因而不宜多变,变则需慎重。第三,部门化所依据的基础不是单一的,可以先按产品部门化,再按职能部门化。

二、管理幅度

一个人究竟能领导多少个部门或直接的下级?这个问题被称为管理幅度。管理幅度的大小直接影响组织结构上的另一个问题——组织层次。管理幅度增大,组织层次减少;管理幅度减小,组织层次增多。因此,确定适宜的管理幅度对组织结构有很大的影响,管理幅度在很大程度上制约了组织层次的多少。

1. 管理幅度和组织层次的限制

从充分利用人力资源的角度来讲,管理幅度越大越好。但是,管理幅度的增大带来了另一个问题,就是人际关系复杂化,难以实行有效的管理。比如,上级 A 只管辖一个下级 B,只存在一个关系 AB。如果上级 A 同时管辖两个下级 B 和 C,则构成了 6 种结构关系:AB 关系、AC 关系、BC 关系、A(C)B 关系、A(B)C 关系和 B(A)C 关系。法国管理咨询专家格拉丘纳斯(V. A. Graicunas)在 1933 年的研究报告"Relationship in Organization"中推出了一个有趣的公式:

$$N = n(2^{n-1} + n - 1)$$

式中,N 表示人员之间的结构关系数,n 表示直接管辖的人数。

于是可以推断有 3 个直接下级会产生 18 组关系,有 4 个直接下级会产生 44 组关系,等等。由此可见,由于管理幅度的增大,人际关系的复杂化必须引起足够的重视。

然而,管理幅度的减小势必导致组织层次的增多,这也不是组织所希望的。因为,第一,组织层次增加,要求配备的管理人员也增多,并且增加了许多协调工作,增加了管理费用的投入;第二,组织层次增加,会对上下信息的沟通不利,影响沟通的速度并产生"失真""短路";第三,组织层次增加,会使计划和控制工作复杂化,其效率和有效性降低。因此,要求确定适宜的管理幅度,以便组织的层次有利于上下之间的信息沟通和实施控制。

2. 影响管理幅度的因素

除了人际关系因素之外,管理幅度的增大还受其他一些因素的影响。

(1) 领导的能力。这是影响管理幅度的首要因素。如果一个领导具有较强的组织能力、理解能力、表达能力,与下级相处融洽,得到下级的信任、尊重和拥护,善断各类问题,减少了议而不决的现象,其管理幅度可以适当增大;反之,则必须减小管理幅度,以免力不从心。

(2) 下级的素质。如果下级个个训练有素,具有独立的工作能力和丰富的工作经验,事事得心应手,则可大大减轻其领导的负担,管理幅度也可增大。因此,作为领导,一要严格挑选自己的下级,二要加强对下级的培养和训练。

(3) 授权的明确程度。管理人员的一些负担是由于组织结构设计不善和组织关系不明确而造成的。其一是任务不明确,导致需要太多的请示;其二是权限不明确,导致事事需批示;其三是授权与下级的能力不符,使其无法胜任,迫使领导事必躬亲。这些问题导致管理幅度不断减小,否则管理人员将不堪负担。

(4) 计划的周全程度。如果制订的计划方案比较周全,执行就会很顺利,从而减少协调和控制工作,可以适当增大管理幅度;若事事需随机应变、临时做出决策,则会加重管理人员的负担,管理幅度只能减小。

(5) 结构的稳定程度。组织结构的稳定能减少对工作的指导,可以适当增大管理幅度;多变的结构将导致管理幅度相应减小。

(6) 信息的畅通程度。上下级之间的信息沟通是否灵敏和快捷,也是影响管理幅度的重要因素。信息畅通,管理幅度可以增大;反之,只能减小管理幅度。互联网的发展带来信息透明、对称,但同时也增加了许多"噪声",这一变化对于管理幅度的认识有很大的影响。

(7) 复杂程度。管理问题越复杂,其管理幅度越小;反之,则可增大。比如,越是上层领导,面临的决策问题以及对下级的指导越复杂,其管理幅度也就越小。随着对复杂问题认识的深入,大数据的作用越来越重要,也影响了管理者对管理幅度的把握。

(8) 组织的内聚力。组织的内聚力越强,相互配合就越默契,工作效率就越高,管理幅度就越大;内聚力越弱,协调越困难,管理幅度将不得不减小。在员工文化水平不断提高的今天,主观能动性对于内聚力的影响逐步提升。

三、组织中的权力分配

组织结构中各岗位被授予的权力不同,构成了组织中各岗位之间的上下级组织关系。所谓权力,是指为了达到组织的目标而采取行动或指挥他人行动的权力。权力的运用只有与组织目标的实现相一致,并发挥出有助于组织目标实现的作用,才能实现有效的管理。权力在企业组织中的分配是组织结构设计的重要内容。在组织结构设计中,重点要研究组织的集权和分权、直线权力和参谋权力两个问题。

1. 集权与分权

所谓分权,就是上级把其决策权分配给下级组织机构和部门负责人,以便他们能行使这些权力,支配组织的某些资源,自主解决某些问题,完成其工作职责。与分权相对应的是集权。所谓集权,是指把决策权集中在组织领导层,下级部门和机构只能依据上级的决定、法令和指示办事,一切行动听上级指挥。

组织目标的一致性必然要求组织行动的统一性,因此,集权是必要的。但是,一个组织有其组织结构,存在着上级和下级各组织层次及职能的分工。实行分工就必须分权,否则组织无法运转。因此,集权与分权对于组织来讲都是必要的和重要的,是缺一不可的,且都是相对的。应由下级行使的权力过于集中,则是上级的"擅权";同样,应由上级掌握的权力过于分散,则是上级的"失职"。所以,集权和分权都要适度。从国内企业的实际情况看,许多组织都存在权力过分集中的倾向,这样就造成一系列弊端,如降低决策的质量和速度、降低组织的适应能力、降低组织成员的工作热情等。

影响集权与分权的因素可能来自主观方面，也可能来自客观方面。从主观方面来讲，组织最高领导者的性格、爱好、能力、价值观等都会影响职权的分散程度。比如，有的上级非常信任其下级，喜欢职权分散一些，既可调动下级工作的积极性，又可减轻自己的负担，何乐而不为呢？而有的上级对别人的能力和动机始终抱着怀疑的态度，于是事必躬亲，使委任给下级的职权形同虚设，不能起任何作用。客观因素的作用往往比主观因素更大，主要表现在组织规模、决策的风险和缓急程度、投资结构、下级素质、控制能力等方面。

一般而言，涉及组织的重大决策问题，如目标、战略、政策、综合计划、财政预算等，应倾向集权，而具体的执行工作应尽量将权力委任给下级。

2. 直线权力和参谋权力

在组织关系中，除了上下级的权力关系，还存在着一对有着同样重要意义的权力关系，即直线权力和参谋权力的关系。

直线权力包括两层含义：第一，直线权力将赋予上级指挥下级工作的权力，实际上就是一种下命令的关系。凡对某一工作范围负有直接责任的人，必须被委任直线权力。第二，直线权力是对达到组织目标具有直接贡献、负有直接责任的权力。比如企业组织中直接致力于产品和劳务的生产和分配的职权。

参谋权力不能直接发布命令，这种权力仅限于向直线人员或其他参谋人员提出建议，是顾问性、服务性、咨询性和建设性的。参谋权力的任务是协助直线权力有效地实现组织目标，通常表现为咨询、服务、检查等。

直线权力表现为命令和指挥权，参谋权力表现为咨询和建议权。参谋人员的建议只有被直线人员采纳并通过命令下达才能起到作用。因此，直线权力和参谋权力是"参谋建议，直线命令"的关系。

协调好直线权力与参谋权力的关系，要注意几点：①明确直线权力与参谋权力各自的职责范围；②如果设置了参谋权力，直线人员就应注意倾听参谋人员的意见；③随时向参谋人员提供有关情况，充分发挥参谋权力的作用；④提高参谋人员的素质和工作水平，以保证参谋的质量；⑤营造直线权力与参谋权力相互合作的良好气氛。必须清楚，组织目标的实现是直线权力和参谋权力存在的共同基础，参谋权力的任务是协助直线权力实现组织目标，直线权力则应借助参谋权力更好地为组织目标的实现作出贡献。组织的最高领导者要维护直线人员与参谋人员的团结和协作，两者对于实现组织目标都是不可或缺的。

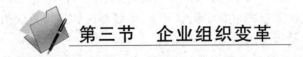

第三节　企业组织变革

一、企业组织变革的概念

企业的发展离不开组织变革，内外部环境的变化、企业资源的持续整合与变动，不断地给企业带来机遇与挑战，这就要求企业关注组织变革。

企业组织变革是指运用行为科学和相关管理方法，对企业组织的权力结构、组织规模、沟通渠道、角色设定、组织与其他组织之间的关系,以及对组织成员的观念、态度和行为,成员之间的合作精神等进行有目的的、系统的调整和革新,以适应组织所处的内外环境、技术特征和组织任务等方面的变化,提高组织效能。

二、企业组织变革的原因

一般来说,企业组织变革的原因在于以下几点。

1. 企业经营环境的变化

诸如国民经济增长速度的变化、产业结构的调整、政府经济政策的调整、科学技术的发展引起产品和工艺的变革等。企业组织结构是实现企业战略目标的手段,企业外部环境的变化必然要求企业组织结构做出适应性的调整。

2. 企业内部条件的变化

企业内部条件的变化主要包括三种。

(1) 技术条件的变化,如企业实行技术改造,引进新的设备,要求强化技术服务部门的功能以及技术、生产、营销等部门的调整。

(2) 人员条件的变化,如人员结构和人员素质的提高等。

(3) 管理条件的变化,如实行计算机辅助管理,实行优化组合等。

3. 企业本身成长的要求

企业处于不同的生命周期,对组织结构的要求也各不相同,如小企业成长为中型或大型企业,单一品种企业成长为多品种企业,单个企业成长为企业集团等。

三、组织变革的程序

弗里蒙特·卡斯特(Fremont E. Kast)提出了组织变革过程的六个步骤。
(1) 审视状态:对组织内外环境现状进行回顾、反省、评价、研究。
(2) 觉察问题:识别组织中存在的问题,确定组织变革的需要。
(3) 辨明差距:找出现状与所希望状态之间的差距,分析所存在的问题。
(4) 设计方法:提出和评定多种备选方法,经过讨论和绩效测量,做出选择。
(5) 实行变革:根据所选方法及行动方案,实施变革行动。
(6) 反馈效果:评价效果,实行反馈。
若有问题,再次循环此过程。

四、企业组织变革的模式

对于企业组织变革的必要性,有这样一种认识:企业要么实施变革,要么就会灭亡。然而事实并非总是如此,有些企业进行了变革,反而加速灭亡。这就涉及组织变革模式的选择。这里将比较两种典型的组织变革模式:激进式变革和渐进式变革。激进式变革力求在短时间内,对企业组织进行大幅度的全面调整,以求彻底打破初态组织模式并迅速建立目的态组织模式。渐进式变革则是对组织进行小幅度的局部调整,力求通过一个渐进的过程,实现由初态组织模式向目的态组织模式的转变。

1. 激进式变革

激进式变革能够以较快的速度达到目的态,因为这种变革模式对组织进行的调整是大幅度的、全面的,可谓是超调量大,所以变革过程就会较快;与此同时,超调量大会导致组织的平稳性差,严重的时候会导致组织崩溃。这就是组织变革反而加速了企业灭亡的原因。

与之相反,渐进式变革依靠持续的、小幅度变革来达到目的态,即超调量小,但波动次数多,变革持续的时间长,这样有利于维持组织的稳定性。两种模式各有利弊,也都有着丰富的实践,企业应当根据组织的承受能力来选择企业组织变革模式。

激进式变革的一个典型实践是"全员下岗、竞争上岗"。改革开放以来,为适应市场经济的要求,国内许多企业进行了大量的管理创新和组织创新。"全员下岗、竞争上岗"的实践既是其中之一。为了克服组织保守的弊端,一些企业在组织实践中采取全员下岗,继而再竞争上岗的变革方式。这种方式有些极端,但体现了深刻的系统思维。稳定性对于企业组织至关重要,但是当企业由于领导者的超前意识差、员工安于现状而陷入超稳定结构时,企业组织将趋于僵化、保守,会影响企业组织的发展。此时,小扰动不足以打破初态的稳定性,也就很难达到目的态。"不过正不足以矫枉",只有通过全员下岗,粉碎长期形成的关系网和利益格局,摆脱原有的吸引子,才能彻底打破初态的稳定性。再通过竞争上岗,激发企业员工的工作热情和对企业的关心,只要竞争是公平、公正、公开的,就有助于形成新的吸引子,把企业组织引向新的稳定态。此类变革如能成功,其成果具有彻底性。

在这个过程中,关键是建立新的吸引子,如新的经营目标、新的市场定位、新的激励约束机制等。如果打破原有组织的稳定性之后,不能尽快建立新的吸引子,那么组织将陷入混乱甚至毁灭。而且应当意识到变革只是手段,提高组织效能才是目的。如果为了变革而变革,那么会影响组织功能的正常发挥。

2. 渐进式变革

渐进式变革是通过局部的修补和调整来实现的。美国一家飞机制造公司原有产品仅包括四种类型的直升机。每一种直升机有专门的用途。从技术上来看,没有任何两架飞机是完全相同的,即产品间的差异化程度大,标准化程度低。在激烈的市场竞争条件下,这种生产方式不利于实现规模经济。为了赢得竞争优势,该公司决定变革组织模式,具体措施是对各个部门进行调整组合。首先,由原来各种机型的设计人员共同设计一种基本机型,使之能够与各种附件(如枪、炸弹发射器、电子控制装置等)灵活组合,以满足不同客户的需求。然后将各分厂拥有批量生产经验的员工集中起来从事基本机型的生产。原来从事各类机型特殊部件生产的员工,根据新的设计仍进行各种附件的专业化生产。这样,通过内部调整,既有利于实现大批量生产,也能够满足市场的多样化需求。这种变革方式对组织产生的震动较小,而且可以进行经常性的、局部的调整,直至达到目的态。这种变革方式的不利之处在于容易产生路径依赖,企业组织难以摆脱旧机制的束缚。

比较企业组织变革的两种典型模式,企业在实践中应当加以综合利用。在企业内外部环境发生重大变化时,企业有必要采取激进式组织变革以适应环境的变化,但是激进式变革不宜过于频繁,否则会影响企业组织的稳定性,甚至导致组织的毁灭。因而在两次激进式变革之间,组织应当进行渐进式变革。

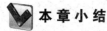 **本章小结**

　　组织结构的形式有直线制组织结构、职能制组织结构、直线参谋制组织结构、事业部制组织结构和矩阵制组织结构，各种组织结构形式有其优缺点和适用条件。

　　企业组织设计应遵循一定的原则，企业组织设计内容包括结构设计和运行制度设计两大方面，并且企业组织设计应遵循一定的程序。组织变革源于企业内外部环境的变化，并遵循一定的程序；组织变革的模式各有优缺点，应根据实际情况选用。

关键术语

组织结构　组织设计　组织变革

思考题

1. 企业的组织结构有多种选择，企业选择组织结构形式的依据是什么？
2. 为什么说"要以权变的思想来指导企业组织结构的设计工作"？
3. 企业组织变革的原因是什么？

第三章　企业组织管理

第三章案例阅读

第四章

企业经营决策

教学目标

通过本章的学习,使学生对企业经营决策的相关概念、分类、原则、程序以及方法有较深刻的理解;借助本章知识,可以使学生对企业经营过程中遇到的经营决策问题有一个简单的认识,并能针对具体的问题提出初步的解决方案,逐步领悟企业经营决策的方法。

教学要求

掌握企业经营决策的概念、分类以及基本原则;熟悉决策的科学程序;掌握经营决策的主要定性和定量方法,如德尔菲法、头脑风暴法、量本利分析法、线性规划法、决策表法、决策树法、不确定型决策的五种决策方法等。

引导案例

比利时联邦警察局战略分析部曾组织实施了一个试点项目,其目的是预测比利时未来的犯罪趋势。预测未来的方法有很多,包括反推法、脑力盒法、交叉影响分析、动态思维导图、焦点小组、情景分析等。该项目不用其他方法而只采用德尔菲法是基于如下几点的考虑:①采用的方法需要同时应对众多目标,包括诊断现状、未来可能性探讨和未来发生情况预测等;②需要应对复杂的、有争议性的主题;③需要专家判断和专家共同认识;④时间与预算的考虑等。项目根据以上考虑,比较了不同的方法,最后确定德尔菲法是最合适的方法。

资料来源:张冬梅. 德尔菲法的运用研究——基于美国和比利时的案例[J]. 情报理论与实践,2018,41(3):73-77.

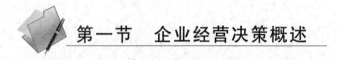

第一节 企业经营决策概述

一、经营决策的概念

决策是人类最重要的一项活动。我们每天都要进行很多决策,从决定吃什么样的早餐,到决定几点钟休息。虽然有些决策像一种习惯,但在这些活动中,人们的确做出了一种选择。所以说,决策就是选择的过程。决策者则是"能在关键抉择时刻,在十字路口选定最佳路线的人"。

决策作为一项基本活动,是随着人类社会的产生而产生的,它涉及人类生活的各个领域,小到日常生活,大到企业的经营管理、军事上的指挥,甚至国家的政策、世界范围的总体行为等。尽管决策对象在具体工作内容上有着明显的差别,但就其本质来说是相同的,即都是一个从思维到做出决定的运筹过程,这个过程集中体现了人们在对客观事物全面、本质的认识基础上驾驭事物发展的一种能力。

虽然决策的历史十分悠久,但其作为现代管理理论的一部分的时间并不是很长。20世纪30年代,美国学者巴纳德和斯特思最早将决策的概念引入管理理论。而决策论作为现代管理科学中的一门学科和一个学派,兴起于20世纪70年代,代表人物是美国卡内基—梅隆大学的著名经济学家和管理学家西蒙(H. A. Simon)和马奇(J. C. March)等人。西蒙因其在决策理论研究中的突出贡献,获得了1978年的诺贝尔经济学奖。

根据决策论的思想,企业经营决策是指实现一定目标、解决一定的问题,有意识地寻求多种实施方案,按决策者的智慧、经验、胆识和决策标准,进行比较分析,从中选出一个最满意的方案,予以实施及控制的过程。这个概念包括以下五层含义。

一是企业经营决策是一个动态过程。
二是企业经营决策是为了实现企业的目标或解决发展中的某个问题。
三是企业经营决策的核心问题是如何进行多方案的选择。
四是企业经营决策要有科学的标准和依据。
五是企业经营决策的结果一般应是较理想的方案。

二、经营决策的基本原则

决策是一项十分复杂的工作,为了实现经营决策的科学化,决策时应当遵循以下原则。

1. 信息性原则

企业经营决策的基础是信息,信息越充分、越准确、越及时,企业决策就越可能是正确的。但这种理想的信息环境并不是现实。因此,科学决策要求信息尽量准确、适用和及时,使之对决策有用。

2. 前瞻性原则

前瞻是指预测未知的情况。预测是经营决策的前提和依据。科学决策,就是必须采用科学的预见来克服没有科学根据的主观臆测,取决于决策者对未来后果判断的正确程度。不知道决策后的结果,通常会造成决策失误。

3. 全面性原则

全面性是指从全局和整体出发,全面系统地研究、分析决策目标和决策方案,力求完整无缺,不轻易放过任何一种可能方案,这样可以使决策者从多方位思考,并有相互比较的余地。

4. 可行性原则

决策成功与否,与决策事件所面临的主、客观条件密切相关。一个成功的决策,不仅要考虑到需要,还要考虑到可能;不仅要估计到有利因素和成功的机会,更要预测出不利条件和失败的风险;不仅要静态地计算需要与可能之间的差距,而且要对各种影响因素的发展变化进行定量的动态分析。因此,决策者既要敢于承担责任和风险,又不能盲目冒险,通常他们在确认过方案具有可行性后,才拍板定案。

5. 满意原则

决策者身处复杂的环境之中,要对未来做出绝对理性的判断是不可能的,因此决策只能是相对比较满意的、符合环境要求的决策,而绝不是最优的决策。

6. 效益性原则

决策的目的在于提高经济效益。进行决策时,要研究经营决策所付出的代价和取得收益的关系,要以经济效益为核心,同时要把经济效益同社会效益结合起来,尽量以较少的劳动消耗和物资消耗来取得最大的成果。如果一项经营决策付出的代价远远超过其所得,那么这项决策就不是成功的决策。

7. 反馈性原则

反馈就是对决策所导致的后果进行调整。由于环境和需要的不断变化,最初的决策必须根据变化了的情况做出相应的改变和调整,使决策更合理、更科学。

8. 民主性原则

决策问题十分复杂,影响因素众多,作为决策者个体,受知识结构、决策经验等方面的限制,无法完全避免判断上的主观性和片面性,因此,决策者要充分发扬民主作风,调动决策参与者甚至包括决策执行者的积极性和创造性,一起参与决策活动,并能够善于集中和依靠集体的智慧与力量来进行决策。

三、经营决策的科学程序

决策工作是一项动态的完整的过程,一般把决策过程划分为四个阶段,即确定决策目标、设计方案、选择方案、执行方案。其基本程序如图 4-1 所示。

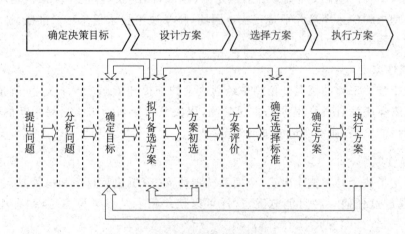

图 4-1 经营决策的科学程序

第二节 经营决策的定性方法

定性决策法又称主观决策法，是一种"软技术"。定性决策方法有很多种，常用的有专家会议法、德尔菲法、头脑风暴法、戈登法等，其中最常用的是德尔菲法和头脑风暴法。

一、专家会议法

专家会议法是指根据规定的原则选定一定数量的专家，按照一定的方式组织专家会议，发挥专家的智能效应，对预测对象未来的发展趋势及状况做出判断的方法。专家会议的规模以 8~12 人为宜，会议时间一般以 20~60 分钟为最佳。

专家会议有助于专家们交换意见，通过互相启发，可以弥补个人意见的不足；通过信息的交流与反馈，能够在较短时间内得到富有成效的成果，为决策提供预测依据。

但是专家会议也有不足之处，如由于参加会议的人数有限，代表性不充分；易受表达能力的影响，一些有价值的意见未得到重视；易屈服于权威或大多数人的意见；有时受心理因素影响较大，易受劝说性意见的影响；由于自尊心等因素的影响，不愿意轻易改变自己已经发表过的意见，等等。

二、德尔菲法

德尔菲法是专家会议法的一种发展，是依据系统的程序，由专家采用匿名发表意见的方式，通过调查人员反复征询、归纳、修改专家对问卷所提问题的看法，最后汇总成基本一致意见的一种专家集体判断方法。德尔菲是古希腊传说中的神谕之地，城中有座阿波罗神殿，传说阿波罗具有预见未来的能力，因此这种方法被命名为德尔菲法。

德尔菲法的实施过程大致如下：①拟定决策提纲；②选定专家小组；③征询专家意见；④修改决策意见；⑤确定决策结果。

德尔菲法能发挥专家会议法的集思广益的作用，准确性高，能把各位专家意见的分歧点表达出来，取各家之长，避各家之短。同时，其匿名性又能避免专家会议法的缺点。但是德尔菲法实行"背靠背"以及多轮征询，过程比较复杂，花费时间较长，这是德尔菲法的主要缺点。

三、头脑风暴法

头脑风暴法又称智力激励法、BS 法、自由思考法、思维共振法，是通过有关专家之间的信息交流，引起思维共振，产生组合效应，从而激发创造性思维。头脑风暴法也是专家会议法的一种重要的发展形式。

头脑风暴法的实施过程大致如下：①准备阶段；②热身阶段；③明确问题；④畅谈阶段；⑤筛选阶段。

实践经验表明，头脑风暴法可以排除折中方案，对所讨论的问题通过客观、连续的分析，找到一组切实可行的方案，因而头脑风暴法得到了较广泛的应用。当然，头脑风暴法实施的成本(时间、费用等)是很高的。另外,头脑风暴法要求参与者有较好的素质。这些因素是否满足会影响头脑风暴法实施的效果。

四、戈登法

戈登法,亦有译为"哥顿法",又称教学式头脑风暴法或隐含法,是用自由联想的一种方法。戈登法是由美国麻省理工学院威兼·戈登(W. J. Gordon)教授于1964年创立的决策方法。该法与头脑风暴法相类似,先由会议主持人把决策问题向会议成员(即专家成员)做笼统的介绍,然后由会议成员海阔天空地讨论解决方案;当会议进行到适当时机,决策者将决策的具体问题展示给会议成员,使会议成员的讨论进一步深化,最后由决策者吸收讨论结果,做出决策。

戈登法是由头脑风暴法衍生出来的,但其与头脑风暴法又有所区别:头脑风暴法要明确提出主题,并且尽可能地提出具体的课题;而戈登法并不明确地表明课题,而是在给出抽象的主题之后,只讨论问题的某一局部或某一侧面,或者讨论与问题相似的另一问题,或者用"抽象的阶梯"把问题抽象化后向与会者提出,寻求卓越的构想,这样有利于减少束缚,产生创造性想法。

戈登法有两个基本观点:一是"变陌生为熟悉",即运用熟悉的方法处理陌生的问题;二是"变熟悉为陌生",即运用陌生的方法处理熟悉的问题。该法能避免思维定式,使大家跳出框框去思考,充分发挥群体智慧,以达到方案创新的目的。

戈登法的具体实施过程大致为:①会议主持人决定主题;②提出解决方案;③揭示主题。

戈登法的实施很大程度上取决于会议主持人和参加者,其技法与其他会议方法相比,要求更为巧妙。主持讨论的同时,会议主持人要完成将参加者提出的论点同真实问题结合起来的任务。因此该法对主持人的要求是很高的。

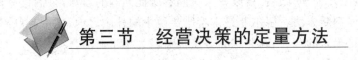

第三节 经营决策的定量方法

定量决策方法是利用数学模型进行优选决策方案,是一种"硬技术"。由于任何经营方案都需在未来实施,而人们对未来的认识程度也不尽相同,因此经营方案在未来实施的效果的确定程度也不同。据此我们可以把定量决策方法分为确定型、风险型、不确定型三种。

一、确定型决策

(一)确定型决策概述

什么是确定型决策?我们来看这个例子:某企业可向三家银行贷款,但三家银行的利率不同,分别为8%、7.5%和8.5%。企业需决定向哪家银行贷款。很明显,向利率最低的银行借款为最佳方案。这就是一个确定型决策。所以确定型决策亦称标准决策或结构化决策,是指决策者根据所掌握的科学知识和技术手段,在肯定性的主观要求和客观条件下,对各种备选方案做出完全科学的、正确的判断。

确定型决策看起来很简单,但在实际决策中并不都是这样。决策者面临的备选方案可能有很多,从中选出最优方案就很不容易。例如:一部邮车要从一个城市到另外十个城市巡回一次,其路线就有 $10 \times 9 \times 8 \times \cdots \times 3 \times 2 \times 1 = 3\,628\,800$ 条,从中选出最短路线就很不容易,必须运用线性规划的数学方法才能解决。

一般说来,确定型决策方法的应用应具备如下四个条件。

(1) 存在决策者希望达到的一个明确目标。

(2) 只存在一个决策者不可控制的自然状态。

(3) 存在着可供决策者选择的两个或两个以上的备选方案。

(4) 不同的行动方案在确定状态下的损益值可以计算出来。

由于确定型决策面对的自然状态是确定的,决策问题的结构往往是比较清楚的,因此决策者可以利用决策因素与决策结果之间的数量关系建立数学模型,并运用数学模型进行决策,比如量本利分析法、线性规划法、投资报酬率法等。下面分别介绍其基本原理。

(二) 确定型决策方法

由于篇幅所限,本书选取量本利分析法作为重点介绍,常用的确定性决策方法还有线性规划法、投资报酬率法等,可扫描二维码深入学习。

量本利分析法全称为产量成本利润分析法,也叫保本分析或盈亏平衡分析法,是进行产量决策常用的方法。量本利分析法通过分析生产成本、销售利润和产品数量三者之间的关系,掌握盈亏变化的规律,指导企业选择能够以最小的成本生产出最多的产品并可使企业获得最大利润的经营方案。

图 4-2 为量本利分析法的基本原理。

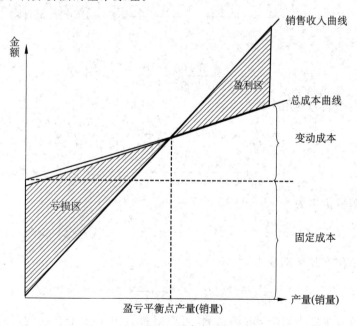

图 4-2 线性盈亏平衡关系示意图

如果设 P 为产品价格,C_f 为总固定成本,C_v 为单位变动成本,Q^* 为盈亏平衡点产量(销量),则其基本原理也可以用下列公式表示:

$$PQ^* = C_v Q^* + C_f$$

变形得到
$$Q^* = \frac{C_f}{P - C_v}$$

如果企业的目标利润不为 0,而是一个固定值 B 时,也可以采用量本利分析法来计算实现这一利润值需要的产量或销量。此时需在计算时将 B 看作一种固定成本。其计算公式为
$$Q^* = \frac{C_f + B}{P - C_v}$$

如果设企业的设计生产能力为 Q_c,则盈亏平衡生产能力利用率为
$$E^* = \frac{Q^*}{Q_c} \times 100\% = \frac{C_f}{(P - C_v)Q_c} \times 100\%$$

如果按设计能力进行生产和销售,则盈亏平衡销售价格为
$$Q_c P^* = C_v Q_c + C_f$$
$$P^* = C_v + \frac{C_f}{Q_c}$$

如果按设计能力进行生产和销售,且销售价格已定,则盈亏平衡单位产品变动成本为
$$C_v^* = P - \frac{C_f}{Q_c}$$

【例 4-1】 某工业项目年设计生产能力为生产某种产品 3 万件,单位产品售价 3 000 元,总成本费用为 7 800 万元,其中固定成本为 3 300 万元,总变动成本与产品产量成正比例关系,求以产量、生产能力利用率、销售价格、单位产品变动成本表示的盈亏平衡点。

解: 单位产品变动成本为
$$C_v = \frac{C_总 - C_f}{Q_c} = \frac{(7\ 800 - 3\ 300) \times 10^4}{30\ 000} = 1\ 500 (元/件)$$

盈亏平衡产量为
$$Q^* = \frac{C_f}{P - C_v} = \frac{3\ 300 \times 10^4}{3\ 000 - 1\ 500} = 22\ 000 (件)$$

盈亏平衡生产能力利用率为
$$E^* = \frac{Q^*}{Q_c} \times 100\% = \frac{C_f}{(P - C_v)Q_c} \times 100\%$$
$$= \frac{3\ 300 \times 10^4}{(3\ 000 - 1\ 500) \times 3 \times 10^4} \times 100\% \approx 73.33\%$$

盈亏平衡销售价格为
$$P^* = C_v + \frac{C_f}{Q_c} = 1\ 500 + \frac{3\ 300 \times 10^4}{3 \times 10^4} = 2\ 600 (元/件)$$

盈亏平衡单位产品变动成本为
$$C_v^* = P - \frac{C_f}{Q_c} = 3\ 000 - \frac{3\ 300 \times 10^4}{3 \times 10^4} = 1\ 900 (元/件)$$

通过计算盈亏平衡点,结合市场预测,可以对投资方案发生亏损的可能性做出大致判断。在上例中,如果未来的产品销售价格及生产成本与预期值相同,项目不发生亏损的条件是年销售量不低于 22 000 件,生产能力利用率不低于 73.33%,如果按设计能力进行生产并能全部销售,生产成本与预期值相同,项目不发生亏损的条件是产品价格不低于 2 600 元/件;如果销售量、产品价格与预期值相同,项目不发生亏损的条件是单位产品变动成本不高

于1 900元/件。

因此,量本利分析的目的就是找出企业成本与收益平衡关系的临界值,以判断投资方案对不确定因素变化的承受能力,为决策提供依据。盈亏平衡点越低,说明企业盈利的可能性越大,亏损的可能性越小,企业有较大的抗风险能力。

二、风险型决策

(一)风险型决策概述

人们做一项决策,可能成功也可能失败,也就是会面临风险,企业经营管理工作也是如此。例如某企业经过市场调查和预测得知,某新产品在今后5年中在市场上的销售情况可能为畅销、一般、滞销,其概率分别0.3、0.5和0.2。为使该新产品投产,有两种行动方案可供该企业选择:一种方案是投资16万元新建一车间。按这种方案,市场畅销、一般和滞销三种情况下的利润情况分别为获利50万元、25万元和亏损5万元。另一种方案是投资3万元扩建原有车间。按这种方案,市场畅销、一般和滞销三种情况下的利润情况分别为获利35万元、20万元和5万元。该企业应选择哪一种行动方案较为合适?这就是一个典型的风险型决策。

风险型决策是指决策者根据几种不同自然状态可能发生的概率所进行的决策。由于这些自然状态受政治、经济、技术、法律及消费者等诸多因素的影响,具有一定的随机性,因此风险型决策又称为随机型决策。在多数情况下,选择获得较高收益的决策,往往要冒较大的风险。

一般说来,风险型决策所处理的决策问题,通常应具备下列五个条件。

(1) 存在决策者希望达到的一个明确目标。

(2) 存在着两个或两个以上的不以决策者主观意志为转移的自然状态,如市场销售情况为好、中等、不好等。

(3) 存在着可供决策者选择的两个或两个以上的备选方案。

(4) 不同方案在各种自然状态下的损益值,可以预先确定出来。

(5) 各种自然状态发生的概率可以预先计算或估计出来。

由此可见,风险型决策是以概率为基础的,决策结果在实施过程中可能实现,也可能无法实现,这正是其风险性的体现。但是具有一定的风险性,并不是说风险型决策就不能用,正是因为应用了统计规律,其成功的决策还是占大多数,具有一定的科学性和可靠性。因此,风险型决策方法是应用较广泛的有效决策技术。

风险型决策方法主要有:决策表法、决策树法、最大可能决策法、效用分析决策法、马尔可夫决策法、贝叶斯决策法、灵敏性分析决策法等。虽然风险型决策方法有很多种,各种方法都有一定的应用场合,但是有时几种方法可以同时应用于同一决策问题上,并且由于随机性或决策准则的不同而得到不同的决策结果。因此,在实际应用中,可以采用不同的方法分别计算,然后综合分析,以便减小决策的风险性。在这些方法中,经常使用的是决策表法和决策树法,我们重点介绍一下这两种方法。

(二)风险型决策方法

风险型决策有决策表法和决策树法,本教材重点介绍决策表法,决策树法可扫描二维码深入学习。

第四章章内阅读2

决策表也叫决策矩阵表,它是采用结构矩阵来表述各种自然状态、可供选择的方案以及各方案的损益值,并计算出各方案的期望损益值,然后进行比较,选出期望损益值最佳的方案为决策方案。决策表是风险型决策常用的基本工具,其结构如表 4-1 所示。

表 4-1　决策表的基本结构

决策方案	市场销售状态			
	S_1	S_2	…	S_m
	概　率			
	P_1	P_2	…	P_m
	损　益　值			
A_1	x_{11}	x_{12}	…	x_{1m}
A_2	x_{21}	x_{22}	…	x_{2m}
⋮	⋮	⋮	⋮	⋮
A_n	x_{n1}	x_{n2}	…	x_{nm}

由表 4-1 可以看出,决策表包括以下内容。

(1) 决策问题的各种备选方案,如表左第一列的 $A_1, A_2, \cdots, A_n$。

(2) 各种不同方案可能遇到的自然状态,如表的上部第一行的 $S_1, S_2, \cdots, S_m$;每种自然状态可能发生的概率值,如表的上部第二行的 $P_1, P_2, \cdots, P_m$,它是根据各种状态以往发生的情况统计得到的,其和等于 1。

(3) 收益值或损失值,如表的主体部分 $x_{11}, x_{12}, \cdots, x_{nm}$,它是根据有关信息资料,应用数量化方法计算出来的可量度的值。不同决策问题收益值或损失值的含义不同,如销售利润、产值等。

决策表法是以损益期望值的大小为标准进行决策。对于一个方案 A_i,它的数学期望为

$$E(A_i) = \sum_{j=1}^{m} x_{ij} P_j$$

按照期望损益值标准可分为最大期望收益值标准和最小期望损失值标准两类。下面我们分别介绍这两种标准的决策表法的应用。

【例 4-2】 某企业今年夏天主要销售新鲜水果,平均每箱水果进价 40 元,销售价 60 元。若当天进货的水果卖不完,则需要冷藏及折价处理,那么平均每箱水果亏损 10 元。已知该店去年夏天每天销售水果情况如表 4-2 所示,请决策该店今年夏天每天应进货多少箱水果为最佳?

解:(1) 以最大期望收益值标准来决策。

① 根据去年同期水果销售资料(共 90 日),估算各种市场销售量的概率,见表 4-2。

表 4-2　该企业去年同期水果销售情况表

日销售量/箱	完成日销售量的天数/日
120	18
140	27
160	36
180	9

由表 4-2 可知,去年夏天每天销售水果 120 箱的概率为 18÷90＝0.2,销售 140 箱的概率为 0.3,销售 160 箱的概率为 0.4,销售 180 箱的概率为 0.1。

② 拟定各种进货备选方案。根据以往销售资料,拟定今年夏天每天水果进货方案:A_1 方案为 120 箱,A_2 方案为 140 箱,A_3 方案为 160 箱,A_4 方案为 180 箱,则拟定的决策表如表 4-3 所示。

表 4-3 该企业今年夏天水果进货方案收益值决策表

决策方案	市场销售状态			
	120 箱	140 箱	160 箱	180 箱
	概 率			
	0.2	0.3	0.4	0.1
	损 益 值/元			
A_1 120 箱	2 400	2 400	2 400	2 400
A_2 140 箱	2 200	2 800	2 800	2 800
A_3 160 箱	2 000	2 600	3 200	3 200
A_4 180 箱	1 800	2 400	3 000	3 600

各方案的收益值计算方法如下:若当天进货为 A_1 方案 120 箱,遇到市场销售状态为 120 箱,收益值为 120×(60－40)＝2 400(元);遇到市场销售状态为 140 箱、160 箱、180 箱,其收益值均为 120×(60－40)＝2 400(元)。若当天进货为 A_2 方案 140 箱,遇到市场销售状态为 120 箱,则收益值为 120×(60－40)＋(140－120)×(－10)＝2 200(元);遇到市场销售状态为 140 箱,则收益值为 140×(60－40)＝2 800(元);遇到市场销售状态为 160 箱、180 箱,收益值均为 2 800 元。其余方案计算,依此类推。

③ 计算各方案的期望收益值。A_1 方案期望收益值为
$$2\,400×0.2＋2\,400×0.3＋2\,400×0.4＋2\,400×0.1＝2\,400(元)$$
同理,A_2、A_3、A_4 方案期望收益值分别为 2 680 元、2 780 元和 2 640 元,如表 4-4 所示。

表 4-4 该企业今年夏天水果进货方案最大期望收益值决策表

决策方案	市场销售状态				期望收益值/元
	120 箱	140 箱	160 箱	180 箱	
	概 率				
	0.2	0.3	0.4	0.1	
	损 益 值/元				
A_1 120 箱	2 400	2 400	2 400	2 400	2 400
A_2 140 箱	2 200	2 800	2 800	2 800	2 680
A_3 160 箱	2 000	2 600	3 200	3 200	2 780
A_4 180 箱	1 800	2 400	3 000	3 600	2 640

④ 选择期望收益值最大的方案为决策的行动方案。A_3 方案期望收益值最大,故选择方案 A_3。

(2)以最小期望损失值标准来决策。最小期望损失值标准是以追求销售损失最小为决

策目标选择方案。这里的销售损失,既包括进货量高于市场需求量而折价处理的损失,也包括进货量低于市场需求量造成缺货而失去销售机会的利润损失。其步骤与最大期望收益值标准法相同。

① 根据去年同期水果销售资料,估算各种市场销售量的概率。

② 拟定各种进货备选方案。同样拟定今年夏天每天水果进货方案为 A_1、A_2、A_3、A_4,具体见表 4-5。

表 4-5 该企业今年夏天水果进货方案损失值决策表

决策方案	市场销售状态			
	120 箱	140 箱	160 箱	180 箱
	概　率			
	0.2	0.3	0.4	0.1
	损　益　值/元			
A_1　120 箱	0	400	800	1 200
A_2　140 箱	200	0	400	800
A_3　160 箱	400	200	0	400
A_4　180 箱	600	400	200	0

各方案的损失值计算方法如下:若当天进货为 A_1 方案 120 箱,遇到市场销售状态为 120 箱,损失为 0;如遇到市场销售状态为 140 箱,损失值为 $(140-120)\times(60-40)=400$(元);遇到市场销售状态为 160 箱,损失值为 $(160-120)\times(60-40)=800$(元);遇到市场销售状态为 180 箱,损失值为 $(180-120)\times(60-40)=1\,200$(元)。若当天进货为 A_2 方案 140 箱,遇到市场销售状态为 120 箱,则损失值为 $(120-140)\times(-10)=200$(元);遇到市场销售状态为 140 箱,损失值为 0;遇到市场销售状态为 160 箱,损失值为 $(160-140)\times(60-40)=400$(元);遇到市场销售状态为 180 箱,损失值为 $(180-140)\times(60-40)=800$(元)。其余方案计算,依此类推。

③ 计算各方案的期望损失值。A_1 方案的期望损失值为

$$0\times0.2+400\times0.3+800\times0.4+1\,200\times0.1=560(元)$$

同理,A_2、A_3、A_4 方案期望损失值分别为 580 元、180 元和 320 元,如表 4-6 所示。

表 4-6 该企业今年夏天水果进货方案最小期望损失值决策表

决策方案	市场销售状态				期望损失值/元
	120 箱	140 箱	160 箱	180 箱	
	概　率				
	0.2	0.3	0.4	0.1	
	损　益　值/元				
A_1　120 箱	0	400	800	1 200	560
A_2　140 箱	200	0	400	800	580
A_3　160 箱	400	200	0	400	180
A_4　180 箱	600	400	200	0	320

④ 选择期望损失值最小的方案为决策的行动方案。比较各方案的期望损失值，A_3方案的期望损失值最小，所以，选择A_3方案为决策的行动方案。这一决策结果与最大收益值标准法决策结果是一致的。

三、不确定型决策

（一）不确定型决策概述

不确定型决策是决策者对决策因素的未来状态和决策后可能出现的结果虽有所了解，但不是肯定的，并且对各种可能结果没有客观的概率作依据，也无经验统计数据可循，因此这是一种既非确定性，也非风险性的决策。例如，某人需要对一部分闲散资金进行投资，并希望获得一定的收益，于是他设定了三个可操作的决策方案：一是投资股票；二是投资商业项目；三是购买彩票。这三种方案都有可能获得收益，但是也存在不同程度的风险，而且这种风险难以评估。因此在进行不确定型决策时，决策者一般根据自己的风险偏好以及以往的经验进行决策。

一般说来，不确定型决策所处理的决策问题，通常应具备下列五个条件。

（1）存在决策者希望达到的一个明确目标。

（2）存在两个或两个以上的不以决策者主观意志为转移的自然状态，如市场销售情况为好、中等、不好等。

（3）存在两个或两个以上的备选方案。

（4）不同方案在各种自然状态下的损益值，可以预先确定出来。

（5）各种自然状态发生的概率不可以预先计算或估计出来。

由于不确定型决策所采用的标准主要取决于决策者的素质和特点，因此不确定型决策方法主要有乐观法、悲观法、等可能法、乐观系数法和最小最大后悔值法。

（二）不确定型决策方法

1. 乐观法

乐观法又称"好中求好"法、大中取大法、最大的最大收益法。决策者不知道各种自然状态中任一种可能发生的概率，但是其对未来形势持乐观态度，认为未来会出现最好的自然状态，因此在决策时，决策目标是获得最大收益。采用乐观法，决策者首先确定各种状态下每个方案的最大收益值，然后从中选择收益值最大者，并以其相对应的方案作为所要选择的方案。根据这种方法决策也能有最大亏损的结果，因而这种方法也称为冒险投机的准则。

【例4-3】 某企业准备生产一种新产品，但对市场需求状态出现的概率无法进行差别计算，只知道可能出现高需求、一般需求、低需求三种状态。现有A_1、A_2、A_3三种方案可供选择，各方案在不同需求状态下的收益如表4-7所示。试采用乐观法选择合适的生产方案。

表4-7 备选方案收益表　　　　　　　　　　　　　单位：万元

方案	高需求	中需求	低需求
A_1	20	12	7
A_2	16	16	10
A_3	12	12	12

解：该项目每种方案共有 3 种自然状态，根据乐观法的原则，先选出每种方案下的最大收益值，分别为 A_1 方案 20 万元；A_2 方案 16 万元；A_3 方案 12 万元，如表 4-8 所示。

表 4-8　乐观法方案选择表　　　　　　　　　　　　　　　　单位：万元

方案	高需求	中需求	低需求	乐观法
A_1	20	12	7	20
A_2	16	16	10	16
A_3	12	12	12	12

然后从这三个收益值中选出最大收益值，即 20 万元。其对应的是 A_1 方案，因此应选取 A_1 方案作为最优方案。

2. 悲观法

悲观法也称瓦尔德决策准则、小中取大法、"坏中求好"法、最大的最小收益值准则。悲观法正好与乐观法相反，决策者不知道各种自然状态中任一种发生的概率，但是其对未来形势持悲观态度，认为未来会出现最差的自然状态，因此在决策时，决策目标是避免最坏的结果，力求风险最小。采用悲观法进行决策时，首先要确定各种状态下每一可选方案的最小收益值，然后从这些最小收益值中，选出一个最大值，并以其相对应的方案作为所要选择的方案。根据这种方法决策，不论采取哪种方案，都只能获取该方案的最小收益，因而这种方法也称为保守法。

【例 4-4】 某企业准备生产一种新产品，但对市场需求状态出现的概率无法进行差别计算，只知道可能出现高需求、一般需求、低需求三种状态。现有 A_1、A_2、A_3 三种方案可供选择，各方案在不同需求状态下的收益如表 4-7 所示。试采用悲观法选择合适的生产方案。

解：该项目每种方案共有 3 种自然状态，根据悲观法的原则，先选出每种方案下的最小收益值，分别为 A_1 方案 7 万元；A_2 方案 10 万元；A_3 方案 12 万元，如表 4-9 所示。

表 4-9　悲观法方案选择表　　　　　　　　　　　　　　　　单位：万元

方案	高需求	中需求	低需求	悲观法
A_1	20	12	7	7
A_2	16	16	10	10
A_3	12	12	12	12

然后从这三个收益值中选出最大收益值，即 12 万元。其对应的是 A_3 方案，因此应选取 A_3 方案作为最优方案。

3. 等可能法

等可能法也称拉普拉斯决策准则、机会均等法。这种方法是在决策过程中决策者不知道各种自然状态任一种发生的概率，不能肯定哪种状态容易出现，哪种状态不容易出现，因此可以一视同仁，认为各种状态出现的可能性是相等的。如果有 n 个自然状态，那么每个自然状态出现的概率即为 $1/n$，然后通过选取收益期望值最大的或损失期望值最小的方案进行决策。

【例 4-5】 某企业准备生产一种新产品,但对市场需求状态出现的概率无法进行差别计算,只知道可能出现高需求、一般需求、低需求三种状态。现有 A_1、A_2、A_3 三种方案可供选择,各方案在不同需求状态下的收益如表 4-7 所示。试采用等可能法选择合适的生产方案。

解:该项目每种方案共有 3 种自然状态,根据等可能法的原则,每种自然状态出现的概率都为 1/3,则各方案平均收益值为

A_1 方案: $(20+12+7) \div 3 = 13$(万元)
A_2 方案: $(16+16+10) \div 3 = 14$(万元)
A_3 方案: $(12+12+12) \div 3 = 12$(万元)

等可能法方案选择如表 4-10 所示。

表 4-10 等可能法方案选择表 单位:万元

方案	高需求	中需求	低需求	等可能法
A_1	20	12	7	13
A_2	16	16	10	14
A_3	12	12	12	12

然后从这三个收益值中选出最大收益值,即 14 万元。其对应的是 A_2 方案,因此应选取 A_2 方案作为最优方案。

4. 乐观系数法

乐观系数法又称贺威兹决策准则、折中法。乐观系数法是介于乐观法和悲观法之间的一种决策方法。这种方法认为,决策者对未来的形势既不应该盲目乐观,也不应过分悲观,因此就不应在所有的方案中只选择收益最大的方案,也不应从每一方案的最坏处着眼进行决策,而是应在极端乐观和极端悲观之间,根据经验和判断确定一个乐观系数,通过乐观系数确定一个适当的值作为决策依据。若以 a 表示乐观系数,则 a 应介于 0 和 1 之间,而 $1-a$ 就是悲观系数。以 a 和 $1-a$ 为权重对每一方案的最大收益值和最小收益值进行加权平均,得到每一方案的收益期望值,然后通过选取各方案的收益期望值中最大或损失期望值最小的方案进行决策。

【例 4-6】 某企业准备生产一种新产品,但对市场需求状态出现的概率无法进行差别计算,只知道可能出现高需求、一般需求、低需求三种状态。现有 A_1、A_2、A_3 三种方案可供选择,各方案在不同需求状态下的收益如表 4-7 所示。根据调查,确定乐观系数为 $a=0.7$,试采用乐观系数法选择合适的生产方案。

解:根据题意,决策者的乐观系数为 $a=0.7$,因此其悲观系数为 $1-a=0.3$。

该项目每种方案共有 3 种自然状态,根据乐观系数法的原则,选出每种方案下的最大和最小收益值,并与乐观系数和悲观系数进行加权平均,得到各方案的期望收益值如下。

A_1 方案: $20 \times 0.7 + 7 \times 0.3 = 16.1$(万元)
A_2 方案: $16 \times 0.7 + 10 \times 0.3 = 14.2$(万元)
A_3 方案: $12 \times 0.7 + 12 \times 0.3 = 12$(万元)

乐观系数法方案选择如表 4-11 所示。

表 4-11　乐观系数法方案选择表　　　　　　　　　　　　　　单位：万元

方案	高需求	中需求	低需求	乐观系数法
A_1	20	12	7	16.1
A_2	16	16	10	14.2
A_3	12	12	12	12

然后从这三个收益期望值中选出最大收益值，即 16.1 万元。其对应的是 A_1 方案，因此应选取 A_1 方案作为最优方案。

应用乐观系数法需要注意的是，乐观系数 a 取值不同，可以得到不同的决策结果。到底 a 取什么值合适，要视具体的情况而定。如果当时的情况比较乐观，则 a 可取得大些；反之，a 应取得小些。

5. 最小最大后悔值法

最小最大后悔值法也称萨凡奇决策准则、极小极大损益值法、大中取小法。这种方法是在决策过程中决策者不知道各种自然状态任一种发生的概率，其决策目标是确保避免较大的机会损失。因此，最小最大后悔值又称为机会损失值，即由于决策失误而造成的实际收益值与最大可能的收益值的差距。运用最小最大后悔值法时，首先要将决策矩阵从利润矩阵转变为机会损失矩阵，然后确定每一可选方案的最大机会损失，最后通过选取各方案的最大机会损失中最小的方案进行决策。

【例 4-7】　某企业准备生产一种新产品，但对市场需求状态出现的概率无法进行差别计算，只知道可能出现高需求、一般需求、低需求三种状态。现有 A_1、A_2、A_3 三种方案可供选择，各方案在不同需求状态下的收益如表 4-7 所示。试采用最小最大后悔值法选择合适的生产方案。

解：该项目每种方案共有 3 种自然状态，根据最小最大后悔值法的原则，首先计算每种方案在每种自然状态下的机会损失值。

在市场高需求的情况下，采用 A_1 方案可获得最大收益，故此种自然状态下的最大收益值为 20 万元，因此如果出现高需求状态，则各方案的机会损失值如下。

A_1 方案：　　　　　　　　　　20－20＝0（万元）
A_2 方案：　　　　　　　　　　20－16＝4（万元）
A_3 方案：　　　　　　　　　　20－12＝8（万元）

同理可以计算出市场中需求的情况下和市场低需求的情况下各方案的机会损失值。然后确定每种可选方案的最大机会损失值，如表 4-12 所示。

表 4-12　最小最大后悔值法各方案机会损失值　　　　　　　　　　单位：万元

方案	高需求	中需求	低需求	最小最大后悔值法
A_1	0	4	5	5
A_2	4	0	2	4
A_3	8	4	0	8

然后从这三个损失值中选出最小机会损失值,即 4 万元。其对应的是 A_2 方案,因此应选取 A_2 方案作为最优方案。

6. 各种方法的特点和适用情况

由以上例题可以看出,决策方案的确定与所选用的决策方法有很大关系。表 4-13 列出了前面例题中根据不同准则选取的方案。

表 4-13　各种准则决策结果的比较

决策方法	选择的方案
乐观法	A_1 方案
悲观法	A_3 方案
等可能法	A_3 方案
乐观系数法($a=0.7$)	A_1 方案
最小最大后悔值法	A_2 方案

由表 4-13 可以看出,尽管前面例题中所使用的基础资料都是表 4-7 给出的收益矩阵,但由于依据的决策方法不一样,选出的方案也是不同的。显而易见,这些决策结果不可能都是正确的。那么究竟应如何选择决策方法,以保证决策结果的正确性呢?由于不确定型决策问题相当复杂,而决策者掌握的信息又非常有限,因此,在实际决策时,决策方法的选择往往取决于决策者的偏好,也就是说,对方法的选择仍带有相当程度的主观随意性。为了提高决策的科学性,减少盲目性,在选用决策方法时,应注意分析各种方法隐含的假定和决策时的各种客观条件。客观条件越接近于某一准则的隐含假定,则选用该准则进行的决策就越正确。

本章小结

企业的经营活动涉及的范围非常广泛,因此其决策内容也是复杂多样的,可以根据不同的标准分成不同类型的决策。按照决策应用的方法划分,可分为定性决策和定量决策。定性决策方法就是依靠决策者或有关专家的智慧进行决策的方法,属于群体决策,最为常见的是专家会议法以及由其发展演化而来的德尔菲法和头脑风暴法。

定量决策方法是利用数学模型进行优选决策方案的决策方法,一般用于解决可以量化的复杂的决策问题。按照决策的确定性程度不同,又可分为确定型决策、风险型决策和不确定型决策。对于确定型决策,一般采用量本利分析法、线性规划法和投资报酬率法来解决。对于风险型决策,比较常用的是决策表法和决策树法。而对于不确定型决策,可以采取乐观法、悲观法、等可能法、乐观系数法和最小最大后悔值法。这些方法的适应性是根据决策者的素质和特点、市场特性的不同而不同。

关键术语

决策　经营决策　专家会议法　德尔菲法　头脑风暴法　戈登法　确定型决策　量本利分析法　盈亏平衡点　线性规划法　投资报酬率法　风险型决策　决策表　决策树　不确定型决策　乐观法　悲观法　等可能法　乐观系数法　最小最大后悔值法

思考题

1. 企业经营决策的概念和基本原则是什么?

2. 企业经营决策的程序是什么?

3. 某公司要对其开发的某一产品方案进行决策,是否可以采用德尔菲法或头脑风暴法?为什么?这两种方法各自的优点是什么?

4. 某企业生产某产品,预计产量为 700 吨,年总固定成本为 100 万元,单价 4 000 元/吨,单位变动成本为 2 000 元,求盈亏平衡产量和经营安全率,并判断该产品是否可以生产。

5. 某饲料公司用甲、乙两种原料配制饲料,甲、乙两种原料的营养成分及配合饲料中所含营养成分最低量由表 4-14 给出。已知甲、乙原料的单位价格分别为 10 元和 20 元,求满足营养需要的饲料最小成本配方。

表 4-14　甲、乙两原料营养成分含量及最低需要量

营养成分	甲原料 (营养成本单位/原料单位)	乙原料 (营养成本单位/原料单位)	配合饲料的 最低含量
钙	1	1	10
蛋白质	3	1	15
热量	1	6	15

6. 某企业,由于生产工艺较落后,产品成本高,在价格保持中等水平的情况下无利可图,在价格低落时就要亏损,只有在价格较高时才能盈利。鉴于这种情况,企业管理者有意改进其生产工艺,即用新的工艺代替原来旧的生产工艺。现在,取得新的生产工艺有两种途径:一是自行研制,但成功的概率是 0.6;二是购买专利,估计谈判成功的概率是 0.8。如果自行研制成功或者谈判成功,生产规模都将考虑两种方案:一是产量不变;二是增加产量。如果自行研制或谈判都失败,则仍采用原工艺进行生产,并保持原生产规模不变。据市场预测,该企业的产品今后跌价的概率是 0.1,价格保持中等水平的概率是 0.5,涨价的概率是 0.4。表 4-15 给出了各方案在不同价格状态下的效益值。试问,对于这一问题,该企业应该如何决策?

表 4-15　某企业各种生产方案下的收益值

价格状态 (概率)	按原工 艺生产 /万元	改进工艺成功			
		购买专利成功(0.8)		自行研制成功(0.6)	
		产量不变/万元	增加产量/万元	产量不变/万元	增加产量/万元
价格低落(0.1)	−100	−200	−300	−200	−300
价格中等(0.5)	0	50	50	0	−250
价格上涨(0.4)	100	150	250	200	600

7. 某企业计划开发新产品,有三种设计方案可供选择。不同的设计方案对应的制造成本、产品性能各不相同,在不同的市场状态下的损益值也不同。有关资料如表 4-16 所示。试用乐观法、悲观法、等可能法、乐观系数法和最小最大后悔值法分别选出最佳方案(假设乐观系数值为 0.7)。

表 4-16　备选方案损益表　　　　　　　　　　单位：万元

方案	畅销	一般	滞销
方案 A	150	100	50
方案 B	180	80	25
方案 C	250	50	10

第四章　企业经营决策

第四章案例阅读

第五章 企业人力资源管理

教学目标

通过本章的学习,使学生深刻理解人力资源管理的含义及内容,掌握人力资源规划和工作分析、人力资源招聘、人力资源培训与开发、绩效管理与薪酬管理等方面的工作技能和方法,提高学生在企业人力资源管理方面解决实际问题的能力。

教学要求

了解人力资源管理在企业经营中的地位、人力资源规划中人员配置的基本原则、绩效考核的组织与实施、企业工资制度如何合理设计。理解人力资源管理的含义、特征、人力资源规划的含义及任务、人力资源招聘的原则、员工培训的原则、薪酬制度的要求与制定。掌握人力资源管理的内容、人力资源规划的内容及程序、人力资源招聘的程序及方法、员工培训的方式、绩效考核的方法。

引导案例

AIA 友邦保险公司:人力资源战略规划

友邦中国成为国内金融行业首家向企业组织员工推行境外上市股权计划的外资机构,旨在为该企业建立、完善员工"整体薪酬"管理政策制度。公司推出了"Agency2.0"计划,通过该项计划实现打造高质量、高水平的营销员团队目标。"Agency2.0"计划实施后,保险公司团队日益发展壮大,人才实力雄厚,保险营销员平均收入水平同样有一定的提升,由此,有效地提高了集团整体业务质量。友邦保险公司拥有庞大的组织团队与组织文化,通过各种战略部署一步一步地实现自身企业的使命,赢得了口碑与众人的信赖。

资料来源:崔家阳.企业管理制度与人力资源战略规划实施策略研究——以 AIA 友邦保险公司为例[J].企业改革与管理,2021(2):58-60.

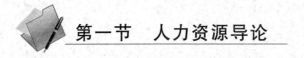

第一节 人力资源导论

一、人力资源概述

(一)人力资源的概念

人力资源是指人所具有的对价值创造起贡献作用并且能够被组织所利用的体力和脑力

的总和。此定义包括以下几个要点。

（1）人力资源的本质是人所具有的脑力和体力的总和，可以统称为劳动能力。

（2）这一能力要能对财富的创造起贡献作用，成为财富的来源。

（3）这一能力还要能够为组织所利用。这里的"组织"既可以大到一个国家或地区，也可以小到一个企业或单位。这里的"能够"既含有社会现实条件允许组织利用这一能力的意思，又含有这一能力"愿意"被利用和值得被利用的意思。

（二）人力资源的特征

人力资源是一种进行社会生产的特殊又重要的资源。这种资源与其他资源相比较，具有鲜明的个性特征。

（1）人力资源具有生成过程的时代性与社会性。

（2）人力资源具有开发对象的能动性。

（3）人力资源具有使用过程的时效性。

（4）人力资源开发过程具有持续性。

（5）人力资源具有特殊资本性。

（6）人力资源具有增值性。

（7）人力资源具有生成、利用和闲置过程的消耗性。

（8）人力资源具有再生性。

二、人力资源管理的含义、内容及意义

（一）人力资源管理的含义

人力资源管理是指企业对人力资源的取得、开发、保持和利用等方面进行的计划、组织、指挥和控制，以有效地开发人力资源，提高劳动生产率，实现企业目标的活动。人力资源管理贯穿企业生产经营的全过程，是企业管理的重要组成部分。理解人力资源管理的含义，主要应把握以下几个要点。

（1）人力资源管理是企业管理的一部分。在企业的经营活动中，人、财、物、信息共同构成了决定企业兴衰的四大要素，这四大要素也是企业管理的内容。而人力资源是企业管理的主体，失去了人的能动作用，财、物、信息都不能发挥应有的作用。随着知识经济的到来，人力资源作为社会和经济发展所需的战略性资源，作为企业最重要的资产和一种最富活力与创造力的资本，其功能与作用愈益显著。可以说，在未来的企业管理中，人力资源管理将扮演更重要的角色。

（2）人力资源管理贯穿企业生产经营的全过程。人力资源管理服务于企业的总体目标。人力资源管理主要是全面、系统地研究和分析劳动过程中"人"与"事"及人与事的合理匹配，寻求最佳结合，保证企业总体目标的实现。因此，围绕着企业的总体目标来研究"事"，即岗位或工作，包括工作流程、工作方法、工作时间及职位和岗位分析；围绕着企业的总体目标研究对人采用什么样的劳动人事制度，对人采用什么样的开发管理措施和方法，当然也就是企业人力资源管理部门的重要职责。

（3）人力资源管理的最终目的是提高企业的经济效益。在市场经济条件下，追求经济效益是企业开展经营活动的主要目的。能否达到这个目的，取决于企业中人与人、人与事、

人与组织之间配合的效率。因此，保质保量为企业提供人力资源，合理安排人力资源，协调人事行为，不断提高劳动者的劳动技能、工作积极性，从而不断提高劳动生产率是企业人力资源部门重要的任务。

（二）人力资源管理的内容

(1) 制定人力资源规划。制定这一规划，一方面可保证人力资源管理活动与企业的战略方向和目标相一致；另一方面可保证人力资源管理活动的各个环节相互协调，以及为人力资源管理提供所需要的信息。

(2) 编制人力资源计划。编制人力资源计划就是编制年度内人力资源的计划，如人员数量和质量计划、招聘计划、裁员计划、劳动生产率计划等。

(3) 工作分析与职务设计。这是人力资源管理中一项重要的工作。通过对工作任务的分解，根据不同的工作内容，设计不同的职务，并编制每个岗位的职务说明书，这样可以使企业吸引和保留合格的员工。

(4) 招聘。企业根据需要挑选合适的人员，录用安排在一定的职位上。

(5) 绩效评估与激励。根据一定的考核指标对员工的工作表现与工作效果进行评价，并及时做出信息反馈，同时运用一定的激励方法与手段，奖优罚劣，进一步提高和改善员工的工作绩效。

(6) 培训与开发。通过各种培训手段对员工的智力、技能与工作态度进行培养训练，旨在提高员工的素质。同时结合员工的自身素质与组织的需要，为员工制订一个职业生涯发展计划，不断挖掘员工的潜能。

(7) 工资福利。根据员工工作绩效的大小和优劣，给予适当的报酬和奖励。

(8) 劳企关系。企业管理者与企业内有组织的群体就工资、福利及工作条件等问题进行谈判，协调劳企关系。

(9) 安全与保障。为保障员工的健康，减少污染，减少事故的发生所必须采取的措施。

（三）人力资源管理的意义

(1) 有利于促进企业生产经营活动的顺利进行。企业中人与人、人与事、人与组织的配合与效率，直接影响企业生产经营活动的顺利进行。只有合理组织劳动力，不断协调劳动力之间、劳动力与劳动资料和劳动对象之间的关系，并在空间和时间上使劳动力、劳动资料和劳动对象形成最优的配置，才能保证企业生产经营活动有条不紊地进行。

(2) 有利于调动企业员工的积极性，提高劳动生产率。美国学者通过调查发现，按时计酬的职工每天只需发挥自己20%～30%的能力，就可以保住自己的饭碗，但若充分调动其积极性、创造性，其潜力可发挥出80%～90%。企业人力资源管理的重要任务就是要设法为劳动者创造一个适合他们的劳动环境。如人适其职，充分发挥每个人的专长；根据每个人的需要进行有效的激励；正确评价每位员工的效绩等，使他们安于工作、乐于工作、忠于工作，积极主动地奉献自己的全部能力与智慧，达到提高劳动生产率的目的。

(3) 有利于开发人力资源，树立企业长期的竞争优势。企业人力资源管理的一个主要任务就是对企业员工的教育与培训，提高企业员工的素质，使员工有效掌握和运用一流的现代化技术，创造出一流的产品，使管理者掌握现代化的管理理论与方法，提高企业管理的能力与水平，树立企业长期竞争的优势，促进企业的发展。

（4）有利于减少劳动消耗，提高企业经济效益。企业经济效益是指企业在进行生产经营活动中所费和所得的比较。减少劳动消耗的过程，就是提高经济效益的过程。所以，合理组织劳动力、科学配置人力资源，可以促使企业以最小的劳动消耗，取得最大的经济成果。

第二节　人力资源规划与工作分析

一、人力资源规划概述

人力资源规划是一个组织为实现其自身发展目标，对所需人力资源进行供需预测、制定系统的政策和措施，以满足自身人力资源需求的活动过程。简言之，人力资源计划就是从组织人力资源开发与管理的战略层面出发，人力资源管理者所做的人力资源战略规划及其实施方案。人力资源管理的计划是通过人力资源规划这一职能实现的。

（一）人力资源规划的含义、内容与作用

1. 人力资源规划的含义

（1）人力资源规划要建立在企业发展战略和经营规划的基础上。人力资源管理只是企业经营管理系统的一个子系统，是为企业发展提供人力资源支持的，所以，人力资源规划必须以企业的最高战略为标准。

（2）人力资源规划应包括两部分活动，一是对企业在特定时期内的人员供给和需求进行预测；二是根据预测结果采取相应的措施进行供需平衡。在两部分内容中，前者是后者的基础，离开了预测，将无法进行人力资源平衡；后者是前者的目的，如果不采取措施平衡供需，进行预测就失去了意义。

（3）人力资源计划对企业人力资源供给和需求的预测要从数量和质量两个方面来进行。企业对人力资源的需求，数量只是一方面，更重要的是要保证质量，也就是说供给和需求不仅要在数量上平衡，还要在结构上匹配，而对于后者，人们往往容易忽略。

2. 通过人力资源规划能够回答或解决的问题

（1）企业在某一特定时期内对人力资源的需求是什么，即企业需要多少人员？对这些人员的要求是什么？

（2）企业在相应的时间内能得到多少人力资源的供给？这些供给必须与需求的层次和类别相对应。

（3）在这段时期内，企业人力资源供给和需求比较的结果是什么？企业应当通过什么方式来达到人力资源供需的平衡。

可以说，上述三个问题形成了人力资源规划的三个基本要素，涵盖了人力资源规划的主要方面。如果能够对以上三个问题做出比较明确的回答，那么人力资源规划的主要任务就完成了。

（二）人力资源规划的内容

人力资源规划的内容，也就是它的最终结果，包括两方面，即人力资源总体规划和人力资源业务规划。

1. 人力资源总体规划

人力资源总体规划是指对计划期内人力资源规划结果的总体描述,包括:预测的需求和供给分别是多少,做出这些预测的依据是什么,供给和需求的比较结果是什么,企业平衡供需的指导原则和总体政策是什么。在总体规划中,主要的内容就是供给和需求的比较结果,也可以称作净需求。进行人力资源规划的目的就是得出这一结果。

2. 人力资源业务规划

人力资源业务规划是总体规划的分解和具体化,包括:人员补充计划,人员配置计划,人员接替和提升计划,人员培训开发计划,工资激励计划,员工关系计划和退休解聘计划等内容。这些业务规划中的每一项都应当设定自己的目标、任务和实施步骤,每一项的有效实施是总体规划得以实现的重要保证。人力资源业务规划的内容如表 5-1 所示。

表 5-1 人力资源业务规划的内容

规划名称	目标	政策	预算
人员补充计划	类别、数量、层次对人员素质结构的改善	人员的资格标准、人员来源范围、人员的起点待遇	招聘选拔费用
人员配置计划	部门编制,人力资源结构优化,职位匹配,职位轮换	任职条件、职位轮换的范围和时间	按使用规模、类别和人员状况决定薪酬预算
人员接替和提升计划	后备人员数量的保持,人员结构的改善	选拔标准、提升比例、未提升人员的安置	职位变动引起的工资变动
人员培训开发计划	培训的数量和类型,提升内部供给,提升工作效率	培训计划安排、培训时间和效率的保证	人员培训开发的总成本
工资激励计划	增加劳动力供给,提高士气,改善绩效	工资政策、激励政策、激励举措	增加工资、奖金的数额
员工关系计划	提高工作效率,改善员工关系,降低离职率	民主管理,加强沟通	法律诉讼费用
退休解聘计划	劳动力成本降低,生产率提高	退休政策及解聘程序	安置费用

(三)人力资源规划的作用

对于企业来说,人力资源规划具有重要作用。

(1)人力资源规划可以满足企业在生存发展过程中对人力资源的需求。
(2)人力资源规划可以为企业的人事决策提供依据和指导。
(3)人力资源规划能使企业有效地控制人工成本。
(4)人力资源规划有助于满足员工需求并调动员工的积极性。

二、工作分析的含义、任务与内容

(一) 工作分析的含义

1. 工作分析的定义

工作分析又称职务分析,是指完整地确认工作整体,对组织中某一特定工作或职务的目的、任务或职责、权利、隶属关系、工作条件、任职资格等相关信息进行收集和分析,做出明确规定,并确定完成工作所需的能力和资质的过程或活动。

简言之,工作分析是进行工作信息收集、分析、综合以及做出明确规定的过程或一系列活动。

工作分析包括的主要信息如下。

(1) 某特定工作职务设置的主要目的。
(2) 该工作职务主要的职责、任务、权利。
(3) 该工作职务的隶属关系。
(4) 该工作职务的工作条件。
(5) 该工作职务所需的知识、技能和能力等。

工作分析结果通过工作说明书来进行描述。工作说明书包括两方面的内容:工作描述和工作规范。工作描述主要针对工作的任务、性质、职责以及工作环境等内容。工作规范则针对从事某岗位工作的员工应具备的知识、技能和能力等内容。工作分析是人力资源管理中的一项基础工作,它可以为各项人力资源决策提供客观、科学的决策依据,并通过工作描述和工作规范的制定,为人力资源管理其他职能提供指导和建议。工作分析可以保证合理的组织设计、工作设计和人力资源规划;保证组织人力资源招聘甄选过程中人、职相配;保证员工培训、绩效评价、薪酬系统、职业生涯规划、劳动关系的规范化、科学化。工作分析可以最大限度地提高人力资源使用的效率,降低人力资源使用的成本。

2. 工作分析的意义

工作分析结果是形成工作说明书和工作规范。简单来说,工作分析就是确定某一工作的任务和性质是什么,以及哪些类型的人(从技能和经验的角度来说)适合从事这一工作。工作说明书主要指明了工作的内容,工作规范则明确了雇佣哪些类型的人来从事这一工作。工作分析是人力资源开发与管理中必不可少的环节,是人力资源开发与管理的基础,与人力资源的开发、报酬、整合及其调控等工作密切相关。

3. 工作分析的目的

工作分析是为了了解工作的性质、内容和方法,以及确定从事该项工作所需要具备的条件和任职资格。工作分析可以为解决以下问题提供答案。

(1) 员工需要完成什么样的工作。
(2) 此项工作将在什么时候完成。
(3) 此项工作将在什么地方完成。
(4) 如何完成此项工作。
(5) 为什么要完成此项工作。

(6) 完成此项工作需要具备哪些条件。

（二）工作分析的任务

工作分析是人力资源开发与管理工作的基础。工作分析的任务就是为人力资源开发与管理提供基础、标准和依据，具体包括以下几方面。

1. 为工作设计提供基础信息

企业内的任何工作职务都是根据组织的需要设置的。工作分析要根据组织的需要，将影响工作的因素逐一列举分析，决定组织中原有工作哪些需要保留、哪些需要去除，需要新设置哪些工作等。为了达到工作设计和再设计的目的，工作分析要进行工作目标、活动内容、工作责任、工作复杂性、工作时间、劳动强度、工作危险性等项目的调查，提供关于工作设计基础的信息。

2. 为人力资源规划提供前提保证

组织内每项工作的责任大小、任务轻重、时间的约束、工作条件的限制等因素决定了所需的人员。通过对部门内各项工作进行分析，确定各部门的人员编制，制订人力资源需求计划，并可以将接近的职务归类，为人力资源规划科学化提供前提保证。

3. 为招聘、选拔、考核工作提供客观尺度

在人员招聘中，以何为依据来判断求职者是否合格？主管人员怎样才能将"恰当的人"安排到"恰当的岗位"上？在员工考核工作中，如何才能减少主观随意性，做到相对公正？这些都要求工作分析为之提供客观尺度。工作分析能够明确规定各项工作的近期和远期目标，规定各项工作的要求、责任、掌握工作任务的静态和动态的特点，提出任职人员的心理、生理、技能、知识和品格要求，在此意义上就形成了具有广泛用途的客观尺度，使招聘、选拔和任用符合工作需要和工作要求的合格人员成为可能，使员工绩效评估有据可依。

4. 为报酬管理提供有力帮助

通过工作分析得到的工作评价、工作分类和工作可比价值，可以判断每个职务的"相对价值"，以此为依据制定薪资水平，实现组织内及组织间报酬的相对公平。

5. 为员工的培训开发提供指导

工作分析明确规定了从事某项工作所应具备的技能、知识和其他各种素质条件，并作为参照物，将从事该项工作员工的各种素质条件与之对比，可以进行培训必要性分析，二者之间的差距也为培训内容的确定指出了方向。因此，可以按照工作分析的结果，设计和制订培训方案，根据实际工作需要和参加人员的不同情况有区别、有针对性地选择培训内容和方法，实施积极的员工开发计划。工作分析还可以使员工明确工作责任、发展目标和努力方向，为员工的职业生涯发展提供指南。

6. 促进组织激励机制的形成

工作分析对工作关系、职业资格、工作相对价值、员工职业生涯流动路线做出明确规定。因此，从公平管理的角度看，工作分析有利于促进组织激励机制的形成。工作分析还可以在训练、职业开发、安全、报酬、人际关系、员工咨询等方面提供建设性意见，组织可以在此基础上了解到员工工作的各种信息，以便全方位地有效激励员工。

（三）工作分析的内容

一般来说，工作分析包括两个方面：第一，确定工作岗位的具体特征，如工作内容、任务、职责、环境等;第二,找出工作岗位对任职人员的各种要求,如技能、学历、训练、经验、体能等。前者的结果表现为工作描述,后者的结果表现为任职者说明,二者的文本形式就是工作说明书或职务说明书。

第三节 企业人力资源招聘

现代企业间的竞争已经从产品竞争、成本竞争转向激烈的人才竞争,高质量的人才已成为稀缺资源。如何敏锐地甄别并高效地招揽到优秀的、适合本企业职位要求的人员,已成为摆在经营管理者面前的头等大事。本节将介绍招聘面试、选拔测试、校园招聘、网络招聘、新员工录用与培训等人力资源招聘与选拔的方法和技巧。

一、人力资源招聘的含义与意义

(一)人力资源招聘的含义

所谓人力资源招聘,是指根据组织的人力资源规划和工作分析等要求,通过多种方式,把具有一定技巧、能力和其他特性的申请人吸收到企业的相应岗位上,以满足企业(或组织)人力资源需求的过程。

(二)人力资源招聘的意义

人力资源招聘与录用工作是人力资源管理中的基础性工作。在人力资源管理中,人力资源有"进""用""出"几个环节。在这几个环节中,人力资源的"进"是关键。

具体而言,人员招聘与录用的作用具体表现在以下几方面。

1. 招聘与录用是企业获取人力资源的重要手段

企业只有通过人员招聘才能获得人力资源。尤其是对新成立的企业来说,人员的招聘与录用更是企业成败的关键。如果企业无法招聘到合乎企业发展目标的员工,企业在物质、资金、时间上的投入就属于浪费,完不成企业最初的人员配备,企业就无法正常运营。对已经处于运作之中的企业来说,人力资源的使用与配置也因企业的战略、经营目标、计划与任务以及组织结构的变动和自然原因而处于经常的变动之中。因此,招聘和录用工作对企业来说是经常性的。招聘与录用的目标就是保证企业人力资源得到充足的供应,使人力资源得到高效的配置,提高人力资源的投资效益。

2. 招聘与录用是整个企业人力资源管理工作的基础

企业人力资源管理包括的各个环节,即招聘、培训、考核、薪酬等环节中,人员的招聘与录用是基础。如果招聘和录用的人员不能够胜任或不能满足企业的要求,那么企业人力资源管理的工作效益就得不到提高,各项工作的难度将增加。图5-1显示了招聘、录用与其他人力资源管理职能的关系。

3. 招聘与录用是企业人力资源投资的重要形式

从人力资源投资的角度出发,招聘与录用是企业人力资源投资的重要形式。人员的招

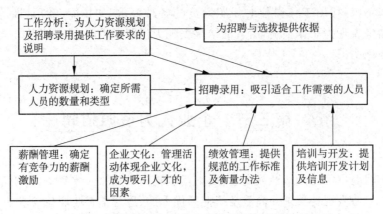

图 5-1 招聘、录用与其他人力资源管理职能的关系

聘与录用无疑将花费企业的费用。如果人员招聘与录用工作出现失误,对企业产生的影响是极大的。例如:录用的生产线的员工如果不符合标准,就可能要花费额外的精力去进行修正(培训);与客户打交道的员工如果缺乏技巧,就可能使企业丧失商业机会;在工作团队中,如果招聘来的人员缺乏人际交往技能,就会打乱整个团队的工作节奏和产出效益,等等。员工的等级越高,招聘与录用工作就越难开展,其成本也就越大。要衡量一位管理人员的作用,需要花费很长的时间才能得出确切的评价。尤其是在人才竞争的 21 世纪,企业能否招聘到对企业发展来说至关重要的人才,对企业的发展是非常重要的。在当今世界,企业的竞争就是人才的竞争,在一定程度上可以说是招聘与录用的竞争。因此,如果企业的招聘与录用工作的质量高,不仅能为企业招聘到优秀人员,也能为企业减少由于录用人员不当所带来的损失。

4. 招聘与录用能够提高企业的声誉

招聘与录用工作需要严密的策划,一次好的招聘策划与活动,一方面可以吸引众多的求职者,为应征者提供一个充分认识自己的机会;另一方面可为企业树立良好的公众形象,也为企业做了一次好的广告宣传。成功的招聘与录用活动,能够使企业在求职者和公众心中留下美好的印象。

5. 招聘与录用能够提高员工的士气

当企业处于发展时期,自然会产生一些空缺职位,企业需要从企业内部和外部寻找合适的人选来填补空缺,以保证企业的良性发展。

总之,招聘工作不仅关系到企业的未来,同时也关系到员工个人的前程,对企业、对个人都有着重要的作用和意义。

二、人力资源招聘的原则与流程

(一)人力资源招聘的原则

做好人力资源招聘工作要坚持以下原则。

1. 职务分析原则

想有效地选择人员,就要求招聘管理人员清楚地了解该职位的性质和目的,客观分析该职位的要求,包括在组织等级中各个级别对技能的不同要求,并要评价和比较各个职位,以便公正、平等地对待应聘者。

2. 效率优先原则

在招聘过程中,要根据不同的招聘要求,灵活选用适当的招聘选拔形式和方法,在保证招聘质量的情况下,尽可能降低招聘成本,录用到高素质、企业急需的人才;或者说,以尽可能低的招聘成本招聘到适合岗位需要的员工。

3. 公开原则

企业各类人力资源的招聘要公开、公正,应将招考单位、种类、数量、报考的资格、条件、考试的方法、科目和时间,职务说明等均面向社会公告周知,公开进行。这样既有利于社会人才公平参与竞争,又能使此项工作置于社会的公开监督之下,防止不正之风。

4. 全面考核原则

人力资源管理人员要对候选人员的品德、知识、能力、智力、健康状况、心理、过去工作的经验和业绩等方面进行全面考核和考察。

5. 平等原则

对所有报考者都要一视同仁,不得人为地制造各种不平等的限制或条件,不分国别、民族、性别,都要平等对待,也不能给出各种不平等的优惠政策。给社会上有志之士提供平等竞争的机会,不拘一格地录用各方面的优秀人才。

6. 择优原则

择优是人力资源选择的根本目的和要求,只有坚持这个原则,才能为组织遴选最合适的人员。为此,应采取科学的考试考核方法,精心比较,谨慎筛选。

7. 能级对应原则

由于人的知识、阅历、背景、性格、能力等方面存在差异,人力资源选择应量才录用,不一定要最优秀的,但要最合适的。要做到人尽其才,用其所长,这样才能持久高效地发挥人力资源的作用。

8. 合法原则

人力资源的选择必须遵守国家的法律、法规和政策。企业在人员招聘中一切与国家的有关法规相抵触的活动都是无效的,都要受到法律制裁。因此,人员的聘用和选择要遵守国家的有关法律法规和政策,更不应有各种形式的歧视和违规行为。

(二)人力资源招聘的流程

人力资源招聘的流程如图 5-2 所示。

三、人力资源招聘的来源与方式

企业人力资源招聘的来源分为企业内部和企业外部两种,招聘的方式多种多样。

(一)内部招聘

1. 内部招聘的概念

内部招聘是指在企业内部选聘企业空缺岗位所需要的员工。企业本身便是人才的"蓄

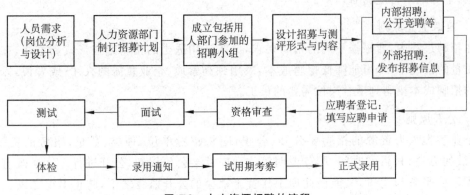

图 5-2　人力资源招聘的流程

水池",由于工作和岗位的原因,很多员工的潜能未能被发现,因此内部招聘是企业补充空缺岗位的首选方式。

2. 内部招聘的方式

内部招聘有许多方式:公开竞聘、内部提拔、横向调动、岗位轮换、重新聘用,或招回以前的雇员,有时管理层指定,甚至直接任命。内部招聘发布信息的方式一般是利用企业局域网、墙报、布告栏、内部报刊发布招聘信息。在这些方式中,公开竞聘是主要方式。

3. 内部招聘的优点及缺点

内部招聘的优点主要体现在以下方面:①激发员工的内在积极性;②迅速熟悉和进入工作;③保持企业内部的稳定性;④尽量规避识人、用人的失误;⑤人才招聘的费用最少。

内部招聘的缺点主要体现在以下方面:①容易形成企业内部人员的板块结构;②可能引发企业高层领导的不团结;③缺少思想碰撞的火花,影响企业的活力和竞争力;④企业高速发展时,容易以次充优;⑤营私舞弊的现象难以避免;⑥会出现涟漪效应。

(二)外部招聘

1. 外部招聘的概念

外部招聘是指从企业外部选聘企业空缺岗位所需要的员工。企业外部是一个无限大的人才储备库,是企业获取人才的主要来源。

2. 外部招聘的准备

外部招聘前企业应做好如下准备工作:①人力资源规划;②职务分析;③确定招聘领导小组和招聘工作小组;④确定招聘信息发布的方式;⑤设计招聘所需的各类表格;⑥确定招聘的时间、地点和方式。

3. 外部招聘的方式

根据招聘的来源,外部招聘有下列几种方式:①招聘广告;②职业介绍机构;③猎头公司;④员工推荐与申请人自荐;⑤临时性雇员。

4. 外部招聘的优缺点

与内部招聘相比,外部招聘的优点主要体现在以下几个方面:①带来新思想、新观念,补充新鲜血液,使企业充满活力;②可以规避涟漪效应产生的各种不良反应,无须调整其他岗位和人员;③避免过度使用内部不成熟的人才;④节省培训费用。外部招聘能使企业获得符合要求的高素质人才,为企业节省了培训费用和培训时间。

外部招聘也有一些缺点,表现在以下几个方面:①人才获取成本高;②可能会选错人;③给现有员工带来不安全感;④文化的融合需要时间;⑤熟悉工作以及与周边工作关系的密切配合需要时间。

(三)校园招聘

1. 校园招聘的概念

校园招聘也是外部招聘的一种方式,通常指企业直接从应届本科生(包括专科生)、硕士研究生、博士研究生中招聘企业所需的人才。作为储备和培养人才的重要手段,校园招聘越来越受到企业特别是实施投资型人力资源战略的企业的重视。

2. 校园招聘的方式

校园招聘通常有三种方式:①企业直接派出招聘人员到校园去公开招聘;②由企业有针对性地邀请部分大学生在毕业前(大约毕业前半年的时间)到企业实习,参与企业的部分工作,企业的部门主管直接进行考察;③由企业和学校联合培养人才。

3. 校园招聘的优缺点

校园招聘的优点体现在以下几个方面:①针对性强;②选择面大;③选择层次立体;④适宜进行战略性人才选择和储备部分优秀人才;⑤校园招聘的人才可塑性强。

校园招聘的缺点主要体现在以下几个方面:①由于应聘者多没有工作经历,企业对应聘者今后可能的表现和绩效缺少充分的把握;②由于学生缺少经验,企业投入的培训成本高;③一些学生眼高手低、对工作期望值过高,由此导致一年内员工离职的概率高,造成企业招聘成本高;④如果培养、任用不当,学生可能会不认可企业的文化和价值观,影响企业的团队建设。

第四节 企业人力资源培训与开发

英国管理学家科普认为,开发和培训不是可有可无的选择性事件,而是人力资源管理的重要组成部分,是对人力的投资。作为人力资本内涵扩张的有效途径,培训与开发已成为现代企业组织获取竞争优势的有力武器。

一、人力资源培训与开发的内涵与意义

(一)人力资源培训与开发的内涵

人力资源培训与开发是人力资源管理的一项重要内容。人力资源培训与开发都是指为了满足企业不断发展的需要,为了增加员工的知识储备,改善员工的工作态度,使员工能胜任本职工作并不断有所创新,在综合考虑组织的发展目标和员工的个人发展目标的基础上,对员工进行的一系列有计划、有组织的学习与训练活动。所以,人力资源培训与开发有时统

称为人力资源开发。

（二）人力资源培训与开发的意义

人力资源培训与开发对企业的重要意义是不言而喻的。在科技发展日新月异的今天，越来越多的企业认识到，企业核心竞争力的来源是掌握先进科学技术和经验的人力资源。如果不能拥有一支专门技能的员工队伍，企业的发展将寸步难行，而雇用到合格优秀的人才并不等于拥有了优秀的员工。确保员工掌握了帮助企业获得成功的知识和技能对企业的管理者来说是一项重要的任务，也是一个巨大的挑战。特别是企业在面临全球化、高质量、高效率的工作系统挑战中，培训显得更为重要。所以，对员工进行有效的、持续的培训和开发，已经成为企业发展的一项战略要求。

具体来说，人力资源培训与开发的意义体现在以下七个方面。

（1）有利于提高员工的能力。对员工进行的培训与开发是一个学习训练的过程，在这一过程中，员工会获得有助于促进实现各种目标的技术和知识。企业的培训和开发工作主要是针对两种人：一种是企业新录用的员工；另一种是企业现有的员工。对企业新录用的员工来说，企业提供的各种引导培训可以使他们迅速地了解工作环境、组织文化及新岗位所需的知识和技能；对于企业现有员工来说，培训与开发能使他们跟上企业的发展变化。企业随时都在发生变化，特别是在一些高技术产业，客户在变化，需要在变化，环境在变化，企业永远不会保持静止，但是企业现有员工可能并不欢迎变化，他们已经习惯于既定的工作方法和组织环境，变化常常会使他们无所适从，而培训与开发是提高他们的技能、帮助他们适应变化的重要途径。

（2）**有利于增强企业对优秀人才的吸引力。**市场竞争，说到底就是人才的竞争，没有优秀的人才，就难以在市场竞争中取胜。在我国的劳动力市场上，各企业之间为了网罗最优秀、最合适的人才展开了激烈的竞争，人才的流动也越来越频繁。企业怎样才能吸引优秀人才就成为管理者面临的一大难题。随着知识型员工比例的增大，加薪似乎已不能成为留住人才的最佳途径。知识型员工更关注自身的发展，有时他们对自身发展机会和能力提高的关注甚至超过了对薪酬的关注，所以，能够为员工提供良好的发展机会和学习机会的企业在人才竞争中更具有优势。实践证明，一方面，良好的培训和发展计划会增强企业对优秀人才的吸引力。另一方面，通过培训还可以改变企业内部的不良管理方法，改善管理者的管理行为。一些员工，特别是那些掌握着最优秀技能的员工，常常会因为对企业管理方式的不满而离开企业。企业可以引进优秀的管理方法，通过培训和开发实践提高管理者的管理水平，可以减少优秀人才流失，增强企业的吸引力。

（3）**有利于增强企业的竞争优势。**面对激烈的国际竞争，一方面，企业需要越来越多的跨国经营人才，为进军世界市场做好准备；另一方面，员工培训可以提高企业的新产品研究开发能力，员工培训就是要不断培训与开发高素质的人才，以获得竞争优势，这已为人们所共识。尤其是人类社会进入以知识资源和信息资源为重要依托的新时代，智力资本已成为获取劳动力、竞争力和经济成就的关键因素。企业的竞争不再主要依靠自然资源、廉价的劳动力、精良的机器和雄厚的财力，而主要依靠知识密集型的人力资本。员工培训是创造智力资本的重要途径。智力资本包括基本技能（完成本职工作的技术）、高级技能（如怎样运用科技与其他员工共享信息、对客户和生产系统的了解）及自我表现激发的创造力。因此，要求建立一种新的适合未来发展与竞争的培训观念,提高企业员工的整体素质。

(4) 有利于提高企业的工作质量。工作质量包括生产过程质量、产品质量与客户服务质量等。培训能改进员工的工作表现,降低成本;增加员工的操作知识;提高员工的劳动技能水平;增强员工的岗位意识,增加员工的责任感,规范生产安全规程;增强安全管理意识,提高管理者的管理水平。因此,企业应加强对员工敬业精神、安全意识和知识的培训。

(5) 有利于加强企业内部交流,培养学习型的企业组织。企业对人力资源的培训和开发还可以为加强员工在企业内部的交流,营造一种鼓励持续学习的工作环境。企业内部信息和观点的交流有助于员工之间产生认同感,有利于企业内部信息的分享,从而提高工作效率,产生创造性的思想。更为重要的是,培训和开发有利于形成学习型的企业组织。在这种组织氛围中,员工总是在不断地学习新东西,并将他们所学到的东西直接运用到产品或者服务质量的改善上,而且,改善的过程并不会在正规培训结束时终止。培训和开发的每一个过程都是与组织的目标紧密联系的,企业可以培养出一个共同参与、积极认同的学习型组织。

(6) 有利于营造优秀的企业文化。优秀的企业文化是现代企业追求的一个目标,优秀的企业文化可以增强员工对企业的认同感,有助于协调员工和组织的目标趋向一致,从而实现员工和企业的共同发展。一方面,通过对员工进行企业文化的培训,可以创造优秀的企业文化;另一方面,通过培训和开发活动营造一种学习的、积极的组织氛围,这些正是优秀企业文化不可缺少的因素。

(7) 有利于满足员工实现自我价值的实现。在现代企业中,员工工作更重要的是为了"高级"的需求——自我价值的实现。培训不断教给员工新的知识与技能,使其能适应或能接受具有挑战性的工作与任务,实现自我成长和自我价值,不仅使员工在物质上得到满足,而且使员工得到精神上的成就感。

二、人力资源培训与开发需求分析

(一) 组织分析

组织分析即通过对组织的目标、资源、特质和环境等因素的分析,准确找出组织存在的问题与问题产生的根源,以确定培训能否解决这类问题的有效方法。

1. 组织目标分析

明确、清晰的组织目标,既对组织的发展起决定性作用,也对培训规划的设计与执行起决定性作用。组织目标决定培训目标。

2. 组织资源分析

培训的开展需要组织的投入和员工的执行,所以,在制订培训方案之前,弄清组织内可用于培训的资源以及员工对培训的态度是非常重要的。否则,很可能出现培训方案由于缺少资源或者遭到反对半途而废的情况。

3. 组织特质和环境分析

组织特质和环境分析也对培训起着重要的作用,当培训规划和组织的价值不一致时,培训的效果很难保证。

（二）人员分析

人员分析可以帮助管理者确定谁需要接受培训以及培训是否合适的问题。常常通过对员工的绩效进行评价来找出存在的问题。找出不良绩效之后，还要考虑通过培训能否解决问题。一般来说，人员分析分为两部分，一是对新员工的培训需求分析，二是对现有员工的分析。

（三）任务分析

任务分析是以具体工作为分析单位，分析员工所要完成的工作任务以及成功完成这些任务所需的技能和知识，也就是确定培训的内容。

三、人力资源培训方法与培训效果评价

（一）人力资源培训方法

1. 现场培训方法

（1）适应性现场培训。

（2）以改善绩效、培养人才为目的的现场培训。

2. 课堂培训方法

（1）案例分析。这是一种培训员工决策和解决实践问题的方法。先让受训者阅读一则关于某个组织中发生的冲突问题的材料，然后根据案例提供的背景材料，要求受训者找出一个适当的解决方法。

（2）研讨。按照研讨的主体分类，研讨分为以下两种：一种是以教师为中心的研讨，一种是以学生为中心的研讨。

（3）授课。授课是学校或专业培训机构采用的方法，主要由培训师讲述知识，由受训者记忆知识，中间会穿插一些提问，由受训者来回答。

（4）游戏。游戏是指由两个或更多的受训者在一定规则的约束下，相互竞争达到某种目标的训练方法，是一种高度结构化的活动方式。由于游戏本身的趣味性，这种训练方法能激发受训者的学习兴趣，使学员在不知不觉中学习、巩固所学的知识、技能，开拓思路、提高解决问题的能力。

（5）角色扮演。角色扮演是以有效开发角色的行为能力为目的的训练方法。这种方法往往在一个模拟真实的情景中，由两个以上的受训者相互作用，处理各种问题，掌握必要的技能，以此提高学员的行动能力。

（6）计划性指导。计划性指导是指一种以书面材料或电子化材料提供阶段性信息的职业培训方法。在学习了一个阶段的知识技能之后，受训者必须回答这一阶段的有关问题，培训者会提供正确答案作为反馈。受训者只有通过前一阶段的所有问题，才能进入下一阶段的学习。

3. 自学方法

（1）指定学习资料。人力资源管理部门在培训需求分析的基础上制订培训计划，确定培训项目，然后指定与培训项目、培训要求相匹配的学习材料让员工学习。

(2)网上学习。企业在互联网上建立网页,开设网上课程,员工随时可以通过访问企业的网页学习。不受时间和空间的限制,费用低廉,是网上学习的最大优势。

(3)电视教育。一些企业拥有自己的闭路电视教育系统,课程是分类设置的,每节课一般会在不同时间段多次播放,员工可以选择合适的时间学习。

(二)人力资源培训效果评价

培训评价是收集有关培训项目实施效果的反馈信息,根据这些信息对培训价值做出评估。对培训项目进行评价的作用主要有两个:一是决定是否应在整个组织内继续进行当前的培训项目,二是对将来的培训工作进行改进。

培训评价通常包括受训者的反应、学习效果、行为和结果,外派培训的评价,培训师授课效果的评价。

第五节 企业绩效与薪酬管理

一、绩效与绩效管理

(一)绩效的含义

绩效是指工作成绩和效果,包括两层含义:一是组织的绩效,是指组织在某一时期内,组织目标任务完成的数量、质量、效率及盈利状况。二是员工的工作绩效,是指员工经过考评的工作行为、表现及结果。这里主要研究的是后者,即员工的绩效。

(二)绩效管理的含义与特点

绩效管理是管理者确保员工的工作活动以及工作产出能够与组织的目标保持一致的过程。绩效管理是通过识别、衡量和传达有关员工工作绩效水平的信息,从而使组织的目标得以实现的一种逐步定位的方法。

绩效管理通常具有以下特征。

(1)绩效管理是防止员工绩效不佳和提高工作绩效的有力工具。这是绩效管理最主要的目的。绩效管理的各个环节都是围绕着这个目的来进行的。因此,绩效管理不仅要针对工作中存在问题的员工,更重要的是要着眼于提高现有的绩效水平,促使组织的目标得以顺利实现。

(2)绩效管理特别强调沟通辅导及员工能力的提高。绩效管理不是迫使员工工作的棍棒,不是权力的炫耀。事实上,各种方式的沟通辅导贯穿整个绩效管理系统。因此,绩效管理强调各级管理者的人力资源管理责任。为了实现有效的绩效管理,人力资源管理部门必须使其绩效管理系统得到从各级管理者到普通员工所有人的认同与支持。

(3)绩效管理是一个过程,是一个包括若干个环节的系统。通过这个系统在一定周期中的运行实现绩效管理系统的各个目标。需要指出的是,绩效管理不仅强调绩效的结果,而且注重达成绩效目标的过程,绩效管理不是一年一次的填表工作。绩效管理不仅是最后的评价,而且强调通过控制整个绩效周期中员工的绩效情况来达到绩效管理的目的。

(4) 绩效管理不是简单的任务管理。任务管理的目的只是围绕着实现当期的某个任务目标,而绩效管理是根据整个组织(企业)的战略目标,为了实现一系列中长期的组织目标而对员工的绩效进行的管理。因此,绩效管理具有重要的战略意义。

二、绩效考评内容

绩效考评是绩效管理最主要的内容,是指按照确定的标准来衡量工作业绩、工作成果及工作效益与工作效率的达成程度。

企业通常把以下四个方面作为绩效评估的基本内容指标。

(一) 工作业绩考评

工作业绩考评是对企业人员工作的结果或履行职务的结果的考核与评价。工作业绩考评是对企业员工贡献程度的衡量,是所有工作绩效考评中最本质的考评,直接体现出员工在企业中的价值大小。在企业中,工作业绩主要指能够用具体数量或金额表示的工作成果,是最客观的考评标准,例如,利润、销售收入、产量、质量、成本、费用、市场份额等。

(二) 工作行为考评

工作行为考评主要是对员工在工作中表现出的相关行为进行考核和评价,衡量其行为是否符合企业规范和要求,是否有成效。由于对行为进行考评很难用具体数字或金额来精确表述,因此,在实际考评中,企业常常用频率或次数来描述员工的工作行为,并据此进行评价。工作行为考评也属于客观性考评指标,例如,出勤率、事故率、表彰率、违纪违规次数、访问客户人次、客户满意度、员工投诉率、合理化建议采纳次数等。

(三) 工作能力考评

工作能力考评是考评员工在职务工作中发挥出来的能力,譬如,在工作中判断是否正确、工作效率如何、工作中的协调能力怎样等。根据被考评者在工作中表现出来的能力,参照标准或要求,对被考评者所担当的职务与其能力是否匹配进行评定。这里的能力主要体现在四个方面:一是专业知识和相关知识;二是相关技能、技术和技巧;三是相关工作经验;四是所需体能和体力。

(四) 工作态度考评

工作态度考评是对员工在工作中努力程度的评价,即对其工作积极性的衡量。常用的考评指标有:主动精神、创新精神、敬业精神、自主精神、忠诚感、责任感、团队精神、进取精神、事业心、自信心等。

在以上四类绩效考评标准中,前两类标准可以进行客观的量化评价,故常称为"硬指标",后两类很难进行量化,考评时常需要考评者的主观评价,故常称为"软指标"。在进行工作绩效考评时,应注意客观性评价和主观性评价的结合,硬指标和软指标的结合,这样才能全面公正地评价员工的工作绩效。

三、薪酬的概念、功能及影响因素

(一) 薪酬的概念

薪酬指企业向员工提供的报酬,用以吸引、保留和激励员工。具体包括:工资、奖金、福利、股票期权等。

上述对薪酬的探讨主要集中于对薪酬概念的内涵进行诠释。但是要正确理解什么是薪酬,还必须对其构成进行研究。我们比较赞同总体薪酬的概念。所谓总体薪酬,不仅包括企业向员工提供的经济性的报酬,还包括为员工创造的良好的工作环境以及工作本身的内在特征、组织的特征等所带来的非经济性的心理效用。

由图 5-3 可以看出,企业向员工提供的总体报酬,包括经济性的报酬和非经济性的报酬两个部分。经济性的报酬又包括直接报酬与间接报酬。直接报酬主要包括:基础工资、绩效工资奖金、股权、红利、各种津贴等;间接报酬指企业向员工提供的各种福利,如保险、补助、优惠、服务、带薪休假等。非经济性报酬包括工作本身带来的效用、工作环境带来的效用和组织特征带来的心理效用三个部分。工作本身带来的效用包括:工作的趣味、工作的挑战性、工作的成就感等;工作环境带来的效用包括:友好和睦的同事关系、领导者的个人品质与风格、舒适的工作条件等;组织特征带来的效用包括:组织在业界的声望与品牌、组织在产业中的领先地位、组织高速成长带来的机会与前景等。之所以把这些非经济性的心理效用也作为薪酬的组成部分,是因为这些非经济性的心理效用也是影响人们做出工作选择和职业选择的重要因素,并成为企业吸引人才、保留人才的重要工具和手段。

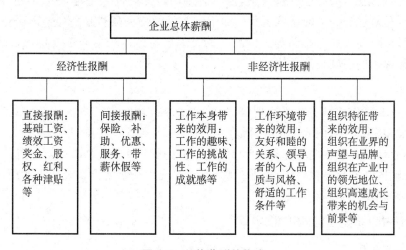

图 5-3 总体薪酬的构成

虽然非经济性报酬是总体薪酬的重要组成部分,但在研究薪酬与薪酬管理时,我们仍然将注意力集中于企业的经济性报酬上。在经济性报酬中主要由以下部分组成。

1. 基础工资

员工只要在企业中工作就能定期拿到一个固定数额的劳动报酬。基本工资多以小时工资、月薪、年薪等形式出现。基础工资又分为工龄工资、技能工资、职位工资等。

2. 绩效工资

用马克思的第三种劳动即凝固劳动的观点来说,绩效工资主要是根据员工的第三种劳动即凝固劳动来支付工资,是以实际的最终劳动成果确定员工的薪酬的工资制度,也称为浮动工资。从工资形式的本义上说是根据工作成绩而支付的工资,工资支付的唯一依据是工作成绩和劳动效率。但是在实践中,由于绩效的定量比较难以操作,所以除了计件工资和佣金外,更多的是依据员工绩效而增发的奖励性工资。

3. 奖金

奖金是对员工杰出的表现或卓越的贡献所支付的员工工资以外的奖励性报酬,也是企业为了鼓励员工提高劳动效率和工作质量付给员工的货币奖励。

4. 津贴与补贴

津贴与补贴指对员工在特殊劳动条件、工作环境中额外的劳动耗费和生活费用的额外支出的补偿。通常把与工作联系的补偿称为津贴,把与生活联系的补偿称为补贴。常见的有岗位津贴、加班津贴、轮班津贴等。

5. 福利

从本质上讲,福利是一种补充性薪酬,但往往不以货币形式直接支付,而多以实物或服务的形式支付,如带薪休假、子女教育津贴、廉价住房、优惠价格购买本企业股票、保险等。从支付对象上看,福利可以分为全员性福利和只供某一特殊群体享受的特种福利及特困补助。全员福利是所有员工都能享受的待遇,其分配基础是平均律。特种福利是针对企业中的特殊人才而设定的,如高层管理人员,或具有专门技能的高级专业人才等,这种福利依据的是贡献律,是对这类人员的特殊贡献的回报。常见的特种福利有高档轿车服务、出差时高级宾馆饭店入住、高级住宅津贴等。特困补助是为有特殊困难的职工提供的,如工伤残疾、重病等,这种福利的基础是需要律。

6. 股权

股票期权主要包括员工持股计划(ESOP)和股票期权计划。员工持股计划主要针对企业中的中层与基层员工,而股票期权计划主要针对中高层管理人员、核心业务人员和技术人员。员工持股计划和股票期权计划是针对员工的一种长期报酬形式,而且将员工的个人利益与组织的整体利益相连接,优化企业治理结构,是现代企业动力系统的重要组成部分。近年来股权越来越受到中国企业的青睐。

(二)薪酬的功能及影响因素

1. 薪酬的功能

(1)补偿功能。从薪酬的定义角度来讲,薪酬实际上是一种公平的交易,用以补偿企业雇员的劳动付出。员工用薪酬可以获得食物、保障、社会关系及尊重等。

(2)激励功能。薪酬作为企业人力资源管理的重要工具,可以用来评价员工的工作绩效,促进劳动者工作数量和质量的提高,保护和激励劳动者的工作积极性。因此,从企业管理的角度看,激励功能是薪酬的核心职能。

(3)协调和配置功能。薪酬管理与企业的其他管理结合起来,就能调节企业各个生产环节的人力资源,达到有效配置企业内部资源的目的。同时,薪酬水平的变动,也可以将企业的组织目标和管理者的意图及时、有效地传递给企业员工,促使个人行为与组织目标一致化,调节员工与组织、员工与员工之间的关系。

2. 薪酬的影响因素

(1) 外部因素。外部因素主要包括:①劳动力市场的供求、竞争状况;②政府的宏观调控;③最低工资制度;④地区与行业间的薪酬水平;⑤当地的物价变动;⑥经济发展水平与劳动生产率;⑦国家法规、法令。

(2) 内部因素。内部因素主要包括:①劳动者所处的岗位、等级;②劳动者个体的差别;③企业的性质;④薪酬分配的形式;⑤福利待遇的差别;⑥企业的经营状况、财力;⑦企业的管理哲学、企业文化;⑧企业的劳动生产率;⑨企业雇员的配置;⑩企业人力资源管理的水平。

四、基本薪酬体系设计

(一) 基于职位的薪酬体系

基于职位的薪酬体系,就是指员工的薪酬或工资是按照员工在组织内所占据的特定职位来发放的,员工薪酬的高低取决于这些职位的价值。而这些职位的价值是根据一整套评价指标体系得出的。

由于员工实际的劳动付出是不可测的,因此在支付劳动者报酬时,不得不采取一些间接的测度手段。因而,基于职位的薪酬体系,实际上就是将员工在组织内所占据的特定职位作为测度员工实际劳动付出的一个主要指标。

(二) 基于技能的薪酬体系

基于技能的薪酬体系,通常是指两种以员工个人为基础的薪酬方案,其一是知识薪酬,即以员工所拥有的专业知识作为组织支付薪酬依据的薪酬方案;其二是技能薪酬,即以员工所拥有的专业技能作为组织支付薪酬依据的薪酬方案。

 本章小结

现代企业越来越重视人力资源管理工作。实践证明,重视和加强企业人力资源管理,对于保护生产经营的运行,提高企业经济效益,实现管理的现代化有着重要的作用。作为人力资源管理部门,主要的工作内容涉及四个方面:选人、育人、用人和留人。选到适合组织发展的人才,做好人力资源的规划,获取高质量的人才,是人力资源管理的开端和重要环节。

企业人力资源招聘的意义是十分重要的,招聘已成为组织创造经济效益的重要途径,同时,也有利于人力资源的合理流动,实现人力资源的有效配置。在遵循效率优先、公开平等、能级对应等原则下,要严格按照一定的程序实施招聘选拔工作。

绩效管理作为一项重要的人力资源管理职能,其功能是多样而广泛的。绩效评估的基本内容指标可以分为四种:工作业绩考评、工作行为考评、工作能力考评、工作态度考评。在各项人力资源管理职能中,薪酬管理是人们最为关切、讨论最多的部分,因此也常常是最受重视的部分。薪酬体系设计是薪酬管理工作中十分重要的组成部分,薪酬体系是否合情合理、是否体现公平性、是否考虑竞争性、是否考虑各种影响因素都会决定薪酬体系执行的有效性。影响薪酬水平的主要因素大致可分为外在、内在两大类。

关键术语

人力资源　人力资源管理　人力资源规划　人力资源招聘　人力资源开发　绩效管理　薪酬管理

思考题

1. 和其他资源相比,人力资源的特点有哪些?
2. 获取工作分析信息常用的方法有哪些?各有什么优缺点?
3. 若你是人力资源部经理,你如何看待员工招聘这项工作?你将如何开展这项工作?
4. 你认为如何进行校园招聘才能招聘到岗位需要的员工?
5. 什么是员工的工作绩效?员工的工作绩效有什么特点?
6. 什么是薪酬?薪酬包括哪些部分?
7. 薪酬具有哪些功能?哪些因素能够影响企业的薪酬水平?
8. 如何设计基于技能的薪酬体系?

第五章　企业人力资源管理

第五章案例阅读

第六章 企业财务管理

教学目标

通过本章的学习,使学生能够对公司财政的有关基本概念、财务分析、投资管理、融资管理以及股利分配管理有深刻的了解,对企业财务管理中遇到的基本问题有一个简单的认识,并能针对相应问题提出一定的解决方法。

教学要求

掌握公司财政的有关基本概念,熟悉财务分析方法、投资管理中的流动资本和固定资本的投资与管理以及融资管理和股利分配管理。

引导案例

格力电器 2014 年的股利分配方案是每 10 股派发现金 30 元,并用资本公积金转增股本,向所有股东每 10 股转增 10 股,2015 年的股利分配方案是每 10 股派发现金股利 15 元,2016 年的股利分配方案是每 10 股派发现金红利 18 元。这样的分配方案就国内来说是非常丰厚的,对投资者有着极大的吸引力。格力电器的股利分配政策具有连续性、稳定性,在 2007—2016 年坚持每年进行现金分红,使得投资者对长期持有该公司的股票有较大信心。2017 年,该公司股利分配方案为"不发现金红利,不送红股,不以公积金转增股本"。新的股利分配方案激起市场产生巨大反应,引起大部分股民的负面情绪,对股价影响非常大。

资料来源:云苗苗. 上市公司股利分配政策的案例分析——以格力电器为例[J]. 中外企业家,2020(11):2-3.

第一节 公司理财的有关基本概念

从基本概念出发,公司理财即公司的财务管理,是企业管理的重要组成部分,是有关资金获得和有效使用的管理工作。为了便于理解公司理财,本节将介绍公司财务管理中的一些基本概念。

一、公司理财的目标和环境

（一）公司理财的目标

公司理财的目标取决于企业经营管理的总体目标，公司理财必须服务于企业总体目标的实现。关于公司的理财目标，一直存在不同的认知与争论，一些学者从不同的角度对其加以描述。随着经济社会的发展，企业管理和财务理论与实务不断进步，公司理财的目标也在不断发展与变化。由于企业组织形式的不同，公司理财目标的多元化有其客观存在的基础。孤立、片面地强调某一种目标并排斥其他目标是不合理的。具有代表性的公司理财目标主要有利润最大化、股东财富最大化和公司价值最大化三种。

1. 利润最大化

从19世纪初至20世纪50年代，西方财务管理理论界认为利润最大化是公司理财的最优目标。以追逐利润最大化为公司理财的目标，理论上有其合理性：①利润是剩余产品的价值形式，追逐利润最大化将鼓励企业创造更多的剩余产品；②利润是经营收入减去经营成本的剩余，追逐利润最大化将鼓励企业加强管理、降低成本、节约资源；③全社会范围内的企业追逐利润最大化，将促进社会财富的最大化，进而促进社会的繁荣与发展。

其不足之处在于：①利润概念在时间、包含内容等方面的内涵模糊不清，不足以作为有关决策的依据；②利润概念模糊了利润实现的时间差异，即没有考虑货币时间价值因素，使相关决策失去科学依据；③利润概念忽略了风险，事实上要求收益越高就要承担越大的风险，片面追求利润最大化的风险是显而易见的；④利润最大化完全忽略了现代企业的基本特征，不能满足企业利益相关者的利益要求。

2. 股东财富最大化

公司制企业是企业组织形式的典型形态，股份有限公司是现代企业的主要形式。现代委托—代理理论中：投资者是股东，是委托人，委托经营者经营管理企业；企业经营代理人在企业经营管理中最大限度地为股东谋取利益。股东财富最大化，就是指公司理财要为股东谋取最大限度的财富。与利润最大化相比，以股东财富最大化为公司理财目标的优点：①股东财富，特别是每股市价的概念明晰、具体；②充分考虑了货币时间价值因素，因为股票的市场价值是股东持有股票未来现金净流量的总现值；③综合考虑了风险因素，因为在运行良好的资本市场中每股市价的变动已反映了风险情况；④股东财富的计量，以现金流量为基础而不是以利润为标准，有利于克服片面追求利润的短期行为。

其不足之处主要有以下几个方面：①只适用于上市公司；②只强调了股东利益最大化而忽略了其他利益相关者；③要求具有运行良好的资本市场这一重要前提条件；④股票价格本身受多种因素影响。

3. 公司价值最大化

公司价值是公司全部资产的市场价值，公司价值最大化强调的是包括负债与股东权益在内的全部资产市场价值的最大化，而股东财富最大化强调的仅是股东权益市场价值的最大化。因此，公司价值最大化是股东财富最大化的进一步扩展和演化。以公司价值最大化为理财目标，就是在公司理财中通过最优资本结构决策和股利政策等财务决策活动，在充分考虑货币时间价值和风险报酬、保持公司长期稳定发展的基础上,使公司总价值达到最大。其优势主要表现在所追求的不仅是股东财富最大化,还包括公司的内在价值和长期价值,这就兼顾了与公司相关的各方面利益相关者的利益。但是公司价值最大化比股东财富最大化更为抽象,这就为实际操作带来了很大困难。

公司理财的目标,除了以上三种典型观点以外,还有利益相关者利益最大化、每股收益最大化、经济附加值最大化等观点。这些观点虽然都有一定的理论基础,但事实上都难以逾越股东财富最大化或公司价值最大化目标的内涵。综合以上论述,公司制企业,特别是股份有限公司,以股东财富最大化为理财目标,应该是一个比较合理的选择。但是这并不意味着利润最大化就是一个应该被彻底抛弃的目标。在独资企业中,利润最大化仍然是最合理的选择。理财目标必须紧密结合组织的形式和特点,不能盲从。

(二) 公司理财的环境

公司理财是在一定的环境中进行的,而环境中存在着众多对理财活动产生影响的外部约束条件,这些外部约束条件会影响公司理财目标的实现程度,企业必须关注和适应这些外部约束条件的要求和发展变化。环境影响因素有很多,对公司理财而言,主要是制度环境因素、金融市场环境因素和宏观经济环境因素。

1. 制度环境因素

制度环境是指企业在进行理财活动时所处的涉及公司理财的体制、机制与法制环境,具体讲是企业应遵守的各种法律、法规和制度。市场经济制度是以法制为基础的,企业所有的理财行为都离不开相关法律、法规和制度的约束,并不断适应相关法律、法规和制度的调整和规范。这方面的法律和法规主要包括四个层面:国家和市场层面的法规,如证券法等;企业法律组织层面的法规,如公司法等;税务层面的法规,如所得税法等;财务层面的法规,如会计准则等。

2. 金融市场环境因素

金融市场是企业投融资的场所,是企业长短期资金进行转换的场所,因而也为企业的各种财务决策提供重要的信息,如利率、汇率和股价指数等。

3. 宏观经济环境因素

宏观经济环境不仅会影响金融市场和政府的经济制度,进而影响企业,更会直接影响企业的生存和发展。这方面的影响因素主要包括经济发展的状况、行业发展趋势、通货膨胀状况、利率与汇率变动趋势、政府的宏观经济政策和行业政策、竞争态势等。这些影响因素会影响企业的战略性财务决策。

二、公司理财的任务与内容

图 6-1 描述了公司的理财目标与理财内容之间的关系。公司的理财目标是利润或价值最大化,其实现的途径是提高报酬率或降低风险,而决定报酬率高低或风险大小的是企业的投资项目、资本结构和股利分配政策。因此,企业的投资决策、融资决策和股利分配政策的选择就构成了公司理财的主要内容。

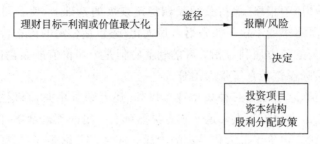

图 6-1　理财目标与理财内容的关系

1. 投资决策

投资决策,即分析和判断公司是否应该购置长期资产。购置长期资产可能是扩大经营规模的需要或掌握核心技术的需要,也可能是更新旧资产的需要。因此,需要估计购置新资产的成本支出及其对资产结构和公司价值的影响程度、资产本身的风险大小、新旧资产替换的成本高低等,最终做出公司的长期投资决策——选择新建或扩建项目,以及更新改造项目应该接受还是放弃。在财务管理中,这一部分内容也称为资本预算决策。

2. 融资决策

公司投资的资本不可能完全自给自足。是发行优先股股票或普通股股票,还是发行普通债券或可转换债券?不同融资方式的成本是多少?公司的债务与股本的比例应该如何确定?想要正确回答以上问题,第一,必须了解公司的各种融资手段和获取资本的途径、方法;第二,需要估计公司的融资成本及其对资本结构和公司价值的影响程度、融资本身的风险大小等。最终找出合理的长期融资方案,使公司既满足资本需求又能够达到成本最低、公司价值最大。

3. 股利分配决策

股利分配决策,也可以简称为股利决策。在公司的财务管理中,是否应该拥有一个相对稳定的股利政策?某一时期的股利策略应该怎样制定?公司制定股利政策和股利策略时应该考虑哪些影响因素?这些都是财务管理人员将面临的重大决策问题。为了分析和解决公司的股利决策问题,我们要深入了解股利支付的目的、程序、方式、数量和条件。

三、公司理财的基本观念

货币的时间价值和投资的风险价值是现代公司理财的两个基本观念,是企业在进行各种理财决策时的基本准则。

1. 货币的时间价值

货币的时间价值或称资金的时间价值,是指经过一定时间的投资与再投资所带来的增加值,其反映的是无风险和无通货膨胀条件下的社会平均资金利润率。货币的时间价值因素的存在,使得不同时间点同等单位货币的价值不相等,因此,不同时间的货币收入不能直接进行比较,而必须将其换算到相同的时间基点上后才能进行比较和进一步研究,这是财务决策时所必须遵循的首要原则。一般换算时常采用计算利息的方法,有单利计算法和复利计算法,另外也有采用贴现率计算方法来计算资金(货币)的时间价值的。

2. 投资的风险价值

公司的理财活动都是在有风险的情况下进行的,而风险和报酬往往是相对应的,冒风险就会要求得到额外的报酬,冒风险程度越大,要求的收益补偿就会越高,否则,就不值得去冒风险。冒风险进行投资而获得的超过货币时间价值的额外收益,称为投资的风险价值或风险报酬。

风险,在不同的领域,其定义和计量方法各有不同。从公司理财角度出发,风险是指在一定条件下和一定时期内无法达到预期报酬的可能性。如果企业的一项财务活动有多种可能的结果,其将来的财务结果是不确定的,就是有风险。

从企业角度来看,企业在经营过程中所面临的风险是不同的,一般分为经营风险和财务风险。经营风险是指企业生产经营活动本身的不确定性带来的风险,由于经营环境的变化、竞争格局的调整、原料的供应和价格变化,或者技术的发展等因素,企业的经营状况和报酬变得不确定。经营风险是企业真正的风险源,是任何商业活动都有的风险,又称商业风险。财务风险则是指由于企业负债融资所带来的风险,又称融资风险。企业负债融资会放大经营风险。

第二节 财务分析

财务分析、财务预算和财务控制是公司理财职能的展开过程,是企业各项理财决策得以落实的活动流程。财务分析是对企业的诊断,财务预算是为了让计划具体化,财务控制则是理财目标实现的关键。对企业的各项财务决策而言,财务分析无疑是重要的基础工作。

财务分析是指以财务报表和其他资料为依据,采用专门的分析方法,系统分析和评价企业的过去和现在的经营成果、财务状况及其变动,目的是了解企业过去、评价现在和预测未来,因此,财务分析的基本功能就是将大量的报表及其他数据转换成对特定财务决策有用的信息,以减少决策的不确定性。

财务分析的起点是财务报表,分析使用的数据大部分来自企业发布的财务报表。因此,财务分析的前提是要正确理解财务报表,不仅是知道报表各个项目的含义,而且要能理解不同的财务决策对报表的影响,并通过分析,对企业的盈利能力、资产流动性、偿债能力和抵御风险能力做出评价。

企业对外发布的财务报告,是根据全体使用人的一般要求设计的,即财务报告的用户不仅是企业管理者,与企业有利益关系的相关者都会成为企业财务报告的使用者,由于他们的立场往往不同,分析的目的也不同,他们选择具体的分析内容也会不同。一般而言,报告使用人要从报告中选择自己具体需要的信息,重新排列,并研究其相互关系,使之符合特定的决策要求。企业财务报告的主要使用人有七种,他们的分析内容和分析目的不完全相同(参见表 6-1)。

表 6-1　财务报告使用人及其分析目的和内容

使用人	分析目的	分析内容
投资人	① 决定是否投资； ② 决定是否转让股份； ③ 考察经营者业绩； ④ 决定股利分配政策	① 企业的资产和盈利能力,风险状况； ② 盈利状况及股价变动和发展前景； ③ 资产盈利能力,破产风险及竞争能力； ④ 融资状况
债权人	① 决定是否给企业贷款； ② 了解债务人的短期偿债能力； ③ 了解债务人的长期偿债能力； ④ 决定是否出让债权	① 贷款的报酬和风险； ② 资产流动状况； ③ 盈利状况、长期融资能力； ④ 评价其价值
经理人员	改善财务决策	涉及的内容广泛,几乎包括外部使用人关心的所有问题
供应商	① 决定企业是否能长期合作； ② 决定是否延长付款期	销售信用水平如何
政府	① 了解企业纳税情况； ② 了解企业遵守国家法规和市场秩序的情况； ③ 了解职工收入和就业情况	企业纳税、产品价格、员工工资、成本资料等
员工和工会	判断企业盈利与雇员收入、保险、福利三问题是否相适应	企业盈利状况、保险金交纳情况、员工收入情况等
中介机构（审计师、咨询人员等）	① 确定审计的重点； ② 提供专业咨询报告	涉及的内容广泛

一、财务报表简介

按照目前的国际惯例,企业应提供的财务报表有资产负债表、利润表和现金流量表。资产负债表和利润表可以直接根据调整后的试算平衡表编制。

利润表和资产负债表都是按权责发生制编制的。其中利润表是"动态"的报表,反映的是时期数。资产负债表是"静态"的报表,反映的是时点数。现金流量表也是"动态"的报表,反映的是时期数,但它是按现金制(或混合基础)编制的。

1. 资产负债表

资产负债表反映企业经过一段时间的经营以后,期末所有资产、负债和所有者权益数额以及当期的变化情况,反映的是时间点的概念。资产负债表呈左右结构,其中资产在左,负债和所有者权益在右,并且左右两边最后一行的总计所显示出的数字金额必须是相等的。这种平衡关系一般可用如下会计方程式表示：

$$资产＝负债＋所有者权益$$

其中,资产表示为企业控制的,能为企业创造收入的各种类型的资源。资产按流动性从大到小可分为流动资产、长期对外投资、固定资产以及无形资产及递延资产等几类。流动资产一般是一年内能够收回的资产(如现金及银行存款、有价证券、应收账款、存货等),这类资产在企业的日常经营活动中占有极其重要的地位;长期对外投资是指企业不准备在一年内变动的股权投资和长期债券投资等;固定资产是指需要一年以上的时间逐步收回的那部分资产(如厂房、机器设备等);无形资产及递延资产是指企业的专利权、商标权、土地使用权、非专利技术、商誉等各种无形资产的评估价值以及企业发生的不能全部计入当期损益,应当在以后几年度内分期摊销的各项费用(如开办费、融资租赁、固定资产修理支出等)。负债是指企业所欠的债务和应付未付等项目。负债分为流动负债和长期负债。流动负债是指一年内必须偿还的债(如短期银行借款、应付账款等);长期负债是指偿还期在一年以上的债务(如长期债券、长期银行借款等)。所有者权益表示所有者所提供的资源,是企业的自有资源,又可称为净资产,包括原始实收资本或股本,以及所有者尚未从企业收回的资本盈利部分(公积金及未分配利润)。

方程式右边"负债＋所有者权益"表示企业所拥有的资产的来源。企业取得任何资产不外乎通过两个途径:借款或所有者投资,所以任何企业的资产必须始终等于负债加所有者权益,反映在资产负债表上即该表的左右两边必须始终相等。这即是以上会计方程式的内在逻辑。

资产负债表的判读,其主要目的是评价企业资金的流动性和财务弹性。

所谓流动性是指资产转换成现金的能力。资产能越快转换成现金,表明其流动性越强。如现金的流动性最强,而短期投资的流动性比应收账款的流动性强,资产负债表左边的资产项目即是按流动性从大到小排列的。无论是短期债权人还是长期债权人,都十分关心企业的流动性,它是企业偿债能力大小的象征。而现在的或潜在的投资者也会根据企业的流动性来评估企业破产风险的大小。一般而言,企业的流动性越大,企业破产的可能性就越小。

财务弹性则是指企业为适应未预计的需要和机会,采取有效的措施改变企业现金流的流量和时间的能力。财务弹性强的企业具有以下优点:①不仅能从经营中获得大量的资金,而且可以充分借用债权人的资金和所有者的追加资本获利;②需要偿还巨额债务时,可以较快筹集还债资金;③发现新的获利能力和更好的投资机会时,能及时调整投资,获取高收益。一般而言,企业的财务弹性越强,经营失败的风险就越小。

2. 利润表

利润表又称为损益表,具体包括营业收入、成本、费用、税金、投资净收益、营业外收支、非常损益和收益等项目。利润表从营业收入开始直到最终的税后利润总额为止,表达这一期间内各种收入,以及费用(或成本)的累积金额。利润表的构成内容及等式关系可以简单表述如下:

$$营业收入±营业外收支－费用－损失－所得税额＝税后利润$$

利润表的作用表现为以下几个方面。

(1) 评价和预测企业的经营成果和获利能力,为投资决策提供依据。经营成果是一个绝对值指标,可以反映企业财富增长的规模。获利能力是一个相对值指标,是指企业运用一定的经济资源获取经营成果的能力,经济资源可以是资产总额、净资产,也可以是资产的耗费,还可以是投入的人力。因而衡量获利能力的指标包括资产收益率、净资产(税后)收益率、成本收益率以及人均实现收益等指标。经营成果的信息直接由利润表反映,而获利能力的信息除利润表外,还要借助其他会计报表和注释附表才能得到。

根据利润表所提供的经营成果信息,股东和管理部门可评价和预测企业的获利能力,对是否投资或追加投资、投向何处、投资多少等做出决策。

(2) 评价和预测企业的偿债能力,为融资决策提供依据。偿债能力指企业以资产清偿债务的能力。企业的偿债能力不仅取决于资产的流动性和资产结构,也取决于获利能力。获利能力不强甚至亏损的企业,通常其偿债能力不会很强。

债权人通过分析和比较利润表的有关信息,可以评价和预测企业的偿债能力,尤其是长期偿债能力,对是否继续向企业提供信贷做出决策。

财务部门通过分析和比较利润表的有关信息和企业的偿债能力可以对融资的方案和资本结构以及财务杠杆的运用做出决策。

(3) 企业管理人员可根据利润表披露的经营成果做出经营决策。企业管理人员通过比较和分析利润表中各种构成因素,可知悉各项收入、成本费用与收益之间的消长趋势,发现各方面工作中存在的问题,做出合理的经营决策。

(4) 评价和考核管理人员的绩效。董事会和股东从利润表所反映的收入、成本费用与收益的信息可以评价管理层的业绩,为考核和奖励管理人员做出合理的决策。

资产负债表和利润表是依据权责发生制原则编制的,加上会计上广泛使用的收入实现制、配比原则,以及众多的分摊方法,使得这两张报表的数据无法全面反映出经营者、投资者和债权人所关心的信息,利润的计算也包含了太多的估计,难以全面、真实地反映出企业的经营绩效与获利能力。因此,无论是企业内部的管理者还是投资者、债权人,都非常关注与决策有关的现金流量的信息。

3. 现金流量表

现金流量表是反映一家公司在一定时期现金流入和现金流出动态状况的报表。其组成内容与资产负债表和利润表相一致。通过现金流量表,可以概括反映经营活动、投资活动和融资活动对企业现金流入流出的影响,对于评价企业的实现利润、财务状况及财务管理,可以提供比利润表更好的基础。

现金流量表提供了企业经营是否健康的证据。如果企业经营活动产生的现金流无法支付股利与保持股本的生产能力,就得用借款的方式来满足这些需要,那么这就给投资者或管理者一个警告——从长期来看企业维持正常情况下的支出存在困难。现金流量表通过显示经营中产生的现金流量的不足和不得不用借款来支付无法永久支撑的股利水平,揭示了企业内在的发展问题。如果企业的现金流有足够的支付能力,那么至少反映出企业在现金流方面的状况是良好的。

简言之,现金流量表的作用可归纳为以下几点:①反映企业的现金流量,评价企业未来产生现金净流量的能力;②评价企业偿还债务、支付投资利润的能力,谨慎判断企业的财务状况;③分析净收益与现金流量之间的差异,并解释差异产生的原因;④通过对现金投资与融资、非现金投资与融资的分析,全面了解企业的财务状况。

二、财务分析方法

财务分析范围的确定以及方法的选择要根据分析的目的而定。常用的分析方法有趋势分析法、百分率(同型)分析法、财务比率分析法、杜邦分析法以及综合分析法等几种,并且在一份完整的分析报告中,往往需要几种方法同时使用。这里,我们简单介绍趋势分析法、财务比率分析法和杜邦分析法。

1. 趋势分析法

趋势分析法就是对企业财务报表各项目(或财务比率)的趋势进行分析,借以观察和判断企业的经营成果与财务状况的变动趋势,预测企业未来的经营成果与财务状况。通常的做法是在年度(或中期)财务报告中,将财务报表中连续几年(一般为3~5年)的数据连接起来,以比较财务报表的形式列示,以便于进行趋势分析。依据这种比较式财务报表,就可以计算出表中主要项目数据变动的金额及百分比,从而确定引起企业财务状况与经营成果变动的主要因素,以及它们的变动趋势和延续性,揭示其成长能力。

2. 财务比率分析法

汇总在财务报表上的各个项目,彼此之间都有着紧密的联系。比率分析就是将这种联系用比率的形式表示出来,以揭示企业的各项财务状况,并进行企业之间、企业与行业之间及企业当期与过去期间的比较,分析企业的发展趋势,做出各项投资决策和财务决策。

财务比率分析法是评价企业财务状况和经营成果的重要方法。财务比率分析法使人们可以把注意点从复杂的经济过程中超脱出来,而集中于分析企业财务方面的各种相互关系上。需要强调的是:①具体的一个比率本身没有什么意义,它必须与同行业其他企业作比较,或者与会计前期比较才具有意义;②不同的国家、不同的行业对比率计算中的各要素的定义可能会有所不同,分析人员必须加以调整。另外,会计处理方法不同,或通货膨胀的影响等,都会使财务数据缺乏可比性或失真,财务分析人员要充分注意这一点。

3. 杜邦分析法

杜邦分析法是由美国杜邦公司的财务经理创造的,它是一种利用各个主要财务比率之间的内在联系,通过建立财务比率分析的综合模型——杜邦模型,综合分析和评价企业财务状况和经营成果的综合分析方法。采用这一方法,可使财务比率分析的层次和条理更加清晰,为财务分析人员能全面、仔细地了解企业的经营和获利状况提供参考。

杜邦模型由杜邦延伸等式和杜邦修正图两部分组成,其显著的特点是将若干个用以评价企业经营效率和财务状况的比率按其内在联系有机结合起来,形成一个完整的指标体系,并最终通过净资产利润率来做综合反映。

前面三种财务分析方法中,财务比率分析法无疑是最常见和最重要的方法。但每一项财务比率只能反映企业某一方面的财务状况,即使是综合性最强的净资产利润率也不能反映企业财务状况的全貌。因此,为了对企业的财务状况进行综合评价,可以选定若干财务比率,按其重要程度给定权数(即重要性系数),并使权数总和为100。然后将实际比率与标准比率进行比较,评出每项指标的得分,最后求出综合系数并与权数之和进行比较,以判明企业财务状况的优劣,这种方法称为综合评价法。

第三节　投资管理

企业投资管理涉及流动资产的投资管理、固定资产的投资管理、有价证券的投资管理与企业并购等内容，本节主要介绍流动资产的投资管理和固定资产的投资管理。

一、流动资产的投资管理

流动资产包括现金、短期投资、应收及预付款项、存货等。流动资产的特点是流动性大、周转期短。流动资产一般在企业全部投资中占有很大比重，因此对流动资产管理水平的高低直接关系到企业资产的效率和经营效益。

1. 现金及有价证券管理

现金是指以货币形态占用的资金，包括库存现金、银行存款等。现金是企业可以立即作为支付手段的资产，在企业拥有的全部资产中，现金的流动性是最大的。企业持有现金属于非收益性资产，因此，对现金的管理主要围绕以下两个目标进行：一是保证企业生产经营对现金的需要；二是尽量缩小企业闲置现金的数量，提高资金的收益率。此外，企业常利用临时闲置的资金购入有价证券作为现金的替代储备，其性质与现金有许多类似之处，因此，往往将现金与有价证券结合起来管理。

现金与有价证券管理的关键就是要根据现金预算对现金收付的要求，合理地优化企业持有的现金余额，即目标现金余额。现金是一种盈利率很低的资产，企业的库存现金没有收益，银行存款的利息率一般也低于企业经营所得的投资报酬率。因此，企业持有的现金过多，会降低企业的资产收益率，但如果企业的现金余额过少，又可能导致企业丧失支付能力，增加企业的财务风险。企业在现金余额的确定上面临着收益与风险的权衡，目标现金余额就是一个既能保证企业经营对现金的需要，又能使持有现金的代价最低的现金数量。

在成熟的证券市场条件下，企业可将现金管理与有价证券管理结合起来，当现金过多时，就进行有价证券投资，以获取高于银行存款利率的报酬；而当现金较少时，就售出有价证券，以换回现金。企业目标现金余额取决于企业对现金的需要量、有价证券的利息率以及现金与有价证券之间的转换成本。

目前，我国证券市场上流通的有价证券主要有国库券、金融债券、企业债券和股票等，其特点是可在二级市场上流通，具有很强的变现能力。这里有价证券投资管理指的是：当企业持有的现金余额超过正常经营活动的需要时，就可将闲置现金投资于有价证券，以获取比银行存款利率更高的报酬率。和其他资产投资时主要关注收益性和风险性稍有不同，企业在进行有价证券投资与管理时还应注意以下三个问题：证券的安全性、证券的流动性和证券的期限性。

2. 应收账款管理

应收账款是企业因赊销商品或劳务而形成的应收款项，是企业流动资产的一部分。应收账款相当于企业向客户提供的短期贷款。企业提供商业信用的目的在于扩大产品销路，增加企业收益,但提供商业信用必然加大企业无法收回账款的风险,因此,企业对应收账款的管理就是对其应收账款上的投资进行收益与风险的权衡,制定出最优的信用政策。

所谓信用政策就是通过权衡收益和风险,对最优应收账款水平进行规划和控制的一些原则性规定,以及企业针对不同信用状况的客户采取不同政策的原则性规定。企业的信用政策包括信用标准、信用条件和收账政策。

信用标准就是企业同意给予顾客信用所要求的最低标准,它反映了应收账款的质量水平。信用标准通常用坏账损失率表示。坏账损失是指由于客户违约不支付货款而造成的损失。

信用条件是企业规定客户支付赊销款项的条件,包括信用期限和现金折扣两项内容。信用期限是企业为客户规定的最长付款时间,如 30 天内付款等。现金折扣是企业为使买方尽早支付货款而给予提前付款客户的货款优惠。

收账政策是指企业向客户收取逾期尚未付款的应收账款的规定。收账费用是确定收账政策时需要考虑的重要因素。收账费用包括收账所花费的邮电通信费、派专人收款的差旅费和不得已时的法律诉讼费用等。要确定适宜的收账费用水平,就要在收账费用与坏账损失和应收账款机会成本之间进行权衡。企业信用政策和收账政策的制定都面临着报酬与成本的权衡问题。制定应收账款管理最优策略须将信用标准、信用条件和收账政策三者结合起来进行分析,决策中应比较每一种政策改变后的收益与改变后的成本,通过比较,选择最优的政策。

3. 存货管理

存货是企业在生产经营过程中为销售或耗用而储备的物资,包括各种原材料、在产品、产成品。存货是流动资产中所占比例较大的项目,在工业企业中占流动资产的 50%～60%,因此,存货管理水平的高低对企业财务状况影响极大。存货管理的目的有二:一要充分保证生产经营对存货的需要,二要尽量避免存货积压,降低存货成本。

存货成本包括采购成本、订货成本、储存成本和缺货成本四部分。存货管理的首要任务就是要合理确定一次订购的批量大小。由于订货成本与订购批量成反比,储存成本与订购批量成正比,采购成本在无数量折扣时,一般与订购批量无关,缺货成本难以计量有时不予考虑,则存货成本主要取决于订货成本和储存成本。因此,经济订购批量就是使一定时期内订货成本和储存成本之和最低的每次订购批量。

在企业的实际存货管理中可能存在一批订货不是一次送达,而是在一定时期内每日均衡到达,或者是不允许缺货等各种情况,因此可以有相应的经济订购批量计算公式。

二、固定资产的投资管理

固定资产是指使用期限超过一年,单位价值在规定标准以上,并且在使用过程中保持原有实物形态的资产,包括房屋及建筑物、机器设备、运输设备、工具器具等。

(一)固定资产分类

企业固定资产按其经济用途和使用情况可分为六类。

1. 生产用固定资产

这是指企业生产单位和为生产服务的行政管理部门使用的各种固定资产,包括建筑物、运输设备、生产设备、仪器及试验设备以及消防用具等生产使用的固定资产。

2. 非生产用固定资产

这是指非生产单位使用的各种固定资产,如职工宿舍、俱乐部、食堂、浴室等各种房屋、设备、器具等。

3. 租出固定资产

这是指出租给外单位使用的多余或闲置的固定资产。

4. 未使用固定资产

这是指尚未使用的新增固定资产,如调入尚待安装的固定资产,进行改建、扩建的固定资产,以及长期停止使用的固定资产。

5. 不需用固定资产

这是指企业目前和今后都不需用,准备处理的固定资产。

6. 融资租入固定资产

这是指企业以融资租赁方式租入的机器设备、运输设备和生产设备等固定资产。

(二) 固定资产折旧

除房屋及建筑物以外的未使用、不需用的固定资产,以经营租赁方式租入的固定资产,已提足折旧但继续使用的固定资产,以及提前报废的固定资产等,不属于计提折旧的范围。

企业固定资产折旧,从固定资产投入使用月份的次月起,按月计提;停止使用的固定资产,从停用月份的次月起,停止计提折旧。固定资产折旧方法有平均年限法、工作量法、双倍余额递减法、年数总和法等。

第四节 融资管理

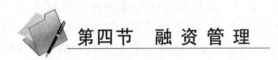

融资管理涉及企业长期股权融资和长期债务融资,短期融资与营运资金政策,资本成本和资本结构决策等问题。考虑到通常意义上的公司融资仅指长期决策,本节暂不讨论短期融资与营运资金政策。

一、股权融资

股权融资是企业通过向投资人筹集权益资金而获得企业发展所需长期资金的一种融资渠道,具体融资方式有优先股和普通股等。

1. 优先股

优先股是企业权益股本之一。优先股具有普通股和债券的混合特征,有固定面值、定期的固定股息支付、一定回收期等,因此,对企业而言,优先股融资同样具有财务杠杆作用。

相对于普通股,优先股具有两个方面的优先权,一是优先获得公司税后收益分配的权利;二是企业资产进行清算时,有优先获得清偿的权利。但是,相对于优先股的优先权,由于优先股股东能按时收到股息,因此,他们不具有对公司事务的表决权,只有企业无法在特定时间内支付股息,优先股股东才有一定程度的表决权。

企业在进行优先股融资时,相应的条款必须在发行契约中加以详细规定,以使企业和优先股股东能够明晰其相应的责任和义务。

企业发行优先股融资的好处在于以下几点:①股息支付的非强制性,使企业现金流更具弹性;②无到期日,企业的财务安排更具主动性和灵活性;③优先股不会稀释普通股的每股收益和表决权;④能够增加权益资本,进一步提高债务融资的能力,增加融资的灵活性;⑤发行优先股不必将资产作为抵押品或担保品等。

企业发行优先股融资的弊端在于融资成本高,且不利于企业充分运用留存收益满足进一步扩大生产的需要。

2. 普通股

普通股是股份公司发行的无特别权利的股份,也是最基本和最标准的股份,它代表一种满足全部债权后,对企业收入和资产的所有权。在股份公司中,普通股股东控制企业,组成股东大会,选举董事会,并享有分红的权利。

普通股具有面值、内在价值、市场价值、控制权和表决权等基本要素。普通股的面值是股票上注明的固定价值(我国规定普通股的面值统一为人民币1元),表明股东对公司承担的责任限度;内在价值表明每一股份实际拥有的权益的大小(即每股净资产),是普通股的账面价值;市场价值是指普通股在证券交易市场上的交易价格,反映市场对该股票价值的度量和确认;控制权则说明普通股股东是公司的所有权人,他们控制着企业,选举董事会和监事会;表决权则说明普通股股东在选举董事会和对其他重要事项表决时有投票权。

企业发行普通股融资的好处在于以下几点:①发行普通股融资具有永久性,无到期日,无须归还,这对保证公司对资本的最低需要、维持公司的长期稳定发展极为有利;②发行普通股没有固定的股利负担,融资风险小;③发行普通股筹集的资本是公司基本的资金来源,反映了公司的基本实力,其可作为其他方式融资的基础,尤其可为债权人提供保障,增强公司的举债能力;④普通股的预期收益较高并可在一定程度上抵消通货膨胀的影响,因此比较容易吸引资金;⑤普通股在证券市场上的交易价格反映了市场对该股票价值的度量和确认,因此,公司价值比较容易度量,并获得社会的认可。

企业发行普通股融资的弊端在于以下几点:①普通股融资的资本成本较高;②普通股股东投资普通股的风险较高,当然要求有较高的期望投资回报率;③普通股股利在所得税后支付,无法像债务融资那样起到减税作用;④普通股融资的发行费用高于其他融资方式。另外,普通股融资会增加新的股东,从而稀释原有股东的控制权并可能引起原有股东收益的下降。

二、长期债务融资

长期债务融资是指企业通过负债的方式来筹集资金,且负债期限超过一年。负债是企业一项重要的资金来源,几乎没有一家企业是仅靠股权融资,而不运用负债来筹集发展资金的,且负债融资能充分发挥财务杠杆的作用。负债融资和股权融资是两种不同性质的融资方式,因此各有其特点。负债融资具有以下特点。

（1）筹集的资金具有使用上的时间性，需到期偿还，对企业现金流管理要求高。

（2）不论企业经营的好坏，都需固定支付债务利息，由此形成企业的固定负担。

（3）长期债务发行契约的各种保护性条款可能会使企业财务决策的灵活性降低。

（4）发行成本和资本成本均比股权融资成本低，且不会稀释企业的每股收益，也不会削弱股东对企业的控制权。

（5）债务融资能使企业充分发挥财务杠杆的作用。

长期债务融资的主要方式有长期借款和长期债券。

长期借款指企业向银行或其他非银行金融机构借入的使用期超过一年的借款，主要用于满足企业长期资金的需求，如构建固定资产、长期流动资金占用等。

长期债券是指由企业向社会公众公开发行的，不记名的，用于记载和反映债权债务关系的有价证券。长期债券主要是指期限超过一年的公司债券，其目的是筹集企业长期需求资金。公司债券是企业重要的债务融资工具，也是证券市场上最为活跃的交易品种。长期债券一般分为抵押债券、信用债券和其他如担保债券、可转换债券、零息债券、浮动利率债券、垃圾债券等形式。

公司债券的期限一般较长，世界上一些大公司的债券期限甚至长达 30 年或 40 年，公司债券已成为大型公司筹集长期稳定资金的重要方式。另外，由于公司债券的持有人一般是相当广泛和分散的社会公众，债券合同一经确立，就不可能变更，公司将在第三方（投资银行或证券公司等）的监督下完全执行合同，如果公司在合同期间没有能力履行而违约，则等于宣告公司破产。因此，一方面，债券合同对发债公司会有一些限制性条款，如新债券发行限制、资产流动性限制、股息限制、并购限制和抵押品限制等，来保护投资人；另一方面，公司债券的信用评级状况非常重要，它对于债券的利率及债券对投资人的吸引力都有直接并且可度量的影响，公司债券等级对债券的风险起到标志作用。

三、资本成本

资本成本是指公司为取得和使用资金所付出的代价，它包括资金占用费和资金筹集费。资金占用费实际上就是投资者对特定投资项目所要求的收益率，包括无风险收益率和对特定投资项目所要求的风险补偿；资金筹集费是指企业在融资过程中所发生的费用，如银行借款手续费、股票和债券的发行费用、资信评估费、律师费、公证费、审计费等。

（一）决定资本成本高低的因素

资本成本的高低是由多种因素综合作用决定的，其中，主要有总体经济环境、证券市场条件、企业内部的经营和融资状况、项目融资规模等因素。

（1）总体经济环境决定了整个经济中资本的供给和需求，以及预期通货膨胀的水平。总体经济环境变化的影响，反映在无风险报酬率上。显然，如果整个社会经济中的资金需求和供给发生变动，或者通货膨胀水平发生变化，投资者也会相应改变其所要求的收益率。

（2）证券市场条件影响证券投资的风险。证券市场条件包括证券的市场流动难易程度和价格波动程度。如果某种证券的市场流动性不好，那么投资者想买进或卖出该证券会相对困难，变现风险加大，要求的收益率就会提高；或者虽然存在对某证券的需求，但其价格波动较大，投资的风险大，要求的收益率也会提高。

(3)企业内部的经营和融资状况主要指经营风险和财务风险的大小。经营风险是企业投资决策的结果,表现在资产收益率的变动上。财务风险是企业融资决策的结果,表现在普通股收益率的变动上。如果二者的变动都比较大,投资者便会有较高的收益率要求。

(4)项目融资规模也是影响企业资本成本的因素。融资规模大,资本成本较高。比如,企业发行的证券金额很大,资金筹集费和资金占用费都会上升,而且证券发行规模的增大还会降低其发行价格,由此也会增加企业的资本成本。

(二)资本成本的作用

资本成本是公司理财中的重要概念,广泛运用于公司理财中,主要用于融资决策和投资决策中。

(1)个别资本成本是比较各种融资方式优劣的一个尺度。企业筹措长期资本有多种方式可供选择,如股票、债券、贷款、融资租赁等。融资方式不同,资本成本也各异。为了以最小的代价且方便地取得企业所需的资金,就必须分析、比较各种不同资金来源成本的高低,通过资本成本的计算与比较,从中选出成本较低的融资方式,并合理地加以配置。

(2)通常企业全部长期资本采用多种方式融资组合构成,这种融资组合有多个方案可供选择,因此,综合加权资本成本的高低将是比较各融资组合方案、做出资本结构决策的依据。

(3)随着融资数额的增加,资本成本会不断变化。当企业融资数额很大,资本的边际成本超过企业的承受能力时,企业便不宜再增加融资数额。因此,边际资本成本是比较、追加融资方案的重要依据,也是限制追加融资数额的重要因素。

(4)资本成本是评价投资项目、比较投资收益的重要依据。一般而言,项目的投资收益率只有大于其资本成本率,才是经济合理的,否则投资项目不可行。这表明,资本成本是企业项目投资的"最低收益率",或者是判断项目可行性的"取舍率"。

(5)资本成本可以作为衡量企业整个经营业绩的基准,即经营利润率(一般可用总资产报酬率表示)是否高于资本成本。如果一定时期的综合资本成本率高于总资产报酬率,就说明企业资本的运用效益差,经营业绩不佳;反之,则说明企业资本的运用效益好。

四、资本结构

资本结构是指企业各种长期资本来源的构成和比例关系。资本结构有广义与狭义之分。广义的资本结构,又称财务结构,是指全部资金的来源构成,包括长期资本和短期负债。狭义的资本结构是指长期资本(长期债务资本与股权资本)的来源构成及其比例关系,而将短期债务资本列入营运资本进行管理。总的来说,资本结构问题是债务资本的比值问题,即负债在企业全部资本中所占的比重。

(一)影响资本结构的因素

资本结构除受资本成本、财务风险等因素的影响外,还受企业和环境等因素的影响。

企业所有者和管理者的态度对资本结构有着重要影响。股权分散的公司会更多采用发行股票的方式来筹集资金,因为其所有者并不担心控制权的旁落;反之,股权集中的公司为了保证少数股东的绝对控制权,一般尽量避免采用普通股融资,而是采用优先股或负债的方式筹集资金。管理人员对待风险的态度,也是影响资本结构的重要因素。喜欢冒险的财务管理人员，可能会安排比较高的负债比例；一些持稳健态度的财务管理人员，则会使用较低的债务比率。

息税前利润是还本付息的根本来源。息税前利润越高，即总资产报酬率大于负债利率，则利用财务杠杆能取得较高的净资产收益率；息税前利润越低，则利用财务杠杆能取得的净资产收益率越低。可见，获利能力是衡量企业负债能力的基本依据。

经济增长快的企业，总是期望通过扩大融资来满足其资本需求，而在股权资本一定的情况下，扩大融资即意味着对外负债。

企业都希望通过负债融资取得净资产收益率的提高，而银行等金融机构的态度在企业负债融资中起着决定性作用。在这里，银行等金融机构的态度就是商业银行的经营规划，即考虑贷款的安全性、流动性与收益性。

信用评估机构的意见对企业的对外融资能力起着举足轻重的作用。因为，如果企业债务太多，信用评估机构就可能降低企业的信用等级，这样就会影响企业的融资能力，提高企业的资本成本。

企业利用负债可以获得减税利益，因此，企业所得税税率越高，负债的好处越多；如果税率越低，则采用举债方式的减税利益就不十分明显。由此可见，税收对企业资本结构具有某种导向作用。

不同行业及同一行业的不同企业之间，其资本结构有很大差别。在资本结构决策中，财务经理必须考虑本企业所处行业资本结构的一般水准，并以此作为确定本企业资本结构的参考，分析本企业与同行业其他企业的差别，以便确定最优的资本结构。

（二）最优资本结构

所谓最优资本结构，是指企业在一定时间内，使综合资本成本最低、企业价值最大时的资本结构。其判断标准有三：一是有利于最大限度地增加所有者的财富，使企业价值最大化；二是企业综合资本成本最低；三是资产保持适宜的流动性，并使资本结构具有弹性。其中，综合资本成本最低是其主要标准。由资本成本及融资风险的分析可知，负债融资具有节税、降低资本成本、使净资产收益率不断提高等杠杆作用和功能，因此，对外负债是企业采用的主要融资方式。但是，随着负债融资比例的不断扩大，负债利率也会上升，企业破产的风险加大。因此，如何找出最优的负债点（即最优资本结构），既使得负债融资的优点得以充分发挥，同时又避免其不足，是融资管理的关键。

最优资本结构的决策方法主要包括两种：比较资本成本法和每股利润分析法。

比较资本成本法，是指通过计算不同资本结构的综合资本成本，以其中综合资本成本最低的资本结构为最优资本结构的一种方法。比较资本成本法以资本成本的高低作为确定最优资本结构的唯一标准，在理论上与企业价值最大化相一致。其决策过程包括三个步骤。

(1) 确定各方案的资本结构。
(2) 计算不同方案的综合资本成本。
(3) 进行比较，选择综合资本成本最低的资本结构为最优资本结构。

每股收益分析法在确定企业合理的资本结构时，应当注意其对企业的盈利能力和股东财富的影响，因此应将息税前利润和每股收益作为确定企业资本结构的两大因素，分析资本结构与每股收益之间的关系，进而确定最优资本结构的方法。从根本上说，每股收益分析法是利用每股收益无差别点进行资本结构决策的方法。所谓每股收益无差别点,是指两种或两种以上融资方案下普通股每股收益相等时的息税前利润点,也称息税前利润平衡点或融资无差别点。每股收益无差别点的息税前利润计算出来以后,可与预期的息税前利润进行比较,据以选择融资方式。当预期的息税前利润大于无差别点的息税前利润时,应采用负债融资方式;当预期的息税前利润小于无差别点的息税前利润时,应采用普通股融资方式。

第五节 股利分配管理

财务管理中的利润分配,主要是指对公司的净利润进行分配,即多少净利润留在公司,多少净利润分给投资者。利润分配上必须遵照《中华人民共和国公司法》的有关规定,非股份制企业按下列顺序分配:①弥补以前年度亏损;②提取法定盈余公积金;③提取法定公益金;④向投资者分配利润。股份制企业的利润分配顺序:①弥补以前年度亏损;②提取法定盈余公积金;③提取法定公益金;④支付优先股股利;⑤提取任意盈余公积金;⑥支付普通股股利。本节主要介绍向投资者支付利润(股利)的有关政策。

一、制定股利政策的目的

派息分红是股东权益的具体体现,也是公司有关权益分配和资金运作方面的重要决策。企业应该通过股利政策的制定与实施,体现以下目的:①保障股东权益,平衡股东间利益关系;②促进公司长期发展。股利政策的基本任务之一是通过股利分配,为增强公司发展后劲、保证企业扩大再生产提供足够的资金;③稳定股票价格。一般而言,公司股票在市场上的股价过高或过低都不利于公司的正常经营和稳定发展。股价过低,必然影响公司声誉,不利于今后增资扩股或负债经营,也可能引发被收购兼并事件;股价过高,会影响股票的流动性,并将留下股价急剧下降的隐患;股价时高时低、波动剧烈,将动摇投资者的信心,成为投机者的投资对象。因此,保证股价稳定成为股利分配政策的目标。

二、影响股利政策的因素

影响股利政策的因素主要有以下几个。

1. 公司盈利能力

如果公司盈利状况稳定且逐步增长,其股利支付就会有一定的保障,有可能发放较高的股利;如果盈利状况不佳,利润波动大,则股利支付也会受一定的影响。

2. 现金流量

股利的支付不仅要看有多少利润可供分配,还要看公司有多少现金可用于股利分配,特别是发放现金股利。因为有利润不一定有足够的现金用于支付现金股利,利润是按权责发生制计算出来的,而现金余额是按照收付实现制原则记录、反映的,从而造成净利润与现金余额的不一致。

3. 融资能力

一般新成立或处于发展中的公司对外融资能力有限,为扩充规模,其资金需要量较大,会更多利用内部资金来源,以减少股利支付。而信誉良好、业绩显著的大公司,融资能力较强,便可以维持较稳定的股利支付。

4. 债务偿还情况

公司债务有短期债务和长期债务之分,如果有较多短期内需要偿还的债务,公司会考虑这一因素而减少股利支付。

5. 投资机会

如果企业有良好的投资机会,可能会将大部分可供分配的利润用于投资项目而减少股利支付。

6. 股东

股东是企业的投资人,其投资目的却各不相同。按税法规定,政府对企业征收企业所得税后还要对股东分得的股息和红利征收个人所得税。个人所得税为累进税率,收入越多税率越高,且大多高于其股票交易所得的应纳税额。因此,股东为了避税就会反对发放过多的现金股利。

7. 法律因素

《中华人民共和国公司法》和企业会计制度对企业利润的分配顺序作了规定,同时也对弥补亏损和盈余公积金的提取作了规定。企业在利润分配和发行股利时必须遵循有关法律、法规的规定。因此,企业在制定股利政策时,要认真考虑影响股利政策的因素,制定出合理的股利分配方案。

三、股利形式

1. 现金股利

现金股利是公司以货币形式发给股东的投资收益,是普遍的股利形式。支付现金股利要求公司必须有足够的净利润和现金,要综合分析企业的投资机会、融资能力等各方面因素,确定适当的现金股利支付率。

2. 股票股利

股票股利是公司利用增发股票的方式代替现金股利向投资人支付的投资收益,其具体形式有送股、配股和股票回购等。

(1) 送股是指公司将红利或公积金转为股本,按增加的股票比例派送给股东。如每10股送5股,是指每持有10股股票的股东可无偿分到5股股票。

(2) 配股是指公司在增发股票时,以一定的比例按优惠价格配售给老股东的股票。配股和送股的区别在于:配股是有偿的,送股是无偿的。配股成功会使公司现金增加。配股实质上是给予老股东的补偿,是一种以优惠价格购买股票的权利。

(3) 股票回购是指上市公司从股票市场上购回本公司一定数额的、发行在外的股票。股票股利的发放对所有者权益的总额并没有影响,它既不导致现金资产的流出,也不导致负债的增加。由于企业价值未改变，从理论上讲，如果企业配股或送股，企业股票的数量会增加，股票数量增加会造成股票价格的下降，股票价格的下降可能会吸引一部分投资人购买股票，而购买量的增加又会造成股票价格的上涨，使投资人得到更多的好处。

四、股利政策

在进行股利分配的实务中，公司经常采用的股利政策有以下几种。

1. 剩余股利政策

这是指企业在有良好的投资机会时，根据一定的资本结构，测算出投资所需的权益资本，先从盈余中扣除，此后如有剩余，再将剩余部分作为股利进行分配的股利政策。在确定投资机会对权益资本的需求时，必须保证公司的最优资本结构，所以这种股利政策也是一种有利于保持公司最优资本结构的股利政策。其比较适合于新成立的或处于迅速成长的企业。剩余股利政策以股利无关论为依据，该理论认为股利是否发放以及发放的多少对公司价值以及股价不会产生影响，而且投资人也不关心公司股利的分配。因此企业可以始终把保持最优资本结构放在决策的首位。在这种结构下，企业的加权平均资本成本最低，同时企业价值最大。

2. 固定股利支付率政策

这是指公司按每股盈利的一个固定比例向股东分配股利。这种股利政策对企业财务的压力较轻，但股利会随企业盈利水平而波动，对股价产生不利的影响。主张采用此政策的人认为，通过固定的股利支付率向股东发放股利，能使股东获得的股利与企业实现的盈余紧密配合，真正体现"多盈多分，少盈少分，无盈不分"的原则。另外，采取此政策向股东发放股利时，实现净利多的年份向股东发放的股利多，而实现净利少的年份向股东发放的股利少，所以不会给公司带来固定的财务负担。由此可见，固定股利支付率政策充分体现了收益与分配的关系，收益多则分得多，收益少则分得少，各年股利的多少会随企业利润而波动。

3. 固定股利政策

这是指企业的股利是固定不变的，无论企业的盈利状况如何，向股东支付的股利每期都是相同的。通过稳定的股利支付，可向投资者传递企业经营状况和财务状况良好的信息，有利于树立企业形象，稳定股价，同时还能满足投资者对股利的偏好。但是如果公司业绩下滑、利润大幅削减时还采用这种股利政策，则会增加企业的财务压力。固定股利政策以股利相关论为基础，该政策认为股利政策会影响公司的价值和股票的价格，投资人关心企业股利是否发放及其发放的水平。

4. 低正常股利加额外股利政策

这是指企业先制定一个较低的股利，在公司经营状况一般时，每年只支付固定的、数额较低的股利；当企业盈利状况良好时，在支付固定股利的基础上，再支付一笔额外的股利。这种股利政策使企业财务具有较大的灵活性，同时又使投资人的最低股利收入得到保证。因此，低正常股利也可以保证股东得到比较稳定的股利收入，从而吸引这部分股东，当公司盈余增长时，增发股利，又可以增强投资人的信心，稳定股价。正因为这种股利政策既具有稳定的特点，即每年支付的股利虽然较低但固定不变，又具有变动的特点，盈利较多时，额外支付变动的股利,所以这种政策的灵活性较大,因而被许多企业采用。

以上四种股利政策各有利弊,公司在选择股利政策时,必须结合自身情况,选择最适合本公司当前和未来发展的股利政策。公司可以根据自己所处的发展阶段来确定相应的股利政策。

在初创阶段,由于公司面临的经营风险和财务风险都很高,公司急需大量资金的投入,融资能力差,即使获得了外部融资,资金成本一般也很高。因此,为降低财务风险,公司应贯彻先发展后分配的原则,剩余股利政策为最优选择。

在迅速增长阶段,公司的产品销售量急剧上升,投资机会快速增加,资金需求大而紧迫,不宜宣派股利。但此时公司的发展前景已相对较明朗,而投资者又有分配股利的要求。为了平衡这两方面的要求,应采取低正常股利加额外股利政策,股利支付方式应采用股票股利的形式,避免支付现金。

在稳定增长阶段,公司产品的市场容量和销售收入稳定增长,对外投资需求减少,每股收益呈上升趋势,公司已具备持续支付较高股利的能力。此时,理想的股利政策应是稳定增长股利政策。

在成熟阶段,产品市场趋于饱和,销售收入不再增长,利润水平稳定。此时,公司通常已积累了一定的盈余和资金,为了与公司的发展阶段相适应,公司可考虑由稳定增长股利政策转为固定股利支付率政策。

在衰退阶段,产品销售收入减少,利润下降,公司为了不被解散或不被其他公司兼并重组,需要投入新的行业和领域,以求新生。因此,公司已不具备较强的股利支付能力,此时应采用剩余股利政策。

总之,上市公司在制定股利政策时应综合考虑各种影响因素,分析其优缺点,并根据公司的成长周期,恰当选择适宜的股利政策,使股利政策能够与公司的发展相适应。

 本章小结

公司理财是企业管理的重要组成部分,是有关资金获得和有效使用的管理工作。公司理财就是要合理有效地规划设计和运作"资金流",即资金本身不能"断流",同时还要和"物流"能够匹配,并且共同集成到"信息流"上。

公司理财的目标是提升资金效率,理财目标的实现会受法律、政策、经济等环境因素的影响。公司理财的内容是投资管理、融资管理和股利分配管理等。企业在进行各种财务决策时必须牢记货币的时间价值和投资的风险价值。

财务分析、财务预算和财务控制是公司理财职能的展开过程,是企业各项理财决策得以落实的活动流程。财务分析是对企业的诊断,财务预算是为了让计划具体化,而财务控制是理财目标实现的关键。对企业的各项财务决策而言,财务分析无疑是重要的基础工作。

资产负债表反映某一时刻企业所有资产、负债和所有者权益的状况;利润表反映企业某一期间的经营成果;现金流量表则反映企业经营、投资和融资现金流的情况。

企业投资管理、融资管理和股利分配政策对企业的财务结果会产生各种影响,并且都会在报表上予以反映。

关键术语

公司财政目标　公司财政环境　财务报表　投资管理　融资管理　股利分配管理

思考题

1. 为什么企业的资金流不能"断流"?
2. 企业为什么要进行财务预算和控制?要做好财务预算和财务控制的关键在哪里?
3. 为什么要读懂企业资产负债表、利润表和现金流量表?这三张表的作用是什么?
4. 为什么企业在进行各种财务决策时必须牢记货币的时间价值和投资的风险价值这两个基本概念?
5. 企业投资和融资管理的关键是什么?
6. 企业在利润分配时应该考虑哪些因素?

第六章　企业财务管理

第六章案例阅读

第七章 企业生产运作管理

教学目标

通过本章的学习,学生能够对企业生产运作和管理的基本概念和内容、计划的编制和控制、现代生产运作管理方式以及发展趋势有较深刻的理解,对企业生产运作中遇到的基本问题有一个简单的认识,并能针对相应问题提出一定的解决方法,逐步领悟企业生产运作的技巧。

教学要求

掌握企业生产运作的概念、分类,生产运作管理的含义、目标和内容;熟悉企业生产运作的过程,生产运作系统的目标与内容,企业生产计划的编制和控制;掌握企业生产运作中的定性和定量方法以及典型生产运作管理方式的含义和特点。

引导案例

计算机产品是一种时效性很强的产品,市场竞争十分激烈。联想电脑公司作为国内最大的民族计算机企业,在激烈的生存竞争过程中逐渐建立起一套具有联想特色的现代化生产管理系统。该公司在 1996 年内部现代化建设的基础上全面实施 MRP-Ⅱ。为了更有效地降低劳动成本,减少不必要的库存,减少超量生产的浪费,又应用 JIT 的管理方法,对物流管理、车间作业管理实施实时调控,在 MRP-Ⅱ 系统中,吸收 JIT 看板系统的思想和方法:备料按装配所需生产;严格控制整机在线储备量;最大限度地降低产品品种更换时间;将相同的机型、类似机型安排在相近的生产周期生产,实现整个生产过程的标准化、同步化;设立 PQC 进行生产过程质量控制;实行小批量策略等。该公司在实施 MRP-Ⅱ 和 JIT 的同时,注重根据企业生产管理的实际情况不拘泥于某种特定的生产管理模式,实现多样化、科学化管理,并适时调整。该公司认为 MRP-Ⅱ 的宏观计划与 JIT 实时微观调控相结合,并在生产实践中不断寻找适时的、最佳的生产管理模式的过程是动态的、适时的、无休止的。

资料来源:张毅. 制造资源计划 MRP-Ⅱ及其应用[M]. 北京:清华大学出版社,2001.

第一节 生产运作管理概述

一、生产运作的概念及分类

(一) 生产运作的概念

生产是企业的一项基本活动,是企业一切活动的基础,是利用资源将输入转化为输出的活动过程。随着服务业的兴起和发展,生产不再局限于工厂内部,其概念必须得到扩展。事实上,在当今社会中,已经很难将制造产品和提供服务完全分开,单纯制造产品而不提供服务的企业几乎是不存在的。因此,从一般意义上讲,生产运作的定义就是"一切社会组织利用资源将输入转化为输出的过程"。

这里的"输入",可以是原材料、劳动力、消费者以及机器设备等;"输出",可以是有形的产品和无形的服务。输入由输出决定,但是输入不同于输出,这就需要转化。转化是通过人的劳动实现的,转化的过程就是生产运作。

表 7-1 列出了典型的社会组织的输入、转化和输出的过程。

表 7-1 典型社会组织的输入、转化和输出

社会组织	主要输入	转化	主要输出
生产企业	原材料	加工制造	产品
医院	病人	诊断与治疗	恢复健康的人
大学	高中毕业生	教学	高级专门人才
理发店	待理发的顾客	理发	整洁的顾客
咨询公司	问题	咨询	建议及解方案

(二)生产运作的分类

不同形式的生产运作存在着较大的差异,如从管理的角度,可以将生产运作分为制造性生产和服务性生产两大类。

1. 制造性生产

制造性生产是通过物理和(或)化学作用将有形输入转化为有形输出的过程。例如,汽车制造、钢铁冶炼和石油开采等通过物理或化学作用,将有形原材料转化为有形的产品的过程。

(1)连续性生产和离散性生产。按工艺过程的特点,可以把制造性生产分为两种:连续性生产和离散性生产。连续性生产是指物料均匀、连续地按一定工艺顺序运动,在运动中不断改变形态和性能,最终形成产品的生产。连续性生产又称流程式生产,如化工(塑料、肥皂、药品、肥料等)、炼油、冶金、食品、造纸等。离散性生产是指物料离散地按一定工艺顺序运动,在运动中不断改变形态和性能,最后形成产品的生产,如轧钢和汽车制造。

(2)备货型生产和订货型生产。按照企业组织生产的特点,可以把制造性生产分成备货型生产和订货型生产两种。制造性生产是预测驱动的,指在没有接到用户订单时,经过市场预测按已有的标准或产品系列进行的生产。备货性生产的直接目的是补充成品库存,通过维持一定量的成品库存来即时满足用户的需求。轴承、紧固件、小型电动机等产品的通用性强,标准化程度高,有广泛的用户,通常采用备货型生产。与备货型生产相反,订货型生产是以顾客的订单为依据,按用户特定的要求进行生产。生产的产品品种、型号规格和花色完全符合顾客的要求,产品一旦生产出来,就可以直接发给顾客,不必维持成品库存,也不必经过分销渠道销售。

2. 服务性生产

服务性生产又称非制造性生产运作,其基本特征是提供劳务,而不是制造有形产品。但是,不制造有形产品不等同于不提供有形产品。

(1) 服务性运作的分类如下。

① 按是否提供有形产品分类。可分为纯劳务运作和一般劳务运作。

② 按顾客是否参与分类。可分为顾客参与的服务运作和顾客不参与的服务运作。

③ 按资本、劳动密集程度和顾客接触程度分类。可分为大量资本密集服务、专业资本密集服务、大量劳务密集服务和专业劳务密集服务。

(2) 服务运作的特征。服务是以提供劳务为特征,但服务业也从事一些制造活动,只不过制造业处于从属地位,例如餐馆,它需要制作各种菜肴。随着服务业的兴起,提高服务运作的效率已日益引起人们的重视。然而,服务运作管理与生产管理有很大的不同,不能把制造性生产管理的方法简单搬到服务运作中。

与制造业相比,服务运作有以下特点。

① 服务运作的生产率难以测定。一个工厂可以计算它所生产的产品数量,一位律师的辩护则难以计量。

② 服务运作的质量标准难以建立。

③ 与顾客接触是服务运作的重要内容,但这种接触往往导致效率降低。

④ 纯服务运作不能通过库存来调节。

因此,需要专门对服务运作管理进行研究。

二、生产运作的类型

由于产品和服务千差万别,产量大小相差悬殊,生产或提供过程又十分复杂,所以按照其基本特征进行分类,把握各种生产运作类型的特点和规律,是进行生产管理的基本前提。

(一) 生产运作类型的划分

按产品或服务专业化程度的高低,可以划分为大量生产运作、单件生产运作和成批生产运作三种生产类型。

产品或服务的专业化程度可以通过产品或服务的品种数多少,同一品种的产量大小和生产运作的重复程度来衡量。显然,产品或服务的品种数越多,每一品种的产量越少,生产运作的重复性越低,则产品或服务的专业化程度就越低;反之,产品或服务的专业化程度越高。

(1) 大量生产运作。大量生产运作品种单一,产量大,生产运作重复程度高。美国福特汽车公司曾长达19年始终坚持生产T型车,便是大量生产运作的典型例子。

(2) 单件生产运作。单件生产运作与大量生产运作相对立,是另一个极端。单件生产运作品种繁多,每种仅生产一台,生产的重复程度低。汽车公司冲模厂生产的汽车模具,法庭上律师的辩护,都是典型的单件生产运作。

(3) 成批生产运作。成批生产运作介于大量生产运作与单件生产运作之间,即品种不单一,每种都有一定批量,生产运作有一定重复性。

（二）不同生产运作类型的特征

不同生产运作类型的设计、工艺、生产组织和生产管理的影响是不同的，因而导致生产运作效率上的巨大差别。一般来讲，大量大批生产运作容易实现高效率、低成本与高质量，单件小批生产运作则难以实现高效率、低成本与高质量。不同生产运作类型的特点见表7-2。

表7-2 不同生产运作类型的特点

比较项目	大批量生产类型	成批生产类型	单件小批生产类型
产品品种	单一或很少	较多	很多
产品产量	很大	较大	单个或很少
工序数目	1道或2道	较多	很多
设备布置	按对象原则，采用流水生产或自动线	既可按对象原则排列，又可按工艺原则排列	基本按工艺原则排列
生产设备	广泛采用专用设备	专用、通用设备并存	采用通用设备
设备利用率	高	较高	低
应变能力	差	较好	很好
劳动定额的制定	详细	有粗有细	粗略
劳动生产率	高	较高	低
计划管理工作	较简单	较复杂	复杂多变
生产控制	容易	难	很难
产品成本	低	较高	高

三、生产运作过程

（一）生产运作过程的概念及构成

1. 生产运作过程的概念

生产运作过程，有狭义和广义之分。狭义的生产运作过程，指从原材料投入生产开始，直到制成成品或完成劳务的全部过程；广义的生产运作过程，指从某种产品技术准备开始，直到生产出成品或完成劳务的全部过程。

生产过程主要是劳动过程，即劳动者在劳动分工和协作的条件下，利用劳动工具，按照一定的方法和步骤，直接或间接地作用于劳动对象，使之成为具有一定使用价值的产品的过程。但生产过程有时又表现为劳动过程和自然过程的统一，也就是指在某些生产技术条件下，生产过程的进行还要借助自然力的作用使劳动对象发生物理的或化学的变化，如铸件、锻件热处理后的自然冷却及油漆的自然干燥等。

2. 生产运作过程的构成

生产运作过程包括一系列相互联系的劳动过程和自然过程。劳动过程是指劳动者利用劳动工具，直接或间接作用于劳动对象以生产产品或提供劳务的过程。例如，改变工件的几何形状、尺寸、表面状态、物理与化学属性的工艺过程,对原材料、零部件、产成品等进行的质量控制与检验过程,实现劳动对象工作地转移的运输过程等。自然过程是指借助自然力的作用使劳动对象发生物理或化学变化的过程,如食物发酵、自然冷却、自然时效等。

生产运作过程一般分为生产技术准备过程、基本生产过程、辅助生产过程、生产服务过程和附属生产过程几部分。

(1) 生产技术准备过程。生产技术准备过程指产品在投入生产前进行的各种技术准备工作。如产品设计、工艺设计、工艺装备的设计和制造、标准化工作、物资定额和劳动定额的制定、设备的布置与调整、劳动组织的改善及新产品的试制与鉴定等工作。

(2) 基本生产过程。企业产品包括基本产品和辅助产品。基本产品代表企业的专业方向。基本生产过程指直接把劳动对象转变为企业基本产品的过程。如柴油机厂柴油机的生产,汽车制造厂汽车的生产,钢铁企业的炼钢、炼铁、轧钢等。

(3) 辅助生产过程。辅助生产过程指企业为保证基本生产过程的正常进行,而从事的辅助产品的生产和劳动过程。如基本生产所需要的由本企业生产的电力、蒸汽、煤气、压缩空气和模具、夹具、刀具的制造及设备的维修与备件生产等。

(4) 生产服务过程。生产服务过程指为保证基本生产和辅助生产所进行的各种生产服务活动,如原材料、半成品保管、运输等。

(5) 附属生产过程。有的企业还从事附属产品和副业生产运作活动,如机械厂利用一些边角余料制作一些小纪念品等。

生产运作过程的五个组成部分之间是密切相关的。其中基本生产过程是核心,生产技术准备过程是前提,辅助生产和生产服务过程是围绕基本生产过程进行的,附属生产过程是基本生产过程的延续。

(二) 合理组织生产运作过程的原则

1. 连续性原则

生产过程的连续性包括空间上的连续性和时间上的连续性。空间上的连续性是要求生产过程的各个环节在空间布置上合理紧凑,使加工对象所经历的生产流程路线短,没有迂回往返的现象;时间上的连续性是指生产对象在加工过程中各工序的安排上紧密衔接,消除生产中断和不应有的停顿、等待现象。

2. 比例性原则

生产过程的比例性是指生产过程各阶段、各工序之间,在生产能力上要保持一定的比例关系,以适应产品生产的要求。这表现在各个生产环节的工人人数、设备数量、生产速率、开动班次等,都必须互相协调配套。比例性是保证生产连续性的前提,并有利于充分利用企业的设备、作业空间、人力和资金。

3. 均衡性 (节奏性) 原则

生产过程的均衡性,是要求生产过程的各个基本环节和各个工序在相同的时间间隔内,生产相同或者稳定递增数量的产品,每个工作地的负荷保持均匀,不出现前松后紧或时紧时松的现象,保持有节奏的均衡生产。均衡生产有利于提高产品质量,降低产品成本,保证企业正常、安全生产;而生产不均衡会造成忙闲不均,既浪费资源,又不能保证质量,还容易引发设备故障、人身事故。

4. 平行性原则

生产过程的平行性是指物料在生产过程中实行平行交叉作业。平行作业是指相同的零件同时在数台相同的机器上加工。交叉作业是指同一批零件在上道工序还未加工完成时,将已完成的部分零件转到下道工序加工。也就是生产过程的各工艺阶段、各工序在时间上实行平行作业,产品各零部件的生产能在不同空间进行。平行交叉作业可以大大缩短产品的生产周期,在同一时间内生产更多的产品。平行性是生产过程连续性的前提。

5. 准时性原则

准时性原则,即保证零部件在生产过程中以最准确的时间、最准确的数量到达最准确的位置,并实现指定的加工。

6. 适应性原则

这是指企业生产过程能够适应外界环境变化的要求,及时调整生产组织形式。

7. 经济性原则

这是指在生产过程中,以最少的物化劳动和活劳动的消耗及资金的占用,获得尽可能多的符合社会需要的生产成果。因此,在生产环节上要实现电子计算机控制和管理,提高设备的自动化程度,以提高生产和管理的效率。

合理组织生产运作过程的各项要求是相互联系、相互影响的,在生产过程的组织、计划、控制中,要根据具体情况综合考虑时间、资金占用、有关费用等多项因素,统筹安排,提高经济效益。

四、生产运作系统

(一)生产运作系统的概念

从系统观点来考察生产运作,可以将企业中从事生产运作活动的子系统称为生产运作系统。应强调的是,企业生产运作系统有狭义和广义之分。

狭义的生产运作系统,有时也称为制造系统,指直接进行产品的生产加工或实现劳务的过程,其工作直接决定着产品或劳务产出的类型、数量、质量和生产运作费用。

广义的生产运作系统,除上述内容外,一般认为还应包括企业中的研究开发、生产运作的供应与保证、生产运作计划与控制等子系统。研究开发系统是进行生产运作前的各项技术性准备工作以及产品的研究与开发过程,在很大程度上预先决定了产品或劳务产出的效果;生产运作的供应与保证系统的作用在于提供足以保证生产运作不间断进行所需的物料、能源、机器等各种要素,并使它们处于良好的状态,因此,供应与保证系统将直接影响基本生产运作的正常运行;生产运作计划与控制系统,又称生产运作管理系统,是对整个生产运作系统各方面的工作进行计划、组织、控制和协调,其作用类似于企业的大脑和神经系统。本课程所指的生产运作系统是广义的生产运作系统。

(二)生产运作系统的功能

从本质上讲,生产运作系统是一个投入—产出系统,其功能就是将一系列投入转换为社会和用户所需要的产出,图 7-1 为生产运作系统模型。

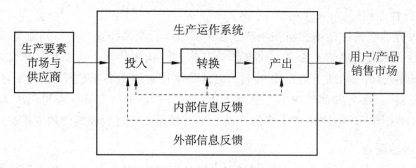

图 7-1　生产运作系统模型

生产运作系统体现了物质与能量的转换过程,即对投入的人、财、物、信息等各种资源进行加工转换,以提供社会和用户所需要的产品或劳务的过程。

从图 7-1 来看,生产运作系统由投入、生产运作(转换)过程、产出和反馈四个基本环节构成。投入要素可分为两类:一类是加工对象,如原材料、零部件等,它们最终构成产品实体的一部分;另一类是虽不构成产品实体,但对生产运作系统运行起决定性作用的人力资源、设备、土地、能源、信息资源等。

生产运作过程是直接进行加工、生产或服务,实现物质与能量转换的过程,处于生产运作系统的核心地位。生产运作系统的产出主要是社会和用户需要的产品或劳务,但同时还存在一些"副产品",有些副产品是有用的,如知识,有些副产品则是有害的,如噪音、边角废料等。企业应努力减少有害副产品的产出。一般常从用户在品种款式、质量、数量、价格、服务和交货期等方面要求的满足程度出发,衡量生产运作系统产出的好坏。生产运作系统的反馈环节执行的是控制职能,即收集生产运作系统运行的输出信息,并与输入的计划、标准等信息进行比较,发现差异,分析差异及其原因,从而采取有针对性的措施来消除差异。

(三)生产运作系统构成要素

生产运作系统包含两类要素:硬件要素和软件要素。

1. 生产运作系统的硬件要素

生产运作系统的硬件要素,即指构成生产运作系统主体框架的要素。主要包括:①生产技术;②生产设施;③生产能力;④生产系统的集成。

硬件要素是形成生产运作系统框架的物质基础。

2. 生产运作系统的软件要素

生产运作系统的软件要素,即指在生产运作系统中支持和控制系统运行的要素。主要包括:①人员组织;②生产计划;③生产库存;④质量管理。

生产运作系统的软件要素的改变和调整较为容易。因此,采用何种软件要素,决策风险不像硬件要素那样大。但在实施过程中,软件要素容易受其他因素影响,因此,对这类要素的掌握和控制比较复杂。

五、生产运作管理的概念和目标及基本内容

(一) 生产运作管理的概念和目标

1. 生产运作管理的概念

生产运作管理是对生产运作系统的设计、运行与维护过程的管理,包括对生产运作活动进行计划、组织和控制。

传统生产管理主要以工业企业特别是制造业为研究对象,其关注点主要是生产系统内部的计划和控制,一般称为狭义的生产管理学,其内容主要是关于生产的日程管理和在制品管理。

生产运作管理学的内涵和外延有了很大扩展,它将凡是有投入—转换—产出的组织活动都纳入其研究范围,不仅包括工业制造企业,而且包括了服务业、社会公益组织及市政府机构,特别是随着国民经济中第三产业所占比重越来越大,对其运作的管理日益重要,也成为运作管理研究的重要内容。不仅如此,现代生产与运作管理的内涵与范围不再局限于生产过程的计划、组织与控制,还包括运作战略的制定、运作系统设计、运作系统运行等多个层次内容。

所以,从生产管理学到生产运作管理学不只是名称的变化,其研究的外延和内涵也已有了非常大的变化。

2. 生产运作管理的目标

生产运作管理的目标可以用一句话来概括:高效、低耗、灵活、准时、清洁地生产合格的产品和提供满意的服务。

(1) 高效是对时间而言,指能够迅速满足用户的需要。在当前激烈的市场竞争条件下,谁的订货提前期短,谁就能争取到用户。

(2) 低耗是指生产同样数量和质量的产品,人力、物力和财力的消耗最少。低耗才能低成本,低成本才有低价格,低价格才能争取用户。

(3) 灵活是指能很快地适应市场的变化,生产不同的品种和开发新品种或提供不同的服务和开发新的服务。

(4) 准时是指在用户需要的时间,按用户需要的数量,提供所需的产品和服务。

(5) 合格的产品和(或)满意的服务,是指质量而言。

其目标体现了 CQSTE 五方面的特征,即低成本(cost)、合格质量(quality)、满意服务(service)、准时性(time)和清洁地生产(environment)。

(二) 生产运作管理的基本内容

生产运作管理的内容可以分为四个层面。

(1) 生产与运作战略制定。包括决定产出什么,如何组合各种不同的产品品种,为此需要投入什么,如何优化配置所需要投入的资源要素,如何设计生产组织方式,如何培养发展企业的核心竞争力等。

(2) 生产与运作系统设计。包括生产与运作技术的选择、生产能力的规划、系统设施规划和设施布置、工作设计等。

(3) 生产与运作系统的运行。主要涉及生产与运作系统的日常运行决策问题，包括生产与运作计划、生产控制、生产系统的分析与改进等。

(4) 生产与运作系统的综合模式。在实践中，要对生产运作设计和运行综合优化考虑，进而决定选择何种具体有效的生产系统综合模式，如准时制、制造资源计划等先进的管理模式。

第二节 设施选址与生产过程组织

一、生产、服务设施选址

（一）设施选址的概念及影响因素

1. 设施选址的概念

设施指生产运作过程得以进行的硬件手段，通常包括工厂、办公楼、车间、设备、仓库等物质实体。

设施选址指如何运用科学的方法决定设施的地理位置，使之与企业的整体经营运作系统有机结合，以便有效、经济地实现企业的经营目的。

设施选址在企业运作管理中具有十分重要的地位。它直接关系到设施建设的投资和建设的速度，同时在很大程度上也决定了企业所提供的产品和服务的成本，从而影响企业的效益。错误的选址决策带来的损失也是无法弥补的。

2. 设施选址的影响因素

影响设施选址的因素很多，既要考虑顾客，又要考虑供应厂家，还要考虑产品特点和社会文化因素等。

（1）市场条件。将厂址选在靠近企业产品和服务的目标市场，有利于接近用户，便于产品迅速投放市场，降低运输成本，减少分销费用，提供快捷服务。

（2）原材料供应条件。出于保证供应与成本方面的考虑，对原材料依赖性较强的企业应当尽可能靠近原材料产地。例如，火力发电厂应尽可能建在煤矿附近，以减少运输费用；而对新鲜蔬菜、水果进行冷藏或加工的企业更应靠近蔬菜、水果供应地，以避免长途运输引起原材料腐烂变质而增加成本。

（3）交通运输条件。根据产品及原材料、零部件的运输量大小和运输特点，应尽量选择靠近铁路、海港、高速公路或其他交通运输条件较好的地区。运输量较大的企业，如钢铁、煤炭、石油化工、造纸等工厂应考虑建在铁路、河流或高速公路等运输条件较为有利的地方。

（4）人力资源条件。不同地区的人力资源状况是有很大差别的，其教育水平、文化素质、劳动技能、工资费用都不相同，人力资源条件也是企业选址时必须考虑的重要因素。例如，某些高科技企业需要相当水平的科技人员，其就应在这类人员高度集中的地区选址。工资成本对劳动密集型企业非常重要，这类工厂选址时就要考虑该地区既能提供符合要求的熟练劳动力，又要人力费用比较低。目前生产出现全球化的主要原因之一就是用低成本竞争策略来占领市场。美国、日本等国家把许多成熟产品转移到发展中国家进行生产制造,正是出于这种考虑。

(5) 基础设施条件。对任何一个工厂来说,基础设施是在选址时需要予以认真考虑的必要条件。基础设施主要指企业生产运作所必需的供水、供电、供气、排水等的保证。从广义上讲,基础设施还包括"三废"处理、邮电通信、金融保险、生活服务设施等。如用水量大的造纸、化工、食品、电镀等企业,应优先选择在水源充足的地方建厂。而电炉炼钢、电解铝厂的加工要消耗大量的电力,显然以选择电力丰富且电价较低的地区建厂为宜。

(6) 气候条件。温度、湿度、气压、风向等气候条件因素对某些产品制造会带来影响,应当加以考虑。如精密仪器、半导体元器件、大规模集成电路对这方面的要求就比较高。许多企业愿意在气候适宜的地方建厂,不仅可以降低通风、采暖、除湿、降温的费用,还能避免由于气候原因造成的停工待料、延误交货、无法正常生产的损失。

(7) 社会文化及生活条件。显而易见,厂址所在地区有良好的住房条件、学校、医院、体育娱乐设施,为职工提供良好的家居、购物、教育、交通、娱乐、治安、消防和医疗保健服务的生活环境,无疑能使职工减少许多后顾之忧,提高工作效率,而这也会大大减轻企业与社会的负担。

(8) 政治、经济、法律和政策条件。从全球化生产角度来看,选择政治稳定、经济发展速度快、市场潜力大的地区建厂是非常有利的。在某些国家和地区建厂办企业,还会得到一些法律法规和政策上的优惠待遇,如减免税收、低息贷款、土地使用费低、自由兑换外汇等,这些也是选址时要考虑的重要因素。

(二) 设施选址的方法

设施选址包括两个方面的问题。

(1) 选位,即选择什么地区(区域)设置设施,沿海还是内地,南方还是北方,等等。在当前全球经济一体化的大趋势下,或许还要考虑是选择国内还是国外。

(2) 定址。地区选定以后,具体选择在该地区的什么位置设置设施,也就是说,在已选定的地区内选定一片土地作为设置设施的具体位置。设施选址还包括以下两类问题:一是选择一个单一的设施位置;二是在现有的设施网络中布新点。

对厂址选址的方案评价,常用的方法有因素分析法和重心法。

(1) 因素分析法。选址涉及多方面因素,很多因素难以量化,且各因素影响的重要度不同,为综合考虑各因素及其重要度,可为各因素及重要度赋值,计算各方案总分,选择分值最高者为最优方案。

(2) 重心法。重心法是一种布置单个设施的方法,这种方法要考虑现有设施之间的距离和要运输的货物量。其基本思想是所选厂址可使主要原材料或货物总运量距离最小。

二、生产、服务设施布置

(一) 设施布置的基本内容

设施布置是指在已经选定的厂址范围内,对厂房、车间、设备、办公楼、仓库、公用设施等物质实体进行合理的位置安排,以便有效地为企业的生产运作服务,并获得良好的经济效益。设施布置不仅要根据厂址地形、地貌的特点,确定其平面或立体的位置,还要相应确定物料流程、运输方式和运输路线。

具体来说,设施布置包括以下四个方面的内容。

(1) 明确应当包括哪些生产运作单位,这些生产运作单位需要多大的面积空间,形状如何,位置在哪儿。显然,不同的企业,由于生产类型、生产规模、产品特点、生产技术水平、生产专业化水平和协作化水平各不相同,其生产运作单位的构成是不相同的,占用的空间大小、形状位置也有很大的区别。如生产协作化水平高的企业,由于大量的零部件、模具依靠协作方式取得,生产运作单位就比较少,有的就只设基本生产车间如装配车间,而没有制造零部件的机加工车间,也没有制造工艺装备的工具车间。

(2) 设施布置时应当满足哪些要求,遵循什么原则,选择哪种设施布置的类型。设施布置是企业生产运作物质要素的有机组合,这种组合的合理性和有效性对生产运作系统的功能有决定性影响,并在很大程度上决定生产成本、生产效率和经济效益。因此设施布置必须从系统分析入手,统筹兼顾,全面规划,合理部署,讲求整体的最优效果。为了达到这个目的,要先明确设施布置的目标、要求和基本原则,正确选择设施布置类型是至关重要的前提和保证条件。

(3) 采用什么样的方法和步骤进行布置。设施布置是一项复杂的系统工程活动,受到诸多因素的影响,既要考虑当前现实,又要考虑长远发展;既要满足生产要求,又要降低成本费用;既要做到整体协调,又要考虑各个生产运作单位之间的有机联系。因此设施布置工作应有严谨精细的态度、严密的程序步骤和科学的方法。

(4) 如何对设施布置进行技术经济评价。设施布置是一项十分重要的决策,由许多要素组合而成,是形成生产运作系统的物质基础。而且还会对生产成本、生产效率产生直接影响。因此,需要对不同的设施布置方案进行技术和经济方面的分析、评价、比较,以选择最优化的设施布置方案。

(二) 设施布置的类型

设施布置的类型在很大程度上取决于企业的生产运作组织方式。主要有以下五种类型。

1. 工艺对象专业化布置

这种设施的布置是与工艺对象专业化的生产组织方式相适应的,是一种能够满足加工不同的产品或提供服务的布置。这种设施布置有明显的工艺专业化或工作专业化特征,在某个生产运作单位中,集中同类型的设施,如设备、工具、仪器、人员等,进行相类似的生产加工或服务活动。在制造业中,工艺对象专业化布置的典范是机械制造厂,它是按照产品的工艺特征来设置车间或工段,把同类的设备集中在一起组成生产单位,如车工车间、铣工车间、磨工车间或在机械加工车间内设置车工工段、铣工工段、磨工工段等。在服务业中,工艺对象专业化的布置也相当普遍,如医院、银行、大学、航空公司及公共图书馆等。在医院中,分别设置外科、内科、放射科、眼科、耳鼻喉科并布置相应的检查、治疗仪器设备,这些工作专门化的形式,其本质仍属于工艺对象专业化布置类型。

2. 产品对象专业化布置

这种布置适应产品对象专业化的生产组织方式。其特点是按照某种产品的加工路线或加工顺序来布置设施,常称为生产线。产品对象专业化布置是在一个生产单位中集中布置加工同一产品的各种设备和工人，完成该产品的各种工艺加工。例如，汽车装配线、电视机生产线、电冰箱生产线都是按产品对象专业化布置的。一些产量很大的零部件、标准件的生产可采用这种布置方式。如汽车制造厂的曲轴产量较大，可以把加工曲轴所需要的车床、铣床、磨床、钻床、热处理设备等按照曲轴加工的工艺顺序布置排列，形成一条曲轴生产线。

3. 混合式布置

混合式布置是指上述两类布置的混合。这种布置实际上是最常见的。混合式布置吸取了工艺对象专业化和产品对象专业化布置的长处，这种布置形成的生产单位，既对产品品种变化有一定的适应能力，又能缩短物流路程，达到提高效率、降低成本、缩短生产周期的目的。混合式布置有多种形式，例如在制造业中，零部件生产采用工艺对象专业化布置，装配车间采用产品对象专业化布置。

4. 固定布置

固定布置是指将被加工的对象如产品、零部件的位置固定不变，而人员、设备、工具向其移动，并在此处进行加工制造的一种设施布置方式。这种布置与产品对象专业化布置正好相反，是一种特殊的布置方式，主要适用于体积大、重量大、难以移动的产品。如重型机床、船舶、飞机、机车、锅炉、发电机组等。大型建设项目如建筑房物、修水坝、筑路、钻井大都采用固定布置方式。

5. 零售商店布置

上面介绍的几种设施布置方式多用于制造业，对服务业而言，设施布置有自身的特点。这里介绍一下如何进行零售商店的设施布置。研究表明，零售商店的销售量随着展示给顾客的商品数量而不断变化，当提供给顾客的产品越多，即展示率越高，销售和投资回报率也越高。因此商店应合理安排各种商品的位置空间，以吸引顾客产生购买欲望。例如常购商品应布置在商店的四周，利润高的商品如装饰、美容、化妆品、酒类等放在醒目的位置，将"能量商品"（能决定购物路径的商品）放置在过道两边。商店的进出口处也是不能忽视的，别具匠心的布置常常会有意想不到的效果，不少商店将食品、降价品放在进出口处。

（三）设施布置的基本要求

企业是一个由许多生产运作单位构成的复杂系统，该系统的基本功能是生产产品和提供服务，目的在于以最低的消耗获得最大的经济效果。因而，设施布置作为一项系统工程，其目标是十分明确的，就是如何建立一个优化物质系统，以保证实现企业的既定目标。设施布置应满足以下基本要求。

1. 符合生产运作过程的要求

厂房、设施和其他建筑物的布置，特别是各车间和各种设备的布置，应当满足产品或服务的工艺过程的要求，能保证合理安排生产作业单位，便于采用先进的生产组织形式。

2. 环境条件

环境条件是指运营组织的周边特征，如噪声水平、照明、温度等，特别是服务型企业，为顾客提供服务的部门应尽可能地布置在环境较好的位置。

3. 布置应尽可能紧凑合理，有效利用面积

设施布置要讲求经济实用、协调、紧凑、合理，充分利用地面和空间面积，提高建筑系数

（指厂房、建筑物占地面积在全厂总面积中所占的比重）。这样不仅可以缩短道路、管道距离和物料流程，而且节约用地，减少建设工作量，降低基建投资费用。

4. 合理地划分区域

按照生产运作单位的功能要求和其他条件合理划分设施的区域位置，把功能相同或相近且条件要求类似的生产运作单位尽量布置在一个区域内，便于联系、协作和管理。如机械制造厂，可以分为加工区、动力区、仓库区和办公区。

5. 充分利用外部环境提供的便利条件

设施布置时应充分考虑并利用外部环境提供的各种便利条件，如铁路、公路、港口和供水、供电、供气和公共设施。特别是厂外运输条件，要与厂内生产过程的流向和运输系统的配置结合起来，满足物料运输的要求。

6. 留有合理的扩展余地

企业的生产经营活动是动态发展变化的过程，当市场发生变化，产品结构和生产运作方法一有改变，设施布置就要做相应的调整。因此，除了考虑设施布置的柔性外，还要为企业将来的发展留有余地。当然留有余地不是盲目的，要在较为精确的预测基础上进行。

三、生产过程的时间组织

合理组织生产过程，不仅要求生产单位在空间上密切配合，而且要求劳动对象和机器设备在时间上紧密衔接，以实现有节奏的连续生产，达到提高劳动生产效率和设备利用率、减少资金占用、缩短生产周期的目的。生产过程在时间上的衔接程序，主要表现在劳动对象在生产过程中的移动方式。劳动对象的移动方式，与一次投入生产的劳动对象数量有关。以加工零件为例，当一次生产的零件只有一个时，零件只能按顺序经过各道工序，而不可能同时在不同的工序上进行加工。如果当一次生产的零件有两个或两个以上时，工序间就有不同的移动方式。一批零件在工序间存在着三种移动方式，即顺序移动、平行移动、平行顺序移动。

1. 顺序移动方式

顺序移动方式指一批零件在前一道工序全部加工完毕后，整批转移到下一道工序进行加工的移动方式。其特点是：一道工序在工作，其他工序都在等待。若将各工序间的运输、等待加工等停歇时间忽略不计，则该批零件的加工周期的计算公式 $T_\text{顺}$ 为

$$T_\text{顺} = n \sum_{i=1}^{m} t_i \tag{7-1}$$

式中，n 为该批零件数量；m 为工序数；t_i 为第 i 道工序的单件加工时间。

顺序移动方式的优点是：一批零部件连续加工，集中运输，有利于减少设备调整时间，便于组织和控制。其缺点是：零件等待加工和等待运输的时间长，生产周期长，流动资金周转慢。

2. 平行移动方式

平行移动方式指一批零件中的每个零件在每道工序加工完毕以后，立即转移到后道工序加工的移动方式。其特点是：一批零件同时在不同工序上平行进行加工，因而缩短了生产

周期。其加工周期 $T_\text{平}$ 的计算公式为

$$T_\text{平} = (n-1)t_\text{长} + \sum_{i=1}^{m} t_i \tag{7-2}$$

式中，$t_\text{长}$ 为各加工工序中最长的单件工序时间。

采用这种移动方式，不会出现制件等待运输的现象，所以整批制件加工时间最短。但由于前后工序时间不等，当后道工序时间小于前道工序时间时，后道工序在每个零件加工完毕后都有部分间歇时间。

3. 平行顺序移动方式

平行顺序移动方式吸收了上述两种移动方式的优点，避开了其短处，但组织和计划工作比较复杂。其特点是：一批制件在前道工序尚未全部加工完毕，就将已加工的部分制件转到后道工序进行加工，并使后道工序能够连续、全部地加工完该批制件。为了达到这一要求，要按下面规则运送零件：当前一道工序时间少于后道工序时间时，前道工序完成后的零件立即转送后道工序；当前道工序时间多于后道工序时间时，则要等待前道工序完成的零件数足以保证后道工序连续加工时，才将完工的零件转送后道工序。这样就可将人力及设备的零散时间集中使用。平行顺序移动方式的生产周期 $T_\text{平顺}$ 在以上两种方式之间，其计算公式为

$$T_\text{平顺} = n\sum_{i=1}^{m} t_i - (n-1)\sum_{i=1}^{m-1} t_{i\text{较短}} \tag{7-3}$$

式中，$t_{i\text{较短}}$ 为每相邻两道工序中较短的单件工序时间。

在选择移动方式时，应结合具体情况考虑，灵活运用。一般对批量小或重量轻，而且加工时间短的零件，宜采用顺序移动方式；反之，宜采用另外两种移动方式。按对象专业化形式设置的生产单位，宜采用平行顺序移动方式或平行移动方式。按工艺专业化形式设置的生产单位，宜采用顺序移动方式。对于生产中的缺件、急件，则可采用平行移动方式或平行顺序移动方式。

四、生产过程的组织形式

研究分析生产过程的基本目的，在于寻求高效、低耗的生产组织形式，将生产过程的空间组织与时间组织有机结合。企业必须根据其生产目的和条件，采用适合自己生产特点的生产组织形式。

（一）流水生产线

流水生产线又称流水作业线，是指劳动对象按照一定的工艺过程，按顺序一件一件通过各个工作地，并按照统一的生产速度和路线，完成工序作业的生产过程组织形式。流水生产线将对象专业化的空间组织方式和平行移动的时间组织方式高度结合，是一种先进的生产组织形式。

1. 流水生产线的特点

流水生产线有如下特点：①专业性；②连续性；③节奏性；④比例性；⑤封闭性。

2. 流水线的种类

为充分发挥流水线的优越性，人们创造了多种形式的流水线。

(1) 按照流水线的连续程度,可分为连续流水线和间断流水线。
(2) 按照流水线上的生产对象,可分为单一品种流水线和多品种流水线。
(3) 按照生产对象的移动方式,可分为对象固定流水线和对象移动流水线。
(4) 按照流水线节拍的方法,可分为强制节拍流水线和自由节拍流水线。
(5) 按照流水线的机械化程度,可分为手工流水线、机械化流水线和自动化流水线。
(6) 按照产品的运输方式,可分为普通运输设备的流水线和有专用运输设备的流水线。

3. 流水生产必须具备的条件

一个企业要建流水生产线,应进行充分的可行性分析与论证,建流水线一般应具备以下条件。

(1) 市场需求大,产品品种稳定且量大,以保证流水线的正常负荷。
(2) 产品的结构、加工工艺、性能等应比较先进。
(3) 产品的加工过程能够细分,能分解成单个的工序,以便组织生产。
(4) 企业自身条件,如资金、生产面积、技术力量能达到要求。
(5) 产品的检验工作能够在流水线上进行或通过工艺设备保证。

(二) 成组技术和成组加工单元

随着社会经济的发展,社会需求出现了多品种、多变化的趋势。为提高多品种、小批量生产的效率,出现了成组技术,使多品种、小批量生产能获得与流水线生产的高效率和低成本同样的效果。成组技术是一种以零部件的相似形(主要指零件的材质结构、工艺等方面)和零件类型分布的稳定性、规律性为基础,对其进行分类、归并成组并进行编码制作,以提高加工的批量,获得较好的经济效益的技术。在应用成组技术中,发展了一具多用的成组夹具,一组成组夹具一般可用于几种甚至几十种零件的加工。成组技术从根本上改变了传统的生产组织方法,它不以单一产品为生产对象,而是以"零件组"为对象编制成组工艺过程和成组作业计划。

成组加工单元,就是使用成组技术,以"组"为对象,按照对象专业化布局的方式,在一个生产单元内配备不同类型的加工设备,完成一组或几组零件的全部工艺的生产组织。采用成组加工单元,加工顺序可在组内灵活安排,多品种小批量生产可获得接近于大量流水生产的效率和效益。目前,成组技术主要应用于机械制造、电子等领域。成组技术还可以应用于具有相似性的众多领域,如产品设计和制造、生产管理等。

(三) 柔性制造单元

柔性制造单元,即以数控机床或数控加工中心为主体,依靠有效的成组作业计划,利用机器人和自动运输小车,实现工件和刀具的传递、装卸及加工过程的全部自动化和一体化的生产组织。柔性制造单元是成组加工系统实现合理化的最高级形式。柔性制造单元具有机床利用率高、加工制造与研制周期短、在制品及零件库存量低的优点。柔性制造单元与自动化立体仓库、自动装卸站、自动牵引车等结合,由中央计算机控制进行加工,就形成柔性制造系统。柔性制造单元与计算机辅助设计功能的结合,形成了计算机一体化制造系统。

总之,上述技术的出现改变了单件小批量生产的生产过程组织形式和物流方式,使之获得了接近于大量流水生产的技术经济效益,符合市场需求的多样化、小批量和定制方向的趋势,代表了现代制造技术的发展方向。

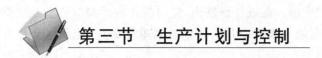

第三节 生产计划与控制

一、生产计划

(一) 生产能力

企业的生产能力是指在一定时期内,企业参与生产的全部固定资产,在既定的组织技术条件下,所能产出的一定种类和一定质量的产品数量,或者能够处理的原材料数量。生产能力是反映企业拥有的加工能力的一个技术参数,同时也反映了企业的生产规模。

实际运用中的生产能力有多种不同的表达方式,包括设计生产能力、查定生产能力和计划生产能力等。

1. 设计生产能力

设计生产能力是企业建厂时在基建任务书和技术文件中所规定的生产能力,是按照工厂设计文件规定的产品方案、技术工艺和设备,通过计算得到的最大年产量。企业投产后往往要经过一段熟悉和掌握生产技术的过程,甚至改进某些设计不合理的地方,才能达到设计生产能力。

2. 查定生产能力

查定生产能力是指企业没有设计生产能力资料或设计生产能力资料可靠性低的情况下,根据企业现有的生产组织条件和技术水平等因素,重新审查核定的生产能力。查定生产能力为研究企业当前生产运作问题和今后的发展战略提供了依据。

3. 计划生产能力

计划生产能力也称现实能力,是企业计划期内利用现有的生产组织条件和技术水平等因素所能够实现的生产能力。计划生产能力直接决定了近期所做生产计划。

(二) 生产计划的三个层次

制造企业的生产计划一般分为综合计划、主生产计划和物料需求计划。

1. 综合计划

综合计划又称生产大纲,是对企业未来较长一段时间内资源和需求之间平衡所做的概略性设想,是根据企业所拥有的生产能力和市场需求预测对企业未来较长时间内产出内容、产出量、劳动率水平、库存投资等问题所做出的决策性描述。综合计划并不具体制订每一个品种的生产数量、生产时间和每一车间及人员的具体工作任务,而是按照以下方式对产品、时间和人员做出安排。

(1) 产品。按照产品的需求特性、加工特性、所需人员和设备上的相似性等,将产品综合为几大系列,以系列为单位来制订综合计划。例如,服装厂根据产品的需求特性,分为女装、男装和童装三大系列。

(2) 时间。综合计划的计划期通常以年为单位,因此,有些企业也把综合计划称为年度生产计划或年度生产大纲。在该计划期内,使用的计划时间单位是月或季。在采用滚动式计划方式的企业,有可能未来三个月的计划时间单位是月,其余九个月的计划时间单位是季等。

(3) 人员。综合计划可用几种不同的方式考虑人员安排问题。例如,将人员按照产品系列分成相应的组,分别考虑所需人员的水平;或将人员根据产品工艺的特点和人员所需的技能水平分组,等等。综合计划中还应考虑需求变化所引起的人员数量的变化,以决定是采取加班还是增加聘用人数。

2. 主生产计划

主生产计划要确定每一具体的最终产品在每一具体时间段内的生产数量。这里的最终产品是指对企业而言必须最终完成、可以马上出厂的完成品,既可以是直接用于消费的产品,也可以作为其他企业产品的部件或配件。这里所指的具体时间段,通常以周为单位,有时也可能以日、旬或月为单位。

3. 物料需求计划

主生产计划确定后,生产管理部门下一步要做的是保证完成主生产计划所规定的最终产品所需的全部物料(原材料、零件、部件等)以及其他资源的供应。物料需求计划就是要制订这些原材料、零件、部件等的生产采购计划,外购什么、生产什么,什么物料必须在什么时候订货或开始生产,每次订多少、生产多少,等等。也就是说,物料需求计划所要解决的,是与主生产计划规定的最终产品相关物料的需求问题,而不是对这些物料独立的、随机的需求问题。

(三) 生产计划的主要指标

制订生产计划指标是生产计划的重要内容。为了有效和全面地指导企业生产计划期的生产活动,生产计划应建立包括产品品种、产品质量、产品产量和产品产值四类指标为主要内容的生产指标体系。

1. 产品品种指标

产品品种指标是指企业在报告期内规定生产产品的名称、型号、规格和种类。产品品种指标不仅反映了企业对社会需求的满足能力,还反映了企业的专业化水平和管理水平。

产品品种指标的确定,首先要考虑市场需求和企业实力,按产品品种系列平衡法来确定。

2. 产品质量指标

产品质量指标是衡量企业经济状况和技术发展水平的重要指标。产品质量指标包括两大类:一类是反映产品本身内在质量的指标,主要是产品平均技术性能、产品质量等;另一类是反映产品生产过程中工作质量的指标,如质量损失率、废品率、成品返修率等。

产品质量受若干个质量控制参数控制。对质量参数的统一规定形成了质量技术标准,包括国际标准、国家标准、部颁标准、企业标准、企业内部标准等。

3. 产品产量指标

产品产量指标是指企业在一定时期内生产的,符合产品质量要求的实物数量。以实物量计算的产品产量,反映企业生产的发展水平,是制定和检查产量完成情况,分析各种产品质检比例关系和进行产品平衡分配,计算实物量生产指数的依据。

确定产品产量指标主要采用盈亏平衡法、线性规划法等。

4. 产品产值指标

产品产值指标是用货币表示的产量指标,能综合反映企业生产经营活动成果,以便进行不同行业间的比较。根据具体内容与作用不同,分为商品产值、总产值和净产值三种形式。

上述各项生产计划指标之间的关系十分密切。既定的产品品种、质量和产量指标,是计算各种产值指标的基础,而各项产值指标又是企业生产成果的综合反映。企业在编制生产计划时,应先落实产品的品种、质量与产量指标,然后据此计算产值指标。

(四)生产计划工作的主要内容

1. 做好编制生产计划的准备工作

这项准备工作是预测计划期的市场需求、核算企业自身的生产能力,为确定生产计划提供外部需要和内部可能的依据。

2. 确定生产计划指标

根据满足市场需要,充分利用各种资源和提高经济效益的原则,在综合平衡的基础上,确定和优化生产计划指标。

3. 安排产品的生产进度

在编制完生产计划,确定了全年总的产量任务后,企业要进一步将全年的生产任务具体安排到各个季度和各个月份,这就是安排产品的生产进度。安排产品生产进度的总原则如下:保证交货期,实现均衡生产,注意和企业技术准备工作及各项技术组织措施的衔接。

企业在安排产品生产进度的同时,还要安排各车间的生产任务。也就是要把全年的生产任务具体落实到各车间,使各车间做好技术准备工作,平衡生产任务和生产能力,使企业内部各主要环节的生产任务在产品品种、数量和时间上相互协调,确保全厂产品生产进度按计划进行。

(五)生产计划的编制步骤

生产计划的编制必须遵循四个步骤。

(1)收集资料,分项研究。编制生产计划所需的资源信息和生产信息。

(2)拟定优化计划方案,统筹安排。初步确定各项生产计划指标,包括产量指标的优选和确定,质量指标的确定,产品品种的合理搭配,产品出产进度的合理安排。

(3)编制计划草案做好生产计划的平衡工作。主要是生产指标与生产能力的平衡;测算企业主要生产设备和生产面积对生产任务的保证程度;生产任务与劳动力、物资供应、能源、生产技术准备能力之间的平衡;生产指标与资金、成本、利润等指标之间的平衡。

(4)讨论修正与定稿报批。通过综合平衡,对计划做适当调整,正确制定各项生产指标。然后报请总经理或上级主管部门批准。

同时,生产计划的编制要注意全局性、效益性、平衡性、群众性和应变性。

二、生产作业计划

(一) 生产作业计划的含义、形式及内容

1. 生产作业计划的含义

生产作业计划是生产计划工作的继续,是企业年度生产计划的具体执行计划。生产作业计划是协调企业日常生产活动的中心环节。生产作业计划根据年度生产计划规定的产品品种、数量及大致的交货期要求对每个生产单位,在每个具体时期内的生产任务做出详细规定,使年度生产计划得到落实。

与生产计划相比,生产作业计划具有计划期短、计划内容具体、计划单位小等特点。

2. 生产作业计划的形式

根据企业的具体情况,生产作业计划有厂部、车间和工段(班、组)三种作业计划形式。

(1) 厂部生产作业计划由企业生产科负责编制,确定各车间的月度生产任务和进度计划。

(2) 车间级生产作业计划由车间计划调度室负责编制。

(3) 工段级生产作业计划由工段计划调度员负责编制,分别确定工段(班、组)或工作地月度、旬(或周)以及昼夜轮班的生产作业计划。

3. 生产作业计划的内容

其主要内容包括:①生产作业准备的检查;②制定期量标准;③编制各级、各种生产作业计划;④生产能力的细致核算与平衡以及生产作业控制等。

(二) 作业计划标准

作业计划标准又称期量标准,是指为制造对象(产品、部件、零件等)在生产期限和生产数量方面所规定的标准数据。期量标准是编制生产作业计划的重要依据和组织均衡生产的有力工具。企业的生产类型不同,生产过程组织也不同,因而形成了不同的期量标准。

1. 批量和生产间隔期

批量是指一次投入(出产)相同制品的数量。生产间隔期是指相邻两批同种制品投入(出产)的时间间隔。其相互间关系可以用下式表示:

$$批量 = 生产间隔期 \times 平均日产量 \qquad (7\text{-}4)$$

$$生产间隔期 = \frac{批量}{平均日产量} \qquad (7\text{-}5)$$

2. 生产周期

生产周期是指产品或零件从原材料投入生产一直到成品出产所经历的全部日历时间。生产周期是确定产品在各个工艺阶段的投入期和出产期的主要依据。产品的生产周期由各个工艺阶段的生产周期组成。

3. 生产提前期

生产提前期是指产品(或零件)在各个工艺阶段出产(投入)的日期比成品出产日期提前的时间。生产提前期分为投入提前期和出产提前期两种。生产提前期是编制生产作业计

划、保证按期交货、履行订货合同的重要期量标准。

提前期是根据车间和生产间隔期计算的，同时要考虑一个保险期。提前期是按反工艺顺序连续计算的，其计算公式如下：

$$某车间投入提前期＝本车间出产提前期＋本车间生产周期 \qquad (7-6)$$

$$本车间出产提前期＝后车间投入提前期＋保险期 \qquad (7-7)$$

4. 在制品定额

在制品定额是指在一定技术组织条件下，为了保证生产连续而均衡地进行所必需的最低限度的在制品数量。一定数量的在制品是保证生产正常进行的客观需要，但在制品过多，就会增加生产面积和资金占用，影响经济效益；如果在制品过少，往往导致生产脱节，设备停歇。因此，必须把在制品定额控制在适当的水平上。

在制品、半成品定额计算公式如下：

$$车间在制品定额＝平均每日出产量×车间生产周期＋保险储备量 \qquad (7-8)$$

$$库存半成品定额＝后车间平均每日需要量×库存定额天数＋保险储备量 \qquad (7-9)$$

（三）生产作业计划的编制

编制生产作业计划包括编制分车间的作业计划及分工段或分小组的作业计划。这两步工作的方法原理是相同的，区别是计划编制的详细程度和责任单位有所不同。分车间的作业计划由厂部编制，主要解决车间与车间之间生产数量及时间衔接等平衡问题。对于对象专业化车间，因各个车间平行地完成各种不同产品的生产任务，因此按照车间的产品分工、生产能力和各种具体生产条件直接分配给各车间。对于工艺专业化车间，因各个车间之间依次提供半成品，则应根据生产类型和其他情况采用下列方法。

1. 在制品定额法

在制品定额法适用于大量大批生产类型。这类企业生产品种比较单一，产量比较大，工艺和各车间的分工协作关系密切且稳定，只要把在制品控制在定额水平上，就可以保证生产过程正常进行。采用在制品定额法，就是运用预先制订的在制品定额，按照产品的反工艺顺序，从出产成品的最后车间开始，连续计算各车间的出产量和投入量。其计算公式如下：

$$\substack{某车间\\出产量}＝\substack{后车间\\投入量}＋\substack{本车间半成品\\外销量}＋\substack{库存半成品\\定额}＋\substack{期初库存半成品\\预计结存量} \qquad (7-10)$$

$$\substack{某车间\\投入量}＝\substack{车间\\出产量}＋\substack{本车间\\废品量}＋\substack{车间在制品\\定额}＋\substack{期初车间在制品\\预计结存量} \qquad (7-11)$$

2. 提前期法

提前期法适用于成批生产的企业。这类企业各种产品轮番生产，各个生产环节结存的在制品的品种和数量经常不一致。但是各种主要产品的生产间隔期、批量、生产周期和提前期都比较固定，因此，可以采用提前期法来规定车间的生产任务。所谓提前期法，就是将预先制订的提前期标准转化为提前量，来规定车间的生产任务，使车间之间由"期"的衔接变为"量"的衔接。其计算公式如下：

$$提前量＝提前期×平均日产量 \qquad (7-12)$$

采用提前期法，对生产的产品应实行累计编号，所以又称累计编号法。所谓累计编号，是指从年初或从开始生产这种产品起,依成品出产的先后顺序,为每一单位产品编上一个累计号码。最先生产的单位产品编为1号,以此类推,累计编号。因此,在同一时间上,越是处于生产完工阶段的产品,其累计编号越小;越是处于生产开始阶段的产品,其累计编号越大。在同一时间上,产品在某一生产环节上的累计号数,同成品出产累计号数相比,相差的号数就叫提前量。

3. 生产周期法

生产周期法适用于单件小批生产企业。这类企业的生产任务多数是根据订货合同来确定的,生产的品种、数量和时间都很不稳定,产品是一次性生产或不定期重复生产。因此,各车间的生产在数量上衔接比较简单,关键是合理搭配订货,调整处理类似品种多变与保持车间均衡负荷之间的矛盾。

采用生产周期法规定车间的生产任务,就是根据订货合同规定的交货期限,为每一批订货编制出产品生产周期进度图,然后根据各种产品的生产周期进度表,确定各车间在计划月份应该投入和出产的订货项目,以及各项订货在车间投入和出产的时间。通过产品投入和出产进度表,就可以保证各车间的衔接,协调各种产品的生产进度和平衡车间的生产能力。

三、生产作业控制

(一) 生产作业控制的含义

生产作业控制,是按照生产计划的要求,组织生产作业计划的实施,在产品投产前的准备到产品入库的整个过程中,从时间和数量上对作业进度进行控制,在实施中及时了解计划与实际之间的偏差并分析原因,认真调整生产进度,调配劳动力,合理利用生产能力,控制物料供应及运送,保质保量地完成任务。

生产作业控制是实现生产作业计划的重要保证,是整个生产过程的重要组成部分。

生产作业实施控制的两个重要环节是产前控制和产中控制。

1. 产前控制

产前控制是生产过程控制的开始,主要指投产前的各项准备工作控制,包括技术、物资、设备、动力、劳动力等的准备,以保证投产后整个生产过程能均衡、协调、连续进行。

2. 产中控制

产中控制即投入产出控制,是在投料运行后对生产过程的控制。产中控制具体分为投入控制和产出控制两个方面。

(1) 投入控制(又称为投入进度控制),是指按计划要求对产品开始投入的日期、数量、品种的控制,是预先性的控制。

(2) 产出控制(又称为出产进度控制),是指对产品(包括零件、部件)出产日期、生产提前期、出产数量、出产均衡性和成套性的控制。

投入产出控制主要是从生产进度与计划进度的对比中发现偏差,观察生产运行状态,分析研究其原因,采取相应措施纠正偏差。通常是根据企业不同的生产类型,通过一系列进度控制图表加以控制。

（二）生产作业控制的内容和程序

1. 生产作业控制的内容

生产作业控制主要是在生产作业计划执行过程中，对产品（或零部件）的数量和生产进度进行的控制。主要包括生产进度控制、在制品控制、生产调度工作、现场管理等工作。

2. 生产计划控制的程序

（1）制订标准。制订标准就是对生产过程中的人力、物力和财力，对产品质量特性、生产数量、生产进度规定一个数量界限。标准可以用实物数量表示，也可以用货币数量表示，包括各项生产计划指标、各种消耗定额、产品质量指标、库存标准、费用支出限额等。控制标准要求制订得合理可行。制订标准的方法一般有如下几种。

① 类比法。参照本企业的历史水平制订标准，也可参照同行业的先进水平制订标准。这种方法简单易行，标准也比较客观可行。

② 分解法。把企业层的指标按部门、按产品层层分解为一个个小指标，作为每个生产单元的控制目标。这种方法在成本控制中起重要作用。

③ 定额法。即为生产过程中某些消耗规定标准，主要包括劳动消耗定额和材料消耗定额。

④ 标准化法。即根据权威机构制订的标准作为自己的控制标准。如国际标准、国家标准、部颁标准，以及行业标准等。这种方法在质量控制中用得较多。当然，也可用于制订工作程序或作业标准。

（2）测量比较。测量比较就是以生产统计手段获取系统的输出值，与预定的控制标准做对比分析，发现偏差。偏差有正负之分，正偏差表示目标值大于实际值，负偏差表示实际值大于目标值，正负偏差的控制论意义视具体的控制对象而定。如对于产量、利润、劳动生产率，正偏差表示没有达标，需要考虑控制。而对于成本、工时消耗等目标，正偏差表示优于控制标准。在实际工作中这些概念是很清楚的，不会混淆。

（3）控制决策。控制决策就是根据产生偏差的原因，提出用于纠正偏差的控制措施。一般的工作步骤如下。

① 分析原因。有效的控制必定是从失控的基本原因着手的。有时从表象出发采取的控制措施也能有成效，但它往往是以牺牲另一目标为代价的。造成某个控制目标失控的原因有时会有很多的，所以要做客观的、实事求是的分析。

② 拟定措施。从造成失控的主要原因着手，研究控制措施。传统观点认为控制措施主要是调节输入资源，而实践证明，对于生产系统而言，调节输入资源是远远不够的，还要检查计划的合理性，检查组织措施可否改进。总之，要全面考虑各方面的因素，才能找到有效的措施。

③ 效果预期分析。生产系统是一个大系统，不能用实验的方法去验证控制措施。但为了保证控制的有效性，必须对控制措施做效果分析。有条件的企业可使用计算机模拟方法。一般可采用推理方法，即在观念上分析实施控制措施后可能会产生的种种情况，尽可能使控制措施制订得更周密。

④ 实施执行。这是控制程序中最后一项工作，由一系列的具体操作组成。控制措施贯彻执行得如何，直接影响控制效果，如果执行不力，整个控制活动将功亏一篑。所以在执行中要有专人负责，及时监督检查。

本章小结

随着互联网的发展,企业的经营和管理环境发生了前所未有的变革。企业之间的竞争方式已从基于价格的竞争发展到基于互联网的质量、品种、时间、服务和环保的竞争。在竞争方式变化的过程中,生产运作管理对于提高企业的竞争力具有举足轻重的作用,而核心的运作管理能力是企业形成核心竞争力的保证。

本章介绍了生产运作的概念及分类、生产运作管理的含义和目标以及内容,详细介绍了企业生产运作的过程和生产运作系统的目标和内容,以及企业生产计划的编制和控制。

关键术语

生产运作　制造性生产　服务性生产　顺序移动　平行移动　流水生产线
生产作业计划

思考题

1. 什么是生产运作？举例说明生产运作的类型。
2. 简述合理组织生产运作过程的原则。
3. 简述生产能力及其种类。
4. 简述编制生产计划的步骤。

第七章　企业生产运作管理　　　第七章案例阅读

第八章 企业物流管理

教学目标

学生通过本章的学习,能够对企业物流的概念、特点、分类以及相关内容有较深刻的理解,借助本章知识,可以对企业经营管理过程中的物流问题有一定的了解,并能充分认识到物流、物流合理化在企业、企业管理中的重要地位。

教学要求

掌握企业物流的概念、分类,熟悉供应物流、生产物流、销售物流等物流环节的活动内容,以及各个物流活动的合理化对企业正常运转和发展的重要意义。

引导案例

沃尔玛物流管理模式

沃尔玛强大的物流系统,全球性的采购策略,完善的物流信息技术,无懈可击的供应链管理,天天平价的营销策略,在行业内是一个令所有人惊叹的经典案例。沃尔玛的成功并不是所谓的一夜暴富,而是经过长期的经验积累和不断尝试改变的精神,它利用新时代网络的影响力、信息的传播速度以及高超的专业技术把所有的资源整合到一起,分析调研每个地方的优势、劣势和一切不可控因素的影响,最终制定一套适合沃尔玛的物流管理系统。沃尔玛拥有着最先进的信息系统,它的特征是资金、人力投入大,设备功能齐全,网络速度快,设备实用性强。

资料来源:刘亚囡. 连锁零售企业物流管理模式问题研究——以沃尔玛为例[J]. 今日财富(中国知识产权),2021(1):102-103.

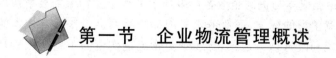

第一节 企业物流管理概述

一、企业物流的概念

企业物流是指企业内部的实体流动过程,具体是指从工厂进行生产活动所需的原材料进厂(包括原材料、半成品、零部件及燃料等),经储存、加工、装配、包装,直到产成品出厂送达消费地或消费者这一过程的物料、产成品在仓库与消费地之间、仓库与车间之间、车间与车间之间、工序与工序之间每个环节的流转、移动与储存(含停滞、等待)及与此有关的管理活动。企业物流是在合理安排产、供、销活动,兼顾上下游客户多重复杂关系的基础上,通过综合从供应者到消费者供应链的运作,使物流与信息流达到优化的具体的微观物流活动。企业物流贯穿生产、销售过程的始终,形成一个有机整体。

企业物流的根本任务就是企业在物流活动中适时、适地采用先进的物流技术与其生产和经营活动达到最优的结合,通过有效的物流管理,使企业收获最高的经济效益。

企业物流的作业目标是快速反应、最小变异、最低库存、追求质量及整合运输等。追求企业物流的合理化,提高企业物流的管理水平,对于企业创造利润、增强市场竞争力具有重要的意义。

企业物流管理是企业对所需原材料、燃料、设备工具等生产资料进行有计划地采购、供应、保管、合理使用等各项工作的总称。根据物资运动过程的不同阶段,企业物流管理可分为供应物流管理、生产物流管理、销售物流管理、回收物流管理等,内容极为丰富。而从物流要素角度,企业物流管理又可分为运输管理、储存管理、装卸搬运管理、包装管理、流通加工管理、配送管理、信息管理及客服管理等。

二、企业物流的特点

企业物流是物流领域的微观层面,是物流活动与企业经营管理活动紧密结合的物流。

(1) 企业物流是企业生产经营活动的组成部分。从企业物流活动本身来看,它与生产活动穿插交织、融为一体,只有将物流成本降到最低,才能提高整个生产的水平和素质。生产过程具有高度的比例性、连续性和节奏性,这决定了物流必须满足生产需要,物流量的大小、物流的方向及流程都必须符合生产过程的规律。

(2) 企业物流与社会物流相互依存。现代企业的物流活动将其中的部分甚至是全部业务交给企业以外的专业物流公司或者生产企业自营的独立核算的物流公司来负责。只有相适应的社会物流才能够促进企业的发展,企业物流与社会物流既相互影响、相互制约,也相互促进。

(3) 企业物流呈现出能力综合化和系统化的发展趋势。企业物流的综合能力是指企业在采购、生产和销售过程中物流活动的统筹协调、合理规划和控制管理。物流的系统化可以形成一个高效、通畅、可控的流通体系,实现信息流及时、准确地共享,以及企业内外部的协调合作,进而减少流通环节,节约流通费用。

(4) 降低企业物流成本与提高企业客户服务水平是企业物流需要解决的两大问题。客户服务水平是企业竞争力的标志,而服务水平的提高必然会带来局部成本的增加,因此,企业必须优化物流系统和改善物流运作程序,避免物流运作中的不增值因素,整合资源,降低物流成本。

(5) 物流已经成为企业生产、销售的重要支持系统。物流系统既可以为生产系统提供需求变动信息、帮助制订生产计划、预测产品发展趋势,也可以为销售系统提供库存货量的信息、进行成本核算、帮助制定销售策略等。

三、企业物流的分类

企业物流是从企业角度研究与之有关的物流活动。企业类型非常多,物流活动也有差异,按主体物流活动区别,企业物流可以区分为以下五种具体的物流活动。

1. 供应物流

生产企业、流通企业或消费者购入原材料、零部件或商品的物流过程称为供应物流,也就是从物资生产者、持有者到使用者之间的物流。对于工厂而言,供应物流是指生产活动所需要的原材料、备品备件等物资的采购、供应活动所产生的物流;对于流通领域而言,供应物流是指交易活动中从买方角度出发的交易行为中所发生的物流。企业的流动资金大部分是被购入的物资材料及半成品等所占用。供应物流的严格管理及合理化对于企业的成本有重要影响。

2. 生产物流

从工厂的原材料购买入库,直到工厂成品库的成品发送,这一全过程的物流活动称为生产物流。生产物流是制造产品的工厂企业所特有的,和生产流程同步。原材料、半成品等按照工艺流程在各个加工点之间不停顿地移动、流转,形成了生产物流。如果生产物流中断,生产过程也将随之停顿。生产物流合理化对工厂的生产秩序、生产成本有很大影响。生产物流均衡稳定,可以保证在制品的顺畅流转,缩短生产周期。在制品库存的压缩,设备负荷均衡化,也都和生产物流的管理和控制有关。

3. 销售物流

生产企业、流通企业出售产品或商品的物流过程称为销售物流,是指从物资的生产者或持有者到用户或消费者之间的物流。对于工厂而言,销售物流是指售出产品;对于流通领域而言,销售物流是指交易活动中从卖方角度出发的交易行为中的物流。通过销售物流,企业得以回收资金,并进行再生产活动。销售物流的效果关系到企业的存在价值是否被社会承认。销售物流的成本在产品及商品的最终价格中占有一定的比例。因此,销售物流的合理化可以增强企业的竞争力。

4. 回收物流

在生产及流通活动中有一些物资材料是可以或应当回收并加以利用的,如作为包装物的纸箱、塑料筐、酒瓶、建筑行业的脚手架等,还有可用杂物的回收分类和再加工,如旧报纸、书籍、废金属等。回收物资品种繁多,流通渠道也不规范,且多有变化,因此,回收物流的管理和控制难度大。

5. 废弃物流

生产和流通系统中所产生的废弃物,如开采矿山时产生的土石,炼钢生产中的钢渣、工业废水,以及其他一些无机垃圾等,如果不妥善处理,不但没有再利用价值,还会造成环境污染。对这类物资的处理过程产生了废弃物流。废弃物流一般没有经济效益,但是具有不可忽视的社会效益。

四、企业物流管理的基本任务

企业物流管理的基本任务是自觉运用商品价值规律和遵循有关物料运动的客观规律，根据生产要求，全面提供企业所需的各种物料，通过有效的组织形式和科学的管理方法，监督和促进生产过程中合理、节约使用物料，以达到确保生产发展、提高经济效益的目标。具体来说企业物流管理有以下三方面的任务。

(1) 通过科学的物料供应管理，控制物料的供需。企业所需的物料品种繁多，数量各不相同，又需要通过其他企业生产和供应的活动来实现，所以要在认真调查本企业的实际需要和做好物资信息的收集、反馈的基础上，科学采购供应物料，保证有计划、按质、按量、按时、成套供应企业所需要的物料，保证生产正常进行。

(2) 通过科学组织物料的使用，控制物料的耗用。企业的产品成本中物化劳动部分所占比重一般高达60%~80%，物料储备资金占企业全部流动资金的60%以上。因此在提供实物形态的各种物料的过程中，降低产品成本便成为物流管理的重要任务。这就需要在保证质量的前提下，尽量选用货源充足、价格低廉、路途较近、供货方便的货源，制订先进合理的物料消耗定额，做好物料的综合利用，努力降低单耗。

(3) 通过合理组织物料流通，控制物料的占用时间，积极推广、应用现代科学技术，提高物料采、运、供、储等各项业务工作水平。物料管理工作的科学性是保证物料供应、提高工作质量和效益的关键。因此要在系统规划的基础上，提高员工的思想水平和技术素质，激发员工的积极性、创造性，广泛采用先进技术和工具，加快有关作业的标准化、机械化和自动化进程，不断完善工作方式与方法，认真改进有关的计量检测手段，使各项业务工作日益现代化。

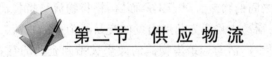

第二节 供应物流

一、供应物流概述

(一) 供应物流的概念

企业供应物流，即企业的采购供应物流。供应物流是企业物流活动的起始阶段，是企业产品生产前准备工作的辅助作业。供应物流是指企业生产所需的原材料、零部件、机器、设备等一切物资在供应企业与生产企业之间流动而产生的一系列物流管理活动。供应物流的运作安排需要依据企业的生产计划，使物流运作与企业生产紧密衔接并实现操作上的一致性，从而保证生产的连贯性和持续性。

(二) 供应物流系统的构成

供应物流包括原材料等一切生产资料的采购、进货运输、仓储、库存管理以及用料管理和供料运输。供应物流是企业物流系统中独立性相对较强的一个子系统，供应物流系统主要包括以下几个环节。

1. 采购

采购是供应物流与社会物流的衔接点。采购是以企业生产计划所要求的供应计划制订采购计划,并进行原材料外购的作业层,需要承担市场资源、供货厂家、市场变化等信息的采集和反馈任务。

2. 供应

供应是供应物流与生产物流的衔接点。供应是依据企业生产计划与消耗定额进行能够生产资料供给的作业层,负责原材料消耗的控制。厂内供应方式有两种基本形式,一种是用料单位到供应部门领料,另一种是供应部门按时按量送料(配送)。

3. 库存管理

库存管理是供应物流的核心部分。库存管理依据生产计划的要求和库存状况制订采购计划,并负责制订库存策略及计划的执行与反馈修改工作。

4. 仓储管理

仓储管理是供应物流的转折点。仓储管理负责购入生产资料的接货和生产供应的发货,以及物料保管工作。

二、采购管理

(一)采购及采购管理

采购就是通过交易从资源市场获取资源的过程。企业生产经营所需要的各种物资,包括原材料、机器设备、工具、办公用品等,都通过采购从资源市场获得。

采购管理就是指为保障企业物资供应而对企业采购活动进行的管理活动。采购管理是对整个企业采购活动的计划、组织、指挥、协调和控制活动,是面向整个企业的,不但面向企业全体采购员,而且面向企业组织其他人员(进行有关采购的协调配合工作),一般由企业的采购科(部、处)长,或供应科(部、处)长,或企业副总(以下统称为采购科长)来承担。

(二)采购管理的目标

(1) 提供不间断的物料流和物资流,以便整个组织正常运转。原材料和生产零部件的缺货会使企业的经营中断,由于必须支出的固定成本带来的运营成本的增加以及无法兑现向顾客做出的交货承诺,所造成的损失极大。例如,没有购入的轮胎,汽车制造商不可能制造出完整的汽车。

(2) 使存货投资和损失保持最小。保证物料供应不中断的一个办法是保持大量的库存。但是库存必然要占用资金,使这些资金不能用于其他方面。保持库存的成本一般每年要占库存商品价值的20%～50%,如果采购部门可以用价值1 000万美元的库存(而不是原来的2 000万美元)来保证企业的正常运作,那么在年存货储存成本为30%的情况下,1 000万美元库存的减少,不仅意味着多出了1 000万美元的流动资本,还意味着节省了300万美元的存货费用。

(3) 保持并提高物料质量。为了生产所需的产品或提供服务,每一项物料的投入都要达到一定的质量要求,否则最终产品或服务达不到期望的要求会使其生产成本远远超过可以接受的程度。例如,一个质量较差的弹簧被安装到柴油机车的刹车系统上,其成本仅为93美分,但是,如果在这部机车使用过程中这个弹簧出了毛病,那么,拆卸重置等成本就会变成上千美元。

(4) 以最低的总成本获得所需的物资和服务。在企业中,企业采购部门活动消耗的资金比例最大,采购活动的利润杠杆效应也非常明显。所以,当质量、发送和服务等方面的要求都得到满足时,采购部门还是应该全力以赴以最低的价格获得所需的物资和服务。

(5) 发现或发展有竞争力的供应商。一个采购部门必须有能力找到或发展更多的供应商并分析其能力,从中选择合适的供应商,并且与其一起努力对流程进行持续的改进。

(三) 采购决策的内容

企业物流采购决策的内容主要包括:市场资源调查,市场变化信息的采集和反馈,供货厂家选择和决定进货数量、进货时间间隔等。

企业采购决策者应对所需原材料的资源分布、数量、质量和市场供需要求等情况进行调查,作为制订较长远的采购规划的依据;同时,要及时掌握市场变化的信息,进行采购计划的调整、补充。

在选择供货厂家时,应考虑原材料供应的数量、质量、价格(包括运费)、供货时间保证、供货方式和运输方式等,根据本企业的生产需求进行比较,最后选定供货厂家。要建立供货商档案,其内容主要有企业概况(地点、规模、营业范围等)、供应物品种类、运输条件及成本、包装条件及成本、保管费和管理费、包装箱和包装材料的回收率、交易执行状况等。完善的档案数据是选定供货商的重要依据。

采购批量在采购决策中是一个重要问题。一般情况下,每次采购的数量越大,在价格上得到的优惠越多,同时因采购次数减少,采购费用相对能节省一些,但一次进货数量大容易造成积压,从而占用资金,多支付银行利息和仓库管理费用。如果每次采购的数量过小,在价格上得不到优惠,会因采购次数的增多而加大采购费用的支出,并且要承担因供应不及时而造成停产待料的风险。如何控制进货的批量和进货时间间隔,使企业生产不受影响,同时费用最省,是采购决策应解决的问题。

(四) 采购管理的内容

(1) 采购信息管理。采购信息管理包括采购信息的收集、加工整理、统计分析、传递、储存等工作。随着电子商务在物流管理中的应用,特别是企业资源计划(enterprise resource planning,ERP)系统的运用,使企业能够获得更多、更新、更全面、更精确、更及时的资讯,便于企业及时做出科学准确的采购决策。采购信息内容包括政策信息、货源信息、渠道信息、价格信息、运输信息、科技信息等。

(2) 采购质量管理。加强采购环节的质量管理是企业物流全面质量管理的重要环节。企业在选择供应商时就要对供应商进行质量审核,对供应商的资质严格加以控制,对采购样品的质量进行严格审查。对于预计要采购的商品进行严格的抽样检验,做好商品到货时的验收,是采购环节质量管理的开端。

(3) 采购成本管理。采购成本是商品成本与采购过程中所耗的各种费用之和。采购成本直接影响到企业的利润与资产回报率,影响企业流动资金的回笼速度。因此,加强采购成本管理具有重要的作用,要加强对需求预测计划的审核,严格做到按需定购,同时理顺进货渠道,净化采购环节,积极组织采购人员在市场上寻找最优进货渠道。

三、科学采购方式

(一) 订货点采购

订货点采购是由采购人员根据各个品种需求量和订货提前期的大小,确定每个品种的订货点、订货批量或订货周期、最高库存水准等。然后建立一种库存检查机制,当发现货物到达订货点,就检查库存、发出订货,订货批量的大小由规定的标准来确定。

订货点采购包括两大类采购方法,一类是定量订货法采购,另一类是定期订货法采购。这两类采购方法都以需求分析为依据,以填充库存为目的,采用一些科学方法,兼顾满足需求和库存成本控制,原理比较科学,操作比较简单。但是由于市场的随机因素多,该方法同样具有库存量大、市场响应不灵敏的缺陷。

(二) MRP 采购

MRP 采购主要应用于生产企业。MRP 采购是由企业采购人员采用 MRP 应用软件,制订采购计划而进行的采购。

MRP 采购的原理,是根据主产品的生产计划(MPS)、主产品的结构(BOM)以及主产品及其零部件的库存量,逐步计算出主产品的各个零部件、原材料需要的投产时间、投产数量,或者订货时间、订货数量,也就是产生出所有零部件、原材料的生产计划和采购计划。然后按照这个采购计划进行采购,这就是 MRP 采购。

MRP 采购也是以需求分析为依据,以满足库存为目的。由于计划比较精细、严格,所以 MRP 采购的市场响应灵敏度及库存水平都比前述方法有所进步。

(三) JIT 采购

JIT 采购也叫准时化采购,是一种完全以满足需求为依据的采购方法。需求方根据自己的需要,对供应商下达订货指令,要求供应商在指定的时间将指定的品种、指定的数量送到指定的地点。

JIT 采购的特点如下。

(1) 与传统采购面向库存不同,JIT 采购是一种直接面向需求的采购模式。JIT 采购送货是直接送到需求点上。

(2) 用户需要什么货品,就送什么货品,品种规格符合客户需要。

(3) 用户需要什么质量的货品,就送什么质量的货品,品种质量符合客户需要,拒绝次品和废品。

(4) 用户需要多少货品,就送多少货品,不少送,也不多送。

(5) 用户什么时候需要,就什么时候送货,不晚送,也不早送,非常准时。

(6) 用户在什么地点需要货品,就把货品送到什么地点。

JIT 采购可以灵敏地响应需求、满足用户的需求,又可使用户的库存量最小,由于用户不需要设库存,因此实现了零库存生产。这是一种比较科学、比较理想的采购模式。

(四)供应链采购

供应链采购,准确而言,是一种供应链机制下的采购模式。在供应链机制下,采购不再由采购者操作,而是由供应商操作,叫作供应商管理用户库存(vendor-managed inventory,VMI)。

供应链采购的原理是用户把自己的需求信息向供应商连续的、及时的传递,由供应商根据用户的需求信息,预测用户未来的需求量,并根据这个预测需求量制订自己的生产计划和送货计划,主动小批量多频次向用户补充货物库存,用户库存量的大小由供应商自主决策。这样既保证满足用户需要,又使货品库存量最小、浪费最少。

供应链采购,最大的受益者是用户,可使用户摆脱烦琐的采购事务,从采购事务中解脱出来,甚至连库存负担、运输进货等都由供应商承担,而服务率还特别高。供应商则能够及时掌握市场需求信息,更灵敏地响应市场需求变化,减少生产浪费,减少库存风险,提高经济效益。但是供应链采购对企业信息系统、供应商的业务运作要求都比较高。供应链采购也是一种科学的、理想的采购模式。

(五)电子商务采购

电子商务采购也就是网上采购,是在电子商务环境下的采购模式。电子商务采购的基本原理,是由采购人员通过上网,在网上寻找供应商,寻找所需品种、在网上洽谈贸易、网上订货甚至在网上支付货款,在线下送货进货,完成全部采购活动。

这种模式的好处在于,扩大了采购市场的范围,缩短了供需距离;简化了采购手续,减少了采购时间、采购成本,提高了工作效率,是一种很有前途的采购模式。但是这种采购模式要依赖电子商务的发展和物流配送水平的提高。而这二者几乎要取决于整个国民经济水平和科技进步的水平。目前我国已经有不少企业以及政府采用了网上采购方式,网上采购正不断发展和普及。

四、库存管理

库存管理是物流管理的核心。库存水平和库存周转速度会直接影响物流成本和企业的经济效益。库存水平过高,不仅会占用大量的资金,增加商品保管费用的支出,还会加大市场风险;库存水平过低,会影响生产经营活动的顺利进行,并且使企业失去市场机会。因此,在物流管理中,必须采用科学的方法管理和控制库存,在满足生产经营活动正常需要的情况下,将库存数量控制在最低水平,以达到降低物流成本、提高企业经济效益的目的。

(一)库存概述

1. 库存的概念

库存是指处于储存状态的物品,主要是作为今后按预定的目的使用而处于闲置或非生产状态的物料。

在生产制造企业,库存品一般包括原材料、产成品、备件、低值易耗品以及在制品;在商品流通企业,库存品一般包括用于销售的商品以及用于管理的低值易耗品。

库存是一种闲置资源,不仅不会在生产经营中创造价值,反而还会因占用资金而增加企业的成本。但是,在实际的生产经营过程中,库存又是不可避免的,并且十分必要。库存管理的核心就是在满足对库存需要的前提下,保持合理的库存水平。在企业的总资产中,库存资产一般会占到 20%~40%,库存管理不当会造成大量资金的沉淀,影响到资金的正常周转,同时还会因库存过多而增加市场风险,给企业的经营带来负面影响。因此,必须对库存进行有效的管理,消除不必要的库存,提高库存周转率。

2. 库存管理的概念及主要内容

库存管理就是在保障供给的前提下,为使库存商品数量最少,所进行的预测、计划、组织、协调、控制等有效补充库存的一系列工作。

库存管理往往被误认为只是对库存商品数量的控制,认为其主要内容就是保持一定的库存量,其实这只是库存管理中一项重要内容,并不是它的全部内容。库存管理的主要内容包括以下几项。

(1) 库存信息管理。库存信息管理既包括库存商品本身的信息,又包括市场、用户对库存商品的需求信息,还包括与库存业务有关的信息,如入库日期、出库日期、存货数量、库存成本等。

(2) 库存决策、控制。库存管理要决定库存有关的业务如何进行,如库存商品购入或发出的时间、地点,库存商品的品种、数量、质量、构成、订购方式的确定等。

(3) 库存管理水平的衡量。企业应对一定时期内采用的库存管理方式是否恰当进行评价、衡量。这不仅关系企业的经济效益,同时也关系到下一阶段库存管理策略的重大调整问题。

3. 库存的类型

库存的分类方法有很多种,以下从几个角度来看库存的分类。

(1) 按价值划分,可分为贵重物品和普通物品,如库存 ABC 分类法就属于按价值分类的方法。

(2) 按物品在企业的产品成型状态划分,可分成原材料库存、半成品库存以及产品库存。

(3) 按库存物品的形成原因(或用处)划分,可分成周转库存、安全库存、调节库存和在途库存。

周期库存指为满足日常生产经营需要而保有的库存,周转库存的大小与采购批量直接相关。企业为降低物流成本或生产成本,需要批量采购、批量运输和批量生产,这样便形成了周转性的周转库存,这种库存随着每天的消耗而减少,当降低到一定水平时需要补充库存。

安全库存是为了防止不确定因素的发生(如供货时间延迟、库存消耗速度加快等)而设置的库存。例如,原材料供应的意外,有时会因为供应商可能发生的生产事故、原材料采购意外等造成材料供应短缺,因而要对一些材料设立安全库存;产品销售的不可预测性,也要求存储一定量的成品库存;为预防本企业生产发生的意外情况,需要设立半成品的安全库存量等。

调节库存指用于调节需求与供应的不均衡、生产速度与供应的不均衡以及各个生产阶段产出的不均衡而设置的库存。

在途库存是指处于运输以及停放在相邻两个工作地之间或相邻两个组织之间的库存,

在途库存的大小取决于运输时间以及该时间段内的平均需求。

(4) 按物品需求的相关性可分为独立需求库存和相关需求库存。

独立需求库存是指用户对某种库存物品的需求与其他种类的库存无关,表现出对这种库存需求的独立性。消耗品、维修零部件和最终产品的库存属于独立需求库存。

相关需求库存指与其他需求有内在相关性的需求,根据这种相关性,企业可以精确地计算出它的需求量和需求时间,是一种确定性需求。

企业要针对不同的库存物品类别采取不同的库存管理策略。

4. 库存的功能

一般来说,库存功能有以下几种。

(1) 防止断档。缩短从接受订单到送达货物的时间,以保证优质服务,同时又要防止脱销。

(2) 保证适当的库存量,节约库存费用。

(3) 降低物流成本。用适当的时间间隔补充与需求量相适应的合理的货物量,以降低物流成本,消除或避免销售波动的影响。

(4) 保证生产的计划性、平稳性,以消除或避免销售波动的影响。

(5) 展示功能。

(6) 储备功能。在价格下降时大量储存,以备灾害等不时之需。

(二) 库存控制模型

库存量的控制问题一般分成两种情况来讨论,即独立需求库存的控制与相关需求库存的控制。

1. 独立需求库存的控制

独立需求物品是指物品的需求量之间没有直接的联系,也就是说没有量的传递关系。这类库存物品的控制主要是确定订货点、订货量、订货周期等。独立需求物品的库存管理模型一般按定量库存管理模型或定期库存控制模型来控制,下面分别描述这两种模型。

(1) 定量库存控制模型。定量库存控制模型控制库存物品的数量。当库存数量下降到某个库存值时,立即采取补充库存的方法来保证库存的供应。这种控制方法必须持续地检查库存物品的库存数量,所以有时又称为连续库存检查控制法。假设每次订货点的订货批量是相同的,采购的前提也是固定的,并且物料的消耗也是稳定的,那么它的模型如图 8-1 所示。

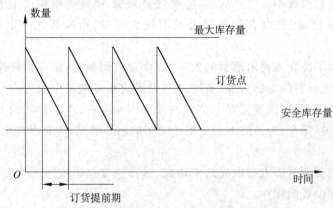

图 8-1 定量库存控制模型

从这种控制模型中可以看出,它必须确定两个参数:补充库存的库存订货点与订货的批量,订货批量按经济订货批量求解。

经济订货批量(economic order quality,EOQ)的原理是要求总费用(库存费用+采购库存)最小。库存的费用随着库存量的增加而增加,采购成本却随着采购批量的加大而减少(采购批量加大,库存也就增加),因此这是一对矛盾,不能一味地减少库存,也不能一味地增加采购批量。这就要找到一个合理的订货批量,使总成本(库存成本与采购成本之和)为最小,如图8-2所示。经济订货批量就是对这个合理订货批量的求解。

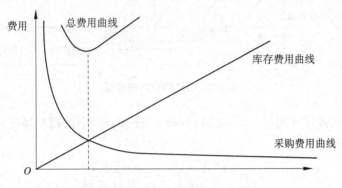

图8-2 经济订货批量的确定模型

以下是该库存模型的参数计算方法。

订货点: $$R = Lr + A$$

经济订货量:

$$Q = \sqrt{\frac{2 \times C \times D}{H}} = \sqrt{\frac{2 \times C \times D}{F \times P}}$$

式中,Lr表示订单周期内物料的消耗量;A表示安全库存量;C表示单位订货费用(元/次);D表示库存物料的年需求率(件/年);H表示单位库存保管费(元/件·年);F表示库存持有成本占产品价格的比例(%);P表示库存产品的价格。

【例8-1】 某商业企业的X型彩电年消耗量为10 000台,订货费用为每台10元/次,每台彩电平均年库存保管费用为4元/台,订货提前期为7天,价格580元/台,安全库存为100台。按经济订货批量原则,求解最佳库存模型。

解:根据题意 $C=10$元/次,$D=10\ 000$台/年,$H=4$元/台,$A=100$台

$$Lr = \frac{10\ 000}{365} \times 7 = 191.78(台)$$

订货点 $R = Lr + A = 191.78 + 100 = 291.78$(台),取整数292台,则经济订货批量为

$$Q = \sqrt{\frac{2 \times C \times D}{H}} = \sqrt{\frac{2 \times 10 \times 1\ 000}{4}} = 223.6(台)$$

取整数为224台。

(2) 定期库存控制模型。定期库存控制模型按一定的周期T检查库存,并随时补充库存,补充到一定的规定库存S。这种库存控制方法不存在固定的订货点,但有固定的订货周期。每次订货也没有一个固定的订货数量,而是根据当前库存量I与规定库存量S比较,补充的量为$Q = S - I$。但由于订货存在前提期,因此还必须加上订货提前期的消耗量。这种

库存控制方法也要设立安全库存量。这种模型主要是确定订货周期与库存补充量,如图 8-3 所示。

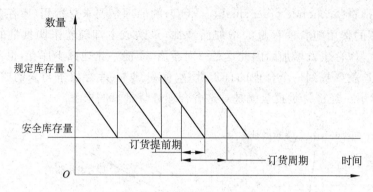

图 8-3 经济订货周期模型

订货周期按经济订货周期(economic order interval, EOL)的模型确定,计算方法如下。

经济订货周期:

$$T = \sqrt{\frac{2 \times C}{D \times F \times P}} = \sqrt{\frac{2 \times C}{D \times H}}$$

订货量:

$$Q = \frac{(T+L)D}{365}$$

最大库存量:

$$S = \frac{D}{T}$$

式中,L 表示订货提前量;C 表示单位订货费用(元/次);D 表示库存物料的年需求率(件/年);P 表示物料价格(元/件);H 表示单位库存保管费(元/件·年);F 表示单位库存保管费与单位库存购买费之比,即 $F = H/P$。

【例 8-2】 某商业企业的 X 型彩电年销售量为 10 000 台,订货费用为每台 10 元/次,每台彩电平均年库存保管费用为 4 元/台,订货提前期为 7 天,每台价格为 580 元/台,安全库存为 100 台。按经济订货原则,求解最佳库存模型。

解:根据题意 $C = 10$ 元/次,$D = 10\,000$ 台/年,$H = 4$ 元/台,$A = 100$ 台,$L = 7$ 天,经济订货周期

$$T = \sqrt{\frac{2 \times C}{D \times F \times P}} = \sqrt{\frac{2 \times 10}{10\,000 \times 4}} = 0.022\,36(年) = 8.16(天)$$

取整数为 8 天,则订货量为

$$Q = \frac{(T+L)D}{365} = \frac{(8+7) \times 10\,000}{365} = 411(台)$$

定期库存控制方法可以简化库存控制工作量,但由于库存消耗的不稳定性,有缺货风险存在,因此一般只能用于稳定性消耗及非重要性的独立需求物品的库存控制。由于该模型是用订货的周期来检查库存并补充库存,因此还必须确定订货的操作时间初始点,一般可以设置在库存量到达安全库存前的订货提前期的时间位置。

2. 相关需求库存的控制

相关需求也称从属需求,是指物料的需求量存在一定的相关性。一种物料的需求是由

另外一种物料的需求引起的,这样物料的需求不具有独立性。

(三) 库存管理策略

这里介绍一下比较常见的 ABC 库存法。

ABC 库存控制法是根据库存物品的价格划分物品的重要程度,分别采取不同的管理措施。ABC 的分类可参考表 8-1。

表 8-1　库存物品的 ABC 分类

类别	占库存资金的比例	占库存品种的比例
A	大约 80%	大约 20%
B	大约 15%	大约 30%
C	大约 5%	大约 50%

A 类物品属重点库存控制对象,要求库存记录准确,严格按照物品的盘点周期进行盘点,检查其数量与质量状况,并要制定不定期检查制度,密切关注该类物品的使用与保管情况。另外,A 类物品还应尽量降低库存量,采取合理的订货周期量与订货量,杜绝浪费与呆滞库存。C 类物品无须进行太多的管理投入,库存记录可以允许适当的偏差,盘点周期也可以适当延长。B 类物品介于 A 类与 C 类物品之间,管理时采取适中的方法。

ABC 库存控制法简单、易用,长期以来为许多企业所采用。应注意的是,构成产品的各种材料和零部件缺一不可。对 C 类物品粗放管理的同时,一定要防止因数量和质量而影响计划的执行。

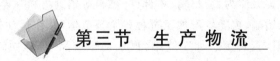

第三节　生　产　物　流

一、生产物流概述

(一) 生产物流的概念

企业的生产物流活动是指在生产工艺中的物流活动。这种物流活动是伴随整个生产工艺过程的,实际上已经成为生产工艺过程的一部分。过去人们在研究生产活动时,主要关注一个又一个的生产加工过程,忽视了将每一个生产加工过程串在一起的、且和每一个生产加工过程同时出现的物流活动。例如,不断离开上一道工序,进入下一道工序,便会不断发生搬上搬下、向前运动、暂时停止等物流活动。实际上,一个生产周期,物流活动所用的时间远多于实际加工的时间。

生产物流一般是指原材料、燃料、外购件投入生产后,经过下料、发料,运送到各加工点和存储点,以在制品的形态,从一个生产单位(仓库)流入另一个生产单位,按照规定的工艺过程进行加工、储存,借助一定的运输装置,在某个点内流转,又从某个点内流出,始终体现着物料实物形态的流转过程。

在《物流术语》中,生产物流定义为:生产过程中原材料、在制品、半成品、产成品等在企业内部的实体流动。生产物流的边界起源于原材料、外购件的投入,终止于成品入库,贯穿生产全过程,生产物流不畅将导致生产停顿。

1. 生产物流多层分析

生产物流是企业物流的关键环节。从物流的范围分析,企业生产系统中物流的边界起于原材料、外购件的投入,止于成品仓库。生产物流贯穿生产全过程,横跨整个企业(车间、工段),其流经的范围是全厂性的、全过程的。物料投入生产后即形成物流,并随着时间进程不断改变自己的实物形态(如加工、装配、储存、搬运、等待状态)和场所位置(各车间、工段、工作地、仓库)。

从物流属性分析,企业生产物流是指生产所需物料在时间和空间上的运动全过程,是生产系统的动态表现。换言之,物料(原材料、辅助材料、零配件、在制品、成品)经历生产系统各个生产阶段或工序的全部运动过程就是生产物流。

从生产工艺角度分析,生产物流是指企业在生产工艺中的物流活动,即物料不断离开上一工序,进入下一工序,不断发生搬上搬下、向前运动、暂时停滞等活动。这种物流活动是伴随整个生产工艺过程的,实际上已成为生产工艺过程的一部分。

因此,生产物流是企业生产活动与物流活动的有机结合,对生产物流流程的优化设计离不开对企业生产因素的考虑,二者是不可分割的。

生产物流的优化设计主要从三个方面入手:①生产流程对物流线路的影响;②生产能力对物流设施配备的要求;③生产节拍对物流量的影响。

2. 生产物流过程

企业生产物流的过程大体为:原材料、零部件、燃料等辅助材料从企业仓库和企业的"门口"开始,进入生产线开始端,再随生产加工过程各个环节运动,在运动过程中,本身被加工,同时产生一些废料、余料,直到生产加工终结,再运动至成品仓库,便终结了企业生产物流过程。

3. 生产物流的特点

(1) 实现价值的特点。企业生产物流和社会物流的一个本质不同之处,也即企业物流本质的特点,不是主要实现时间价值和空间价值的经济活动,而是主要实现加工附加价值的经济活动。

企业生产物流一般是在企业的小范围内完成,当然,这不包括在全国或者世界范围内布局的巨型企业。因此,空间距离的变化不大,在企业内部的储存,和社会储存目的也不相同,这种储存是对生产的保证,而不是追求利润的独立功能,因此,时间价值不高。

企业生产物流伴随加工活动而发生,实现加工附加价值,也即达到企业的主要目的。所以,虽然生产物流的物流空间、时间价值潜力不高,但其加工附加价值很高。

(2) 主要功能要素的特点。企业生产物流的主要功能要素不同于社会物流。一般物流功能的主要要素是运输和储存,其他是作为辅助性或次要功能或强化性功能要素出现的。企业物流主要功能要素则是搬运活动。

许多生产企业的生产过程,实际上是物料不停搬运的过程,在不停搬运过程中,物料得到了加工,改变了形态。

即使是配送企业和批发企业的内部物流,实际也是不断搬运的过程,通过搬运,商品完成了分货、拣选、配货工作,完成了大改小、小集大的换装工作,从而使商品形成了可配送或可批发的形态。

(3) 物流过程的特点。企业生产物流是一种工艺过程性物流,一旦企业生产工艺、生产装备及生产流程确定,企业物流也因而成了一种稳定性的物流,物流便成为工艺流程的重要组成部分。由于这种稳定性,企业物流的可控性、计划性便很强,一旦进入这一物流过程,选择性及可变性便很小。对物流的改进只能通过对工艺流程的优化,这方面和随机性很强的社会物流也有很大的不同。

(4) 物流运行的特点。企业生产物流的运行具有极强的伴生性,往往是生产过程中的组成部分或伴生部分,这决定了企业物流很难与生产过程分开而形成独立的系统。

在总体的伴生性同时,企业生产物流中也确有局部物流活动,这些局部物流活动有本身的界限和运动规律,当前企业物流的研究大多针对这些局部物流活动而言。这些局部物流活动主要是仓库的储存活动、接货物流活动、车间或分厂之间的运输活动等。

(二) 影响生产物流的主要因素

1. 生产工艺

不同的生产工艺,加工设备不同,对生产物流有不同的要求和限制。这是影响生产物流构成的基本因素。

2. 生产类型

不同生产类型的产品品种结构的复杂程度、精度等级、工艺要求以及准备不尽相同。这些特点影响着生产物流的构成以及相互之间的比例关系。

3. 生产规模

生产规模是指单位时间内的产品产量,通常以年产量来表示。生产规模越大,生产过程的构成越齐全,物流量越大;生产规模小,生产过程的构成就没有条件划分得很细,物流量也就小。

4. 企业的专业化与协作化水平

社会生产力的高速发展与全球经济一体化,使企业的专业化与协作化水平不断提高。社会专业化和协作化水平提高了,企业内部生产过程就趋于简化,物流流程缩短。

(三) 合理组织生产物流的基本要求

生产物流区别于其他物流系统的显著的特点是它和企业生产过程紧密联系在一起。只有合理组织生产物流过程,才有可能使生产过程始终处于最佳状态。合理组织生产物流的基本要求包括以下几个方面。

1. 物流过程的连续性

要求物料能顺畅地、最快地走完各个工序,直至成为产品。每个工序的不正常停工都会造成不同程度的物流阻塞,影响整个企业生产的进行。

2. 物流过程的平行性

在组织生产时,将各个零件分配到各个车间的各个工序上生产,要求各个支流平行流动。

3. 物流过程的节奏性

物流过程的节奏性是指产品在生产过程的各个阶段，从投料到最后完成入库，都能保证按计划有节奏或均衡地进行，要求在相同的时间间隔内生产大致相同的数量，均衡地完成生产任务。

4. 物流过程的比例性

组织产品的各个物流量是不同的，有一定的比例，因此形成了物流过程的比例性。

5. 物流过程的适应性

当企业产品改型换代或品种发生变化时，生产过程应具有较强的应变能力，也就是生产过程应具有在较短的时间内可以由生产某一种产品迅速转移为生产另一种产品的能力。物流过程同时应具备相应的应变能力，与生产过程相适应。

（四）生产物流系统设计原则

生产物流系统的设计融合在企业生产系统设计中。企业进行生产系统设计时，不仅要考虑生产系统的布置能适应生产能力的需要，而且像进料、临时储存以及生产系统前中后的搬运、调度、装箱、库存、运送等物流活动均应考虑。生产物流系统设计的一般原则包括以下几项。

1. 功耗最小原则

物流过程中不增加任何附加价值，徒然消耗大量人力、物力和财力，因此，物流"距离"要短，搬运"量"要小。

2. 流动性原则

良好的企业生产物流系统应使流动顺畅，消除无谓的停滞，力求生产流程的连续性。当物料向成品方面转化时，应尽量避免工序或作业间的逆向、交错流动或发生与其他物料混杂的情况。

3. 高活性指数原则

物流各作业环节中，搬运作业工作量大，消耗时间长。所以有必要研究搬运难易程度——搬运活性。活性指数是用来表示各种状态下物品搬运活性、确定活性标准的一种方法。建议采用高活性指数的搬运系统，从而减少二次搬运和重复搬运量。

二、生产物流管理的含义、重要性及内容

（一）生产物流管理的含义

生产物流管理是指运用现代管理思想、技术、方法与手段对企业生产过程中的物流活动进行计划、组织与控制。其内容包括物料管理、物流作业管理、物流系统状态监控及物流信息管理。

（二）生产物流管理的重要性

（1）企业加强现代物流管理，实施物流系统再造，能够减少库存积压，降低总成本，提高

利润。企业通过对内部物流系统进行改造,使物流管理水平提高,由此降低企业的物流成本和存货成本,提高库存的周转速度和资金的回笼率,增强企业的竞争力。海尔集团从1999年开始创新了一套现代物流管理模式,建设了现代化的立体自动化仓库,构筑了将物流、商流、资金流和信息流为一体的供应链管理体系,使呆滞物资降低73.8%,仓库面积减少50%,库存资金减少67%。

(2) 企业加强现代物流管理,无须占用流动资金,便可实现无本获利,能有效地提高竞争力。在现代物流管理模式下,企业可以根据消费者特定的需求生产商品。通过对产品交付期、质量及价格的预测,利用国际互联网在全球范围内获取所需的原材料和零部件资源。由于是采用需求管理和柔性生产技术,以批量产品的价格完成生产过程,所以无须占用流动资金,便可实现无本获利。

(3) 企业加强现代物流管理,能有效降低经营风险。现代物流管理使用信息技术实现了数据的快速、准确传递,提高了仓库管理、装卸运输、采购、订货、配送发运、订单处理的自动化水平,使分装、包装、保管、运输、流通加工实现一体化,生产厂家可以方便地使用信息技术与物流企业进行交流和协作,企业间的协调和合作有可能在短时间内迅速完成。这样一来,可以在很短的时间内满足客户的个性化需求,实现准时制生产。

(三) 生产物流管理的内容

(1) 物料管理。物料管理具体体现为库存管理及对入库和出库的管理,并协调出库与入库,以保证生产所需物料的准时、可靠供应。

(2) 作业管理。根据生产加工的需要,计划和调度各种运输设备,规划运输路线,使所需的物料及时、畅通地运达指定位置。作业管理既包含作业计划,也包含作业控制。

(3) 状态监控监测。通过生产物流系统设置各种检测装置,对生产物流系统进行过程中的物流状态进行检测,通过模拟屏或计算机屏幕实时显示各种状态,以掌握物流实际运行状况。在发现故障时,应及时采取措施,排除故障,保障系统正常运行。

(4) 信息管理。信息管理是指对生产物流系统和各种信息进行采集、处理、传输、统计和报告。

上述生产物流管理的主要内容并非是截然分开的,而是相互联系、有机结合的。其中,信息管理是现代生产物流管理的核心和基础。无论是物料管理、状态监控监测,还是作业管理,都离不开物流信息。生产物流过程,实际上是物料流动及信息流动的过程。在物料流动过程中,物料的数量、物理位置和品种的变化是按照实际加工需要来安排的。在信息流动过程中,信息的采集、处理和传输则服务于管理的需要。也可以说,在现代生产物流系统运行过程中,物质实体的流动是目的,而为达到这一目的所进行的管理是以信息为基础的。

三、物料需求计划

在生产物流系统中,准确无误地调拨工厂中使用的成千上万种物料、零部件无疑是一项复杂而耗费精力的工作。物料需求计划就是为了准确制订材料的采购与生产计划而发明的。MRP于20世纪60年代起源于美国,是依据市场需求预测和顾客订单制定产品生产计划,然后基于产品生产进度计划,结合产品的物料清单和库存状况,通过计算机计算出所需物料的需求量和需求时间,从而确定物料的加工进度和订货日程的一种适用技术。物料需求计划的基本目的是在合理利用、组织资源,保持生产流程畅通的前提下,维持最低库存水平。

在生产物流中,物料的需求可分为独立需求和相关需求两种类型。独立需求是指需求量和需求时间由企业外部的需求来决定,如企业产成品需求、维修备件的需求等。独立需求的需求量必须经过预测或收到订单时才能确定。相关需求是指对某种物料的需求,取决于由它作为组成部分的更高层次的物料的需求。如产品是由零件构成的,对零件的需求取决于对产品的需求,这种对零件的需求就是相关需求。相关需求物资的需求数量和需求时间,是在最终产品的生产计划和产品结构已知的前提下计算出来的,而不是预测结果。对于独立需求物资的库存可采用经典的经济订货批量模型等传统的库存管理方法来优化。而对于相关需求物资必须通过供应链的下一环节的需求水平来计算。由于供应链上各个环节的需求是相互关联的,而且这种需求有时是以不连续的、经常变化的、成块间断的形式出现的,因此以经济订货批量模型为代表的传统的库存管理方法不能有效解决在这种情况下的库存管理问题。MRP 是解决相关需求物资的生产和库存问题。

1. MRP 的基本结构

MRP 的基本结构包括 MRP 的输入系统、MRP 的实行过程和 MRP 系统的输出三个部分。

(1) MRP 的输入系统。MRP 的基本输入系统主要由三部分组成:基本生产进度计划、物料清单和库存状态记录。

① 基本生产进度计划(master production scheduling,MPS)。基本生产进度计划是指在每个时间段根据各种最终产品的需求数量和需求时间,在平衡企业资源和生产能力的基础上制订出的生产进度表。

如果制订的生产计划得不到企业现有能力的支持,或制订的生产计划超过了企业的生产能力,则这种生产计划就失去了现实意义。在 MRP 系统中,在进行需求和生产能力平衡工作中起主要作用的是 MPS。如果在 MPS 阶段不能完全解决生产能力平衡的问题,则在下一阶段的 MRP 中,需求和能力的平衡修正作业将变得十分复杂。因此,通过初步生产能力计划(rough cut capacity planning,RCP)来检查 MPS 的结果。RCP 的功能有两个:一个是在考虑物料清单、制造工序流程、各个工序加工能力以及库存水平的基础上,计算出完成 MPS 所需的生产能力;另一个是把完成 MPS 所需的生产能力与实际的生产能力进行比较,找出能力瓶颈,同时提出资源负荷状况报告、长期物料采购报告、购买资金计划报告等。如果所需生产能力与现有生产能力存在偏差,通过增加加班时间、增添新设备来提高生产能力,或修改调整 MPS,使之与现有生产能力相适应。不断重复这一过程直到 MPS 满足 RCP 的要求。二者的关系如图 8-4 所示。

② 物料清单(bill of material,BOM)。物料清单也称产品结构表,表示产品组成结构和组成单位产品的原材料和零部件的数量。物料清单中对产品组成结构进行层次划分。通常把最终产品划分为第 0 层次,接下去分别为第 1 层次、第 2 层次、第 3 层次等。物料清单中对每一层次上零部件的名称、编号、单位、用量等信息有详细记录。这样通过物料清单便可知道产品各个层次的结构和组成零部件的详细信息。

MRP 系统将独立需求产品的需求展开为各个层次的相关物料需求。这种展开是依据物料清单表示的原材料和零部件在制造加工过程中的先后顺序和数量关系推算出来的。如果物料清单有差错,势必引起整个相关需求物料的计算发生错误。因此,建立全面准确的

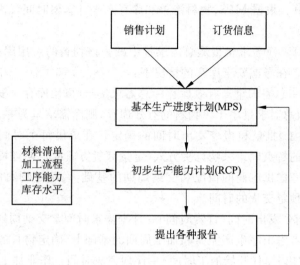

图 8-4　MPS 和 RCP 的关系图

物料清单是保证 MRP 系统发挥作用的前提条件。

③ 库存状态记录(inventory status record,ISR)。库存状态记录是指有关物料库存水平的详细记录资料。这些资料包括现有的库存水平、在途库存、交纳周期、订货批量、安全库存、物料特性和用途、供应商资料等。这些记录是动态的,即在库存发生变化(如进货补充增加库存、生产使用减少库存)时,需及时更新库存记录。完整、正确、动态的库存信息是保证 MRP 系统发挥作用,最终减少整体库存水平的保证。

(2) MRP 的实行过程。狭义的 MRP 是在完整准确的 MPS、物料清单和库存状况记录的基础上,通过计算求得每个时间段上各种物料的净需求量,同时确定物料的订货数量、订货时间、订货批量和零部件的加工组装时间等内容,如图 8-5 所示。其具体的步骤如下所示。

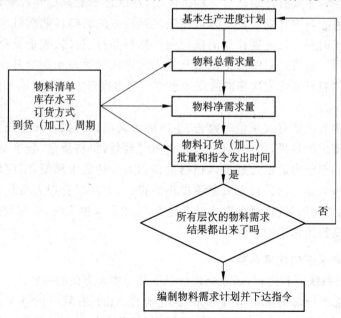

图 8-5　MRP 的实行过程

① 总需求量计算。根据 MPS、物料清单和库存水平计算出时间段内所需各种物料的总需求量和需求的日期。

② 净需求量计算。净需求量指从总需求量中减去该物料的可用库存(包括现有库存和在途库存)后的差额。在考虑安全库存的情况下：

净需求量＝总需求量－有效库存＝总需求量－(可用库存－安全库存)

如果在时间段内总需求量小于该物料的有效库存,则净需求量为零。

③ 物料订货(加工)批量和指令发出时间的确定。在求出每个时间段的物料净需求量之后,根据每种物料的特点确定采购订货方式(定量订货方式或定期订货方式)。

采购订货时,在考虑供应商的情况和交纳周期的基础上,确定物料的订货时间,即指令发出时间,同时确定预定交货的时间。

指令发出时间(订货时间)＝计划需求时间－交纳周期

生产制造时,在考虑工序生产能力和加工周期的基础上,确定物料的加工开始时间。

指令发出时间(开始加工时间)＝计划完成时间－作业加工时间。

由物料清单中最低层次的物品开始,依次向上一层次的物料展开,重复步骤①至步骤③,直到所有层次物料的结果安排出来为止。

④ 制订物料需求计划。通过平衡、整合时间段内各个层次所有的物料需求数量、订货(或加工)批量、指令发出时间等,制订物料需求计划。同时通过生产能力需求计划(capacity requirement planning,CRP)对物料需求计划进行调整。CRP 是 RCP 的具体化。CRP 通过详细计算出每一个工作日的工序负荷能力和状况,来判断人员和设备是否能满足 MRP 的要求。

⑤ 发出指令。依据物料需求发出订货指令或生产指令,进行采购或生产现场控制。

(3) MRP 系统的输出。MRP 系统输出的报告分为两种:一种是基本报告,另一种是补充报告。

基本报告的内容主要有计划订货日程进度表、进度计划的执行和订货计划的修正调整及优先次序的变更。其中计划订货日程进度表包括将来的物料订购数量和订购时间,物料加工的数量和加工时间等。进度计划的执行包括物料品种、规格、数量及到货时间、加工结束时间等规定事项。订货计划的修正调整及优先次序的变更包括到货日期、订购数量的调整、订单的取消、物料订货优先次序的改变等事项。基本报告主要为采购部门和生产部门的决策提供依据。

补充报告的内容主要有成果检验报告、生产能力需求计划报告和例外报告。其中成果检验报告包括物流成本效果,供应商信誉,是否按时到货,材料质量、数量是否符合要求,预测是否准确等。生产能力需求计划报告包括设备和人员的需求预测,工序能力负荷是否满足需求等。例外报告是专门针对重大事项提出的报告,为高层管理人员提供管理上的参考和借鉴,如发生到货时间延后,严重影响生产进度,造成重大损失时,就到货延期产生的主要原因以及防范应变措施做出的报告。

2. 实施 MRP 系统的注意事项

为了使 MRP 系统顺利运行,需要处理好以下几个主要方面的事宜。

(1) 必须使生产与营销紧密结合起来,这是确保 MRP 有效性的基本条件。因为通过 MRP 系统制订物料需求计划需花费大量的时间和资源。如果在时间段内销售信息经常发生变化,则需不断修改 MRP。这样不仅会花费大量的时间和资源,而且难以保证 MRP 的有效性。

(2) 正确及时的库存状况信息是保持 MRP 系统有效的重要条件。对库存状况信息进行及时、准确的更新极为重要。通常采用两种更新方法:定期更新方式和及时更新方式。定期更新方式是每隔一定时间更新库存数据,根据更新后的结果对 MRP 进行修正。这种更新方式成本较低,适用于较为稳定的系统,其最大缺点是可能导致库存数据与实际库存状况相背离,即库存状况和库存记录之间存在着时间差。及时更新方式是一旦发生库存变动马上就更新库存数据的方式,这是一种连续更新方式,适用于动态型系统。由于库存数据的及时更新多会导致 MRP 的及时更新,它的优点是能及时反映实际情况并迅速做出反应,缺点是这种方式需要投入大量的资源(如计算机等信息技术设备和人员)和花费大量的时间,成本较高。

(3) 物料清单、生产流程、工序能力、交货周期等基本数据必须准确完备,并根据需求及时更新。只有这些基本数据准确完备,才能保证 MRP 系统的顺利运行。

(4) 必须与其他部门紧密联系,才能保证 MRP 目标的实现。MRP 必须与企业的销售系统、物流系统、采购系统、研究开发系统、财务系统、人事系统等紧密协作,才能有效地实现物料需求计划的基本目标,即在合理利用组织资源,保持生产流程畅通的前提下,维持最低的库存水平。

第四节 销售物流和回收物流

一、销售物流

(一) 销售物流的概念

销售物流是指生产企业、流通企业出售商品时,物品在供方与需方之间的实体流动。所以,销售物流又称企业销售物流,是企业为保证自身的经营利益,随着销售活动,将产品所有权转给用户的物流活动。在现代社会中,市场环境是一个完全的买方市场,因此,销售物流活动便带有极强的服务性,以满足买方的要求,最终实现销售。销售物流的空间范围很大,在这种前提下,企业销售物流的特点便是通过包装、送货、配送等一系列物流实现销售。因此,企业销售物流的实质是企业在销售过程中,将产品的所有权转给用户的物流活动,是产品从生产地到用户的时间和空间的转移,是以实现企业销售利润为目的,是包装、运输和储存等环节的统一。

(二) 销售物流的主要内容

企业在产品制造完成后,需要及时组织销售物流,使产品能够快速、准确、完好地送达客户指定的地点。为了保证销售物流的顺利完成,实现以最少的物流成本满足客户需要的目的,企业需要在产品包装、产品储存、订单处理、发送运输、装卸搬运等方面做好工作。

1. 产品包装

包装是企业生产物流系统的终点，也是销售物流系统的起点。产品包装包括销售包装和运输包装，其中运输包装在销售物流过程中要起到便于保护、仓储、运输、装卸搬运的作用。因此，在包装材料、包装形式上，既要考虑储存、运输等环节的便利性，又要考虑材料及工艺的成本。

2. 产品储存

保持合理的库存水平，及时满足客户的需求，是产品储存最重要的内容。客户对企业产品的可得性非常敏感，缺货不仅使客户需求得不到满足，还会提高企业进行销售服务的物流成本。当推出一种新产品或举办特殊促销活动期间，或是客户急需配件时企业不能立即供货，这种情况更是影响销售物流成本。产品的可得性是衡量企业销售物流系统服务水平的重要参数。

为避免缺货，企业一方面可以提高存货水平，另一方面可以帮助客户进行库存管理。当一个客户的生产线上需要流进成百甚至上千种不同的零部件时，其供应阶段的库存控制任务是非常复杂的，在这种情况下，企业帮助客户管理库存不仅十分必要，还能够稳定客源，便于与客户长期合作。

随着计算机及通信设备功能的提升，许多供应商为客户进行库存控制自动化方向的规划，其中包括计算机化的订单处理和库存监控。另外，客户希望供应商在客户附近保持一定数量的库存，以降低自己的存储空间需求。有时候，客户希望完全取消库存，客户从他们的客户那里得到订单，然后由供应商直接把货物运送给他们的客户。

3. 订单处理

订单处理主要包括三种作业，即客户询价报价、订单接收确认与生产、物流的协调。对客户的订单，在研究分析产销协调后，必须妥善估价、报价，订单处理不当，轻则引起客户抱怨，丧失销售机会，重则导致内部产销秩序混乱，甚至造成企业损失。

企业在订单处理过程中，既要考虑订单的产销协调，又要考虑订单与物流的协调，同时最大限度地为客户提供方便。企业为客户提供的订货方式越方便、越经济，越能吸引客户，如免费电话服务、预先打印好的订货表，甚至为客户提供远程通信设备。随着计算机和现代化通信设备的广泛应用，电脑订货方式被广泛采纳，企业跟踪订货状态的能力也大大提高，使得客户与供应商的联系更加密切，订单处理更加迅速、快捷，达到物流整体效率的提高。

4. 发送运输

不论哪种销售渠道，也不论是由消费者直接取货，还是生产者或供应者发货给客户，企业的产品都要通过运输才能达到客户指定的地点。而运输方式的确定，需要参考产品的批量、运送距离、地理等条件。

对于由生产者或供应者送货的情况，应考虑发货批量大小的问题，这将直接影响物流成本。配送在保证客户需要的前提下，不仅可以提高运输设备的利用率，降低运输成本，还可以缓解交通堵塞，减少车辆废气对环境的污染。

运输方面的服务包括：运输速度快，及时满足客户需要；运输手段先进，减少运输途中的商品损坏率；运输途径合理组织，尽可能缩短商品运输里程；运输线路选择合理，减少重复装卸和中间环节；运输工具使用适当，根据商品的特性选择最佳运输工具；运输时间合理，保证按时将商品送到指定地点或客户手中;运输安全系数高,避免丢失、损坏等情况发生。

5. 装卸搬运

客户希望在物料搬运设备方面的投资最小化。例如,客户要求供应商以其适用尺寸的托盘交货,也有可能要求将特殊货物集中在一起装车,这样他们就可以直接再装运,而不需要重新分类。

装卸搬运要考虑的主要问题有:装卸搬运机械和器具,装卸搬运方式,集装单元化作业,装卸搬运的省力化、机械化、自动化、智能化等。

(三) 销售物流管理的内容

所谓销售物流管理,就是对于销售物流活动的计划、组织、指挥、协调和控制。销售物流管理具体包括以下方面。

(1) 随时收集、掌握和分析市场需求信息,包括需求量、需求分布、需求变化规律的供需态势、竞争态势,制定市场战略和物流战略。

(2) 根据市场战略和物流战略规划销售物流方式方案,规划物流网络布局。

(3) 根据物流网络规划,设计策划销售物流总体运作方案。

(4) 根据物流网络规划和销售物流总体运作方案,设计规划各个物流网点、物流网点建设方案、网点内部规划(库区规划、货位规划等)、网点运作方案。

(5) 策划设计运输方案、配送方案。

(6) 策划设计库存方案。

(7) 策划设计包装装卸方案。

(8) 策划设计物流运作方案实施的计划、措施。

(9) 物流运作过程的检查、监督、控制和统计、总结。

(10) 物流业绩的检查、统计和小结。

(11) 物流人员的管理、激励。

(12) 物流技术的开发和运用等。

(四) 销售物流合理化的原则和途径

销售物流的效果关系到企业的存在价值是否被社会承认。销售物流的合理化,增强了企业在市场经济中的竞争力。其主要涉及以下几个方面。

(1) 工业包装。包装可视为生产物流系统的终点,也是销售物流系统的起点。

(2) 成品储存。包括仓储作业、物品养护、库存控制;改善仓储作业,提高作业质量及作业生产率,使用科学的物品养护方法;成品库存控制应以市场需求为导向。合理控制成品存储量,并以此指导生产。

(3) 销售渠道。销售渠道的结构有:

① 生产者→消费者,销售渠道最短;

② 生产者→批发商→零售商→消费者,销售渠道最长;

③ 生产者→零售商或批发商→消费者,销售渠道介于以上两者之间。正确运用销售渠道,可使企业迅速及时地将产品传送到用户手中,达到扩大商品销售、加速资金周转、降低流通费用的目的。

(4) 产品的发送。根据产品的批量、运送距离、地理条件选择运输方式。对于第一种销售渠道,运输形式有两种:一种是消费者直接取货;另一种是生产者直接发货给消费者。对于第二、三种销售渠道,除采用上述两种形式外,还有配送,它是一种较先进的运输形式,可以推广使用。

(5) 信息处理。完善销售系统和物流系统的信息网络,加强两者协作的深度和广度,并建立其与社会物流沟通和联系的信息渠道。

在长期的物流实践活动中,人们已经摸索出一些物流合理化的基本原则和途径,主要有商物分离和运输与配送相结合。

1. 商物分离

在商品销售活动过程中有两大类活动,一类是商流活动,主要是订货、商务洽谈、广告促销、订货合同、货款支付、商流信息处理等与商品交易有关的活动;另一类是物流活动,主要是运输、储存、包装、装卸、流通加工、物流信息处理等与物质实体流通有关的活动。这两类活动具有明显不同的性质和特点。商流活动具有灵活、活跃的特点,可以在任意场合多层次多环节的进行;而物流活动具有惰性、稳重的特点,货物不轻易流动,移动就要花费成本,而且即使要动,也要走最短路径、最省时间,以降低成本。所以根据这两类活动的特点,要求将二者分离开。商物分离,既保障了商流活动的活跃性、灵活性和高效率,又保障了物流活动的稳重性和低成本,提高了物流活动的效率。

不仅传统物流要实行商物分离,现代物流也要遵循商物分离的原则。电子商务、信息化物流等现代物流方式,同样证明了商物分离原则的正确性。电子商务实际上就是线上做商流、线下做物流,商物完全分离。

2. 运输与配送相结合

运输主要追求提高运输效率,配送主要追求服务好。二者的对比情况见表 8-2。

表 8-2 运输与配送对比情况

项 目	运 输	配 送
起止点	生产厂至配送中心或用户	配送中心至用户或零售店
特征	长距离、大批量、快速运输	局部范围,短途、小批量循环送货
运输工具	一般是火车、轮船	一般是汽车
追求目标	多装快跑,提高运输效率	按时按量及时送货,服务好,无污染,省车次

把运输和配送结合起来,既保证了大批量货物的长途快速运输,又保证了短途局部范围内的服务水平,正好达到了物流高效、低成本运作的目的。

二者结合起来运用,可以得到运行原理图(图 8-6)。从图 8-6 可以看出这种运行模式的结构:用户群 A 到设在其中心位置的营业点 A 订货(商流),用户群 B 到设在其中心位置的营业点 B 订货,营业点 A 和营业点 B 把汇集的订单信息传到公司信息中心,由公司信息中心制定统一的配送方案,物流配送中心根据配送方案指令进行配送。与此同时,信息中心也掌握了物流配送中心的库存信息,根据需要合理补充库存,从而形成较优的销售物流网络和高效、低成本的运作机制。

除此之外,还可以根据具体情况,按照物流活动的集成化、一体化、共同化、规模化、信息

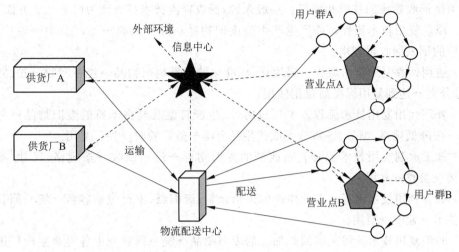

图 8-6 物流优化运行原理图

化、标准化、专业化、高技术化的原则,策划、组织各种物流活动,实现物流活动的低成本、高效益运作,实现物流的优化。

二、回收物流

(一)回收物流与废弃物流的概念

《物流术语》中的回收物流是指不合格物品的返修、退货以及周转使用的包装容器从需方返回到供方所形成的物品实体流动。废弃物流是指将经济活动中失去原有使用价值的物品,根据实际需要进行收集、分类、加工、包装、搬运、储存等,并分送到专门处理场所时形成的物品实体流动。

(二)回收物流与废弃物流的意义

目前回收物资品种繁多,流通渠道不规则,且多有变化,因此,管理和控制的难度大。

(1)回收物流与废弃物流合理化的资源价值。自然界的资源是有限的、稀缺的。在资源日渐枯竭的今天,人类社会越来越重视通过回收物流将可以利用的废弃物收集、加工,重新补充到生产、消费系统中。

(2)回收物流与废弃物流合理化的经济意义。废弃物资是一种资源,但和自然资源不同,其曾有若干加工过程,本身凝聚着能量和劳动力的价值,因而常被称为载能资源。回收物资重新进入生产领域作为原材料,会带来很高的经济效益。

(3)回收物流与废弃物流合理化的社会意义。废弃物的大量产生影响了人类赖以生存的环境,因此必须有效地组织废弃物流,使废弃物得以重新进入生产、生活循环或得到妥善处理。当前社会最关切的问题就是环境问题,而环境污染大多是由废弃物造成的。良好的垃圾处理系统是文明的标志之一。因此,回收物流和废弃物流的管理不完全是从经济效益考虑,更重要的是从社会效益考虑。

(三)回收物流与废弃物流技术

废旧物资回收的目的是将废旧物资经过修复、处理、加工后再次反复使用。因此,物品复用技术是回收物流的基础和前提。一般来说,回收物流技术可概括为以下几个方面。

(1) 原厂复用技术流程。原厂生产中的废旧物品→原厂回收→原厂分类→原厂复用。如钢铁厂的钢铁回收再利用。

(2) 通用回收复用技术流程。通用化、标准化的同类废旧物品→统一回收→按品种、规格、型号分类→达到复用标准后通用使用。

(3) 外厂代用复用技术流程。本厂过时性、生产转型及规格不符的废旧物品→外厂统一回收→按降低规格、型号、等级分类或代用品分类→外厂验收→外厂复用。

(4) 加工改制复用技术流程。需改制的废旧物资→统一回收→按规格、尺寸、品种分类→拼接→验收→复用。

(5) 综合利用技术流程。工业生产的边角余料、废旧纸、木材包装容器→统一回收→综合利用技术→验收→复用。

(6) 回炉复用技术流程。需回炉加工的废旧物品→统一回收→由各专业生产厂进行再生产性工艺加工→重新制造原物品→验收→复用,如废玻璃、废布等。

本章小结

企业物流是指企业内部的实体流动过程。企业物流具有以下特点:企业物流是企业生产经营活动的组成部分;企业物流与社会物流相互依存;企业物流呈现出能力综合化和系统化的发展趋势;降低企业物流成本与提高企业客户服务水平是企业物流需要解决的两大问题;物流已经成为企业生产、销售的重要支持系统。按主体物流活动区别,企业物流可以区分为供应物流、生产物流、销售物流、回收物流和废弃物物流五种具体的物流活动。企业物流管理的基本任务是自觉运用商品价值规律和遵循有关物料运动的客观规律,根据生产要求全面提供企业所需的各种物料,通过有效的组织形式和科学的管理方法,监督和促进生产过程中合理、节约地使用物料,以达到确保生产发展、提高经济效益的目标。

企业供应物流,即企业的采购供应物流。供应物流是企业物流活动的起始阶段,是企业产品生产前准备工作的辅助作业。供应物流包括原材料等一切生产资料的采购、进货运输、仓储、库存管理以及用料管理和供料运输。企业要采用科学的采购方法和库存管理方法。科学的采购方法包括订货点法、MRP 采购、JIT 采购、供应链以及电子商务采购。库存,是指处于储存状态的物品,主要是作为今后按预定的目的使用而处于闲置或非生产状态的物料。库存管理就是在保障供给的前提下,为使库存商品数量最少,所进行的预测、计划、组织、协调、控制等有效补充库存的一系列工作。库存管理的主要内容有库存信息管理、库存决策、控制、库存管理水平的衡量。库存量的控制问题一般分成两种情况来讨论,即独立需求库存的控制与相关需求库存的控制。独立需求物品的库存管理模型一般按定量库存管理模型或定期库存控制模型来控制。相关需求也称从属需求,是指物料的需求量存在一定的相关性,是物料需求计划的主要研究对象。ABC 库存法是比较常见的库存管理方法。

企业的生产物流活动是指在生产工艺中的物流活动。生产物流与生产过程紧密结合在一起,对生产物流从物流范围、物流属性、生产工艺角度进行层次分析。生产物流呈现出多方面的特点。影响生产物流的主要因素包括生产工艺、生产类型、生产规模以及企业的专业化和协作化水平。生产物流系统设计的一般原则包括:功耗最小原则、流动性原则和高活性指数原则。生产类型分为多种,不同生产类型的物流呈现不同的特征。在生产物流系统中,准确无误地调拨工厂中使用的成千上万种物料、零部件是一项复杂而耗费精力的工作。物料需求计划(MRP)能准确制定材料的采购与生产计划。MRP 的基本结构包括 MRP 的输入、MRP 的实行和 MRP 的输出三个部分。

销售物流是指生产企业、流通企业出售商品时，物品在供方与需方之间的实体流动。销售物流的主要内容有产品包装、产品储存、订单处理、发送运输、装卸搬运等。销售物流的主要内容有产品包装、产品储存、订单处理、发送运输和装卸搬运等。销售物流合理化的基本原则和途径，主要有商物分离和运输与配送相结合。

回收物流和废弃物流在企业物流管理和社会发展中具有重要作用。

关键术语

企业物流　供应物流　生产物流　销售物流　回收物流　废弃物　物流采购　库存　安全库存　经常库存　经济订货批量　经济订货周期　库存周期　物料需求计划　物料清单

思考题

1. 企业物流的含义及其特点。
2. 如何实施准时制采购？在实际操作中应该注意哪些问题？
3. 说明组织生产物流的基本条件及影响因素。
4. 分别说明不同生产类型下企业物流的特征。
5. 简述物料需求计划的操作步骤。
6. 简述库存控制的基本方法。
7. 说明企业销售物流的主要内容。

第八章　企业物流管理

第八章案例阅读

第九章 企业营销管理

教学目标

学生通过本章的学习,能够对市场与市场研究、市场营销以及市场促销策略相关内容有较深刻的理解,借助本章知识,可以对企业经营管理过程中的营销问题有一定了解,并能充分认识到市场、市场营销及促销在企业、企业管理中的重要地位。

教学要求

掌握市场与市场研究的概念、市场研究的流程,熟悉市场营销及促销的分类,以及各种营销、促销策略的综合利用对企业产品制造、宣传及售出的重要意义。

引导案例

肯德基:中国本土化营销

自 2000 年起,肯德基就不断揣摩中国消费者的饮食习惯,中国人早上素有喝粥的传统,据此肯德基专门推出典型的中国化产品,例如:香菇鸡肉粥、海鲜蛋花粥等,平均每月肯德基都会推出长期或短期的本土化食品,产品翻新的速度在餐饮行业中遥遥领先。在产品的营销推广上,肯德基在营销时把"全家桶"与中国人期盼团圆的情怀结合在一起,符合中国人的消费心理,即中国人对家庭团圆的珍重。除此之外,肯德基还组织帮扶活动。

资料来源:郝晨汐. 权变理论视角下跨国餐饮企业在中国本土化营销策略研究——以肯德基为例[J]. 现代营销(下旬刊),2021(4):78-79.

第一节 市场与市场研究

需求是企业存在的前提。围绕着满足需求的激烈竞争,是企业面临的挑战。因此,市场研究与市场营销是企业运作过程的关键环节。

一、市场与市场需求

市场是和商品经济相关联的一个经济范畴,市场是随着社会分工和商品生产、商品交换的产生而产生、发展而发展的。市场的概念有狭义和广义之分。狭义的市场,是指具体的交易场所,人们通常把在一定时间和地点进行商品买卖的地方称为市场。广义的市场,是指商品交换关系的总和,即包括交易场所和市场机制。市场营销所研究的是广义概念的市场,是抽象的市场,但它又包含了所有具体的市场。

(一) 市场

市场活动的中心内容是商品买卖,市场必须具备三个条件:存在买方与卖方,有可供交换的商品,有买卖双方都能接受的交易价格和交易条件。这三个条件都具备了,才能实现商品转移和交换,形成现实上的而不是观念上的市场。

市场作为商品经济不可分割的组成部分,同整个国民经济的发展密切相关。市场是实现社会生产、分配、交换和消费良性循环的桥梁和纽带,也是企业市场营销活动的舞台。市场同时也是经济竞争的场所,企业商品质量的优劣、技术水平的高低,只有通过市场比较才能得到证实,这就促使企业分工,改进技术,降低成本,从而进一步促进整个社会的分工和技术进步,加快社会生产力的发展。研究和从事市场营销活动是发展市场经济、繁荣社会主义市场和实现社会主义生产目的的客观要求。

科特勒(Philip Kotler),将市场定义为"由一切具有特定要求或欲望,并且愿意和可能从事交换,来使需求和欲望得到满足的潜在顾客所组成"。所谓欲望是指人们想得到某些具体满足物的愿望。需求是指在市场上表现出来的、有能力购买并且愿意购买某种物品的欲望。需求可以分为消费品需求和工业品需求,消费品需求通过个人或家庭购买用于生活消费目的的物品反映出来,而工业品需求通过企业、政府机关和各类组织等购买用于生产、运行、消费目的的物品而表现出来。

(二) 影响市场需求的因素

影响市场需求的因素有很多,包括政治法律因素、人口因素、社会文化环境因素、经济因素、价格因素等。

1. 政治法律因素

在任何社会制度下,市场需求都必定受到政治法律因素的影响和制约,市场需求的规模和形式或受其制约,或受其推动。

2. 人口因素

人口因素包括总人口数量、性别、年龄结构、地理分布、家庭单位和家庭结构等,也包括人们的购买行为和消费欲望等。如总人口数和人均国民收入水平的高低决定了市场需求规模的大小。人口多、购买力高,则商品需求就多,尤其是衣、食、住、行等基本生活品的消费更是直接受总人口数的影响。

3. 社会文化环境因素

市场需求也受社会文化环境因素的影响。社会文化环境是指人的文化教育、职业、社会阶层、宗教信仰、风俗习惯、价值观等因素。这些因素都会影响人的需求欲望和购买行为,在市场上表现出需求的多样性和复杂性。

4. 经济因素

影响市场需求的经济因素是指社会购买力。一定时期内由社会各方面用于购买商品的货币支付能力,即社会购买力,是构成实际市场需求的要素之一,甚至是极为重要的因素。

因为,市场需求的大小,归根到底取决于购买力的大小,社会购买力的大小取决于国民经济的发展水平。经济发展快,社会购买力就大,市场需求就旺盛;经济衰退,市场需求就会缩小。

5. 价格因素

从市场需求规律来看,影响市场需求量的关键因素是该商品本身的价格水平。在其他因素不变和购买力水平一定的条件下,商品的价格高,市场需求量就少;商品的价格低,市场需求量就大。

影响市场需求的因素有很多,以上只列出一些基本要素,其他因素如企业营销活动,也能影响市场需求方式和需求规模的变化;再比如科技因素,技术进步使许多梦想成为现实;快捷舒适的航空业的出现,使旅游市场的需求规模越来越大,等等。这些因素都会影响市场需求。

(三) 市场营销

市场营销是市场经济高度发展的产物,是一种经济活动。市场营销是个人和集体通过创造,提供出售,并同别人交换产品和价值,以获得其所需所欲之物的一种社会和管理过程。

企业的市场营销活动丰富多彩,市场营销是以满足顾客各种需要与欲望为目的,运用一定的方法和手段,通过创造性的活动,使企业的产品或服务有效转移到买方手中的各种活动的总和。市场营销活动的前提是顾客将从那些他们认为提供最高顾客让渡价值的企业购买商品。顾客让渡价值是指总顾客价值与总顾客成本之差。总顾客价值就是顾客期望从某一特定产品或服务中获得的一系列利益,包括产品价值、服务价值、人员价值和形象价值。总顾客成本包括货币成本、时间成本、精神成本和体力成本。

企业的市场营销活动,总是在一定的思想和价值观念指导下进行。所谓市场营销管理哲学,就是企业在开展市场营销活动过程中,处理企业、顾客和社会三者利益方面所持的态度、思想和价值观念。

企业市场营销活动主要包括对市场机会的分析,研究选择目标市场,制定市场营销组合策略,部署市场营销战术和方法,以及实施和控制市场营销等活动。

二、市场研究方法与设计

(一) 市场研究的概念

随着社会经济的日趋复杂和市场竞争的日趋激烈,市场由过去生产者决定市场供需的卖方市场,逐渐转变为由顾客决定市场供需的买方市场。于是,生产者为了事先了解顾客的需要和市场状况,以便决定企业的生产方向和营销活动,更好地将产品转移到顾客手中,市场研究活动和市场营销活动就产生了。

市场研究是市场营销活动的重要因素。市场研究把消费者、客户、公众和营销者通过信息联系起来,这些信息有以下职能:识别、定义市场营销机会和可能出现的问题,制定、优化市场营销组合并评估和预测其效果。美国市场营销协会(American Marketing Association, AMA)在1988年对市场研究的定义是:市场研究是通过市场信息把消费者、客户和大众与市场营销人员联结起来的活动。市场信息用来确认和界定市场营销机会与威胁,产生、改进和评估市场营销活动,反映市场营销成果,改进对市场营销过程的了解和把握。

市场研究有狭义和广义之分。狭义的市场研究指以企业的产品和竞争对手为对象,分析和预计竞争对手的市场活动,并以科学的方法收集、分析和预计顾客购买以及使用商品的数量、意见、动机和行为等有关资料。广义的市场研究是对市场运行环境及其生产、分配、交换和消费循环活动中各种经济现象和经济规律的研究。

对市场研究的认识可以归纳为:市场研究重视和应用科学的方法,系统地收集和分析市场信息并预计市场的未来发展;市场研究本身不是目的,而是一种管理工具,其目的是为企业市场营销决策提供相关的信息;市场研究的范围相当广泛,涉及企业市场营销活动的全过程。企业具体的市场研究工作内容,主要包括市场调查和市场预测两个方面。

(二)市场调查与市场调查的程序

1. 市场调查

市场调查是收集、记录、分析有关市场营销资料和信息,为市场预测和决策营销战略、战术提供可靠的信息依据的营销活动。

企业的市场调查包括一切与企业有关的社会、经济、政治环境和日常活动范围内的各种现象的调查研究,可以是专题性调研,也可以是对广泛问题的调研。市场调查可分成两个方面的工作:一方面是对企业外部资料的调查研究,另一方面是对企业内部基本力量的调查研究。

对企业外部信息资料的调查研究,主要是对消费者、竞争对手、销售和分配渠道(各类商业企业和销售机构)以及其他有关机构和团体的信息的调查研究。

消费者的信息包括人口特征(年龄、性别、家庭结构、支出水平);使用目的(个人消费、组织运行、再销售);社会特征(职业、教育水平、收入水平);社会心理特征(动机、角色和地位、价值标准);民族特征(语言、文化传统和消费习惯)等。

竞争对手的信息包括直接的竞争对手(相同或类似产品和服务的生产者、供应者);替代产品(如许多原先用木材制作的产品由钢铁或塑料替代);竞争对手的数量和规模(财务状况、市场份额、销售方式)以及现实的或潜在的竞争对手可能的市场行为方式等。

销售和分配渠道的信息包括各类中间商和销售商的数量、规模;与企业关系的密切程度;中间商和销售商的市场地位;在公众中的形象以及激发中间商和销售商积极性的方法措施;广告媒介的效果等。

其他有关机构和团体的信息包括国家、政府和各类管理部门;经济组织和各类行业协会;公共传播媒介;消费者协会等。

对企业内部力量的调查研究主要包括企业自身的规模和生产能力;产品和产品结构;财务状况和市场预测各部门的协作与分工;公共关系等。

2. 市场调查的程序

市场调查的程序由以下七个方面组成。

(1)确定问题。调查开始时,应明确要解决哪些问题,以及问题的重点所在。

(2)选择途径。形成问题以后,根据调查目的,应该确定收集资料的范围,提出所需资料的获得途径。资料可分为直接资料和间接资料两类。直接资料又称第一手资料,是营销调查者通过观察、询问、实验等手段和方法直接获得的资料。间接资料又称二手资料,包括内部资料和外部资料两方面。内部资料包含企业的各种凭证、报表、报告、预测等资料;外部资料可来自政府机关、金融机构、咨询机构、大学、报纸杂志等。

(3) 决定调查方式。根据资料的性质,应决定采用何种调查方式。如有间接资料可以利用,应尽量利用,这样可以省时省力。如果必须收集直接资料,那么应该确定调查方法、调查对象、调查地点、调查时间和调查频率。

(4) 抽样设计。市场调查一般是抽样调查。首先,应确定抽样的范围,如部分样本还是全部样本。其次,决定用什么样的方式选择样本,如随机抽样方式或非随机抽样方式。最后,根据调查目的与所需时间、费用等因素,决定样本大小。

(5) 现场收集资料。现场收集资料工作包括对现场收集资料人员的选择、训练、控制和考核等工作。

(6) 资料分析整理。收集来的资料,应该加以分析和鉴别,通过整理,使资料系统化、简单化和表格化,达到准确、完整和实用的目的。

(7) 编写报告。报告代表了整个调查过程的最后结果,编写的报告供企业管理人员在决策时做参考。编写报告时应注意:围绕调查目的、重点突出、事实清楚、简明扼要、中肯客观。

(三) 市场调查的基本方法

进行市场调查,只有采用科学合理的调查方法和技术才能收到事半功倍的效果。市场调查方法可以分为观察法、访问法和实验法三类。

1. 观察法

观察法是指对被调查者进行直接观察,在被调查者没有察觉的情况下观察和记录他(她)的行为、反应和感受的方法。观察法也有许多具体的方法,如直接观察法、行为记录法等。直接观察法,即派人直接观察被调查者。行为记录法,是在被调查者同意的前提下,用某种设备记录被调查者的行为。

2. 访问法

对被调查者进行访问,通过要求被调查者回答一些问题来收集资料的方法称为访问法。访问法可分为直接访问和间接访问两种方法。直接访问,由访问人员直接向被调查者当面询问问题,可以采用登门拜访、邀请面谈或开座谈会等形式进行。间接访问是利用各种通信工具或问卷进行调查的方法,可分为电话调查、邮寄调查、问卷调查等。

3. 实验法

实验法是将作为实验的产品在选定的市场中进行试销,以测定各种营销手段的效果。其原理是把选定市场当作实验室,研究诸如价格、包装或广告等对市场销售量及其他要素的影响。

除进行市场实验外,也可采用室内实验调查法。例如,在测验广告效果时,找一些人坐在一起,每人发一本杂志,让他们从头到尾翻一遍杂志,然后问他们在一本杂志中,哪几个广告对他们最有吸引力。实验法的主要缺点是时间长、费用高,选择的市场不一定有典型性,可变因素难以控制和把握,测验结果也不易比较。

（四）市场调研表和调研报告

1. 市场调研表

市场调研表可以是书面表格或口头询问提纲。在现代营销活动中，为了解顾客的态度和意愿，调研者要设计各种不同的表格和问题。如果一份调研表设计的内容恰当，调研部门就会感到调查目的明确，被调查者也乐意合作，这份调研表就会像一张网，把需要的信息收集起来。调研表往往需要认真仔细地拟订、测试和调整，然后才可以规模使用。为了设计一份受欢迎的调研表，设计者不仅要懂得市场营销的基本原理和技巧，还要具备社会学、心理学等方面的知识。

2. 市场调研报告

市场调研报告没有统一规定、固定不变的格式和结构。市场调研与预测项目的类型和性质、委托方的要求、调研人员本身的个性、经验等各种不同的因素将导致市场调研与预测报告在形式上的差异。在长期的市场调研与预测活动中，逐渐形成了某些为大多数市场调研与预测者所采用的格式。美国著名的市场调研专家内雷斯·马尔霍查（Naresh K. Malhotra），在其1993年出版的《市场调研》(Marketing Research)一书中提出的格式，被认为是一个较好的并被普遍接受的格式。马尔霍查认为，市场调研报告一般应包括以下部分。

（1）扉页，即项目名页。在这一页上应有①项目名称，项目名称要能反映项目的特性；②调研承担人员或组织的名称、地址、电话号码；③报告接受人或组织；④报告完成日期等。

（2）递交信。正规的调研报告通常包含一封致客户的递交信。信中可以概述一下调研者承担并实施项目的大致过程，也可以强调一下客户需要注意的问题以及需要进一步研究的问题等，但不必叙述调研的具体内容。

（3）委托信。委托信是客户在调研项目正式开始之前写给调研者或组织的信件。委托信具体表明了客户对调研承担者的要求，有时可以在递交信中说明委托的情况，有时可以在调研报告中附加委托信的复制件。

（4）目录。目录中应详细列明调研报告的各组成部分及页码。

（5）表格目录。表格目录中应详细列明报告中的各种表格及页码。

（6）图表目录。图表目录中应详细列明报告中的各种图示及页码。

（7）附表目录。附表目录中应详细列明报告中的各种附录及页码。

（8）证据目录。详细列明报告中所包括的各种证据材料及页码。

（9）经理摘要。经理摘要主要满足经理等主管人员的阅读需要，在整个报告中占特别重要的地位。许多经理主管人员往往没有时间阅读整个报告，而仅阅读此摘要部分。为此，这一部分要十分清楚和简要地叙述报告的核心和要点，主要应包括调研的问题、目标、主要结果、结论和建议等。从顺序看，经理摘要安排在整个调研报告的前列，但其起草则应在报告的其他部分完成以后。

（10）问题界定。问题界定部分应介绍市场调研所要解决的问题背景材料等，要注意正确界定经营决策问题和市场调研问题。

（11）解决问题的方法。这部分主要叙述为解决所面临的市场调研问题所要采用的一般方法。

（12）调研设计。这部分叙述调研设计的内容，包括调研设计的类型、所需的信息、二手资料的收集、一手资料的收集、测量技术、调查的设计、抽样技术、现场工作等。

（13）资料分析。这部分叙述资料分析计划、分析策略和所用的分析技术。

（14）结果。结果是调研报告中最重要的部分，往往分成几个部分，根据调研问题的性质、目标和所获得的结果，进行合乎逻辑的叙述。

（15）局限和警告。由于时间、预算、组织限制等因素的制约，所有的市场调研项目总有其局限性。在这一部分中，要阐明项目的局限性所在，避免客户过分依赖调研结果，但也要避免客户怀疑调研结果。

（16）结论和建议。这是市场调研人员根据所获得的信息资料，进行理性分析研究后提出的见解，这部分内容要求可行、可操作和有用。

（17）附件。在这部分列出各种必要的附件，如调查表、统计数据等。

三、抽样调查

调查资料可以用全面调查（也称普查）的方法取得，全面调查取得的资料较为准确、全面、可靠。但是，全面调查必须花费大量的人力、物力、财力，尤其是花费较长的时间。因此，这种方法较少用于市场调查。一般工业企业的产品用户较多，用户分布面较广，市场上的情况又瞬息万变，影响市场变化的因素异常复杂，企业要以最少的时间、费用、手续掌握这些资料，显然不能借助于全面调查。因此，最合适的市场调查方法就是抽样调查。

抽样调查是根据一定的原则，从调查对象的总体（也称母体）中抽取一部分对象（也称样本）进行调查，从而推断总体情况的方法。抽样调查的方法可以分为随机抽样和非随机抽样两大类。随机抽样是按照随机原则，等可能地从总体中抽取样本，样本统计测定值的误差可以用数理统计的方法计算出来。非随机抽样是遵循某种人为的原则抽取样本，每一个个体被抽到的概率不相等，从而不可能用数理统计的方法来估计样本统计预测的误差。

简单随机抽样法是随机抽样中最简单、最基本的一种方法，调查者以纯粹偶然的方法在总体中抽样，任何个体都有相同的可能性被抽到，任何可能的样本都具有相同的被抽取的机会。例如，利用随机数表来完成简单随机抽样。抽样调查根据调查的样本估计总体的某些参数，一般需要估计的总体参数有平均值、总和、比率和总数四种。

为使样本更客观地反映总体，避免因随机性或样本小而出现的极端情况，根据实际情况还可用分层抽样法、分群抽样法、系统抽样法、任意抽样法、判断抽样法和配额抽样法等方法。抽样调查的方法各有优缺点，应根据企业调查的目的、被调查对象的特点、调查人员的水平、对被调查对象情况的掌握程度等，合理地加以选择，做到以尽可能少的人力、物力、财力和时间，取得满意的调查结果。

四、市场预测技术

（一）市场预测的概念和类型

所谓市场预测，就是运用科学的方法，对影响市场供求变化的诸因素进行调查研究，分析和预见其发展趋势，掌握市场供求变化的规律，为市场营销决策提供可靠的依据。

市场预测有许多划分标准：按时间划分，可以分为长期预测（5 年、10 年和 20 年以上）、中期预测(1~5年)、短期预测(半年、一个季度)和近期预测(一周至一两个月);按对象划分,可以分为整个产业情况预测、产品群预测和个别预测;按方式划分,可以分为判断预测和统计预测。

(二) 市场预测的内容

1. 市场需求预测

市场需求预测是社会商品购买力及其投向的预测。在市场营销学中,市场需要量的预测,也称市场预测;市场占有率的预测,也称销售预测。

某个产品的市场需求是指一定的顾客,在一定的地理区域、一定的时间、一定的市场营销环境和一定的市场营销方案下购买的总量。市场需求包括产品、总量、购买能力、顾客数量、地理范围、时期、市场营销环境和市场营销方案八个方面。

2. 企业需求预测

企业需求是在市场总需求中企业所占的份额。对企业来说,预测企业需求和预测市场需求同等重要,企业需求直接关系到企业的营销决策。

3. 商品资源预测

商品资源预测是对商品资源的发展趋势进行预测。这关系到社会商品购买力与商品可供量的平衡问题,也关系到国民经济综合平衡问题和可持续发展。对供不应求商品的销售预测,不仅要考虑市场需要,还要根据市场的可能情况来决定销售量。

4. 商品饱和点预测

商品饱和点预测是企业在产品市场生命周期的预测中最重要的一环。饱和点有两种含义:一是原有产品社会需要量的饱和;二是支付能力的需求的暂时饱和。饱和点不是固定不变的。

此外,还有商品价格预测、经济效果预测和其他影响供求的主要因素预测等。

(三) 市场预测的方法

市场预测的方法很多,从粗略的估计到比较精确的预测,有定性分析方法,也有定量分析方法。这些方法各有特点,互有长短,也都有一定的适用场合,应用时应根据企业的具体条件、已经掌握的信息资料以及对预测所要求的准确度等来加以选择。下面就介绍几种常用的市场预测方法。

1. 购买者意向调查法

市场总是由潜在的购买者构成的,预测就是预先估计在给定条件下潜在购买者的可能行为,即要调查购买者。购买者意向调查法应满足以下三个条件:①购买者的购买意向是明确清晰的;②这种意向会转化为购买行为;③购买者愿意把意向告诉调查者。一般说来,用这种方法预测非耐用消费品需求的可靠性较低,用在耐用消费品方面稍高,用在工业用品方面则更高。

2. 销售人员综合意见法

在不能直接与顾客见面时,企业可以通过听取销售人员的意见估计市场需求。这种方法的优点是:①销售人员对购买者意向的了解比较全面深刻;②有信心完成上级下达的销售配额；③可以获得各种销售预测。这种方法也存在以下缺点：①销售人员的判断总有偏差；②销售人员可能对经济发展形势或公司的市场营销总体规划不了解；③销售人员可能故意压低预测数字；④销售人员也可能对这种预测没有足够的知识、能力或兴趣。

3. 德尔菲法

由各位专家对所预测事物的未来发展趋势独立提出自己的估计和假设，经公司分析人员（调查主持者）审查、修改、提出意见，再回到各位专家手中，这时专家们根据综合的预测结果，参考他人意见修改自己的预测，再开始下一轮估计。如此往复，直到对未来的预测基本满意为止。这种方法进行预测的准确性，主要取决于专家的专业知识和与此相关的科学知识基础，以及专家对市场变化情况的洞悉程度。因此，参与预测的专家必须具备较高的水平。

4. 市场试验法

企业收集到的各种意见的价值，不管是购买者、销售人员的意见，还是专家的意见，都取决于获得各种意见的成本、意见可行性和可靠性。在这种情况下，就需要利用市场试验这种预测方法。

5. 时间序列分析

时间序列分析是指按观察值的时间序列进行运算推断，具体的方法有简单平均数法、加权移动平均法、指数平滑法等。

6. 回归分析法

回归分析法是一种数据统计方法，是建立在大量实际数据的基础上，寻求随机性现象的统计规律的一种方法。通过对预测对象的数据分析，可以找出变量之间的相互依存关系，这种关系叫相关关系。回归分析分为一元回归、二元回归、多元回归、线性回归和非线性回归等分析方法。

第二节　市场营销策略

一、市场营销组合策略

企业在正确的市场营销管理哲学指导下开展市场营销活动的一个重要步骤，就是制定切实可行的市场营销组合策略。市场营销组合策略是企业经营战略的延伸和具体化。市场营销组合策略由在预期环境和竞争条件下的企业目标市场战略、市场营销组合和市场营销资源配置优化策略等构成。

（一）目标市场及其策略

所谓目标市场，是指企业进行市场细分之后，拟选定进入并为之服务的市场或市场面，由具有相似需要的购买者群体组成。市场细分化是由美国市场营销学家温德尔·史密斯（Wendell Smith）于20世纪50年代中期提出的一个概念，是一种把一个市场划分成不同购买者群体的行为,可能值得为这些购买者群体提供独立的产品或营销组合。每一个细分市场都是由具有类似需求倾向的购买者构成的群体。因此,分属不同的细分市场的顾客对同一产品的需要与欲望存在着明显差别,而属于同一细分市场的顾客对同一产品的需要与欲望存在着相似性,并且对相同的市场营销组合具有极为相似的反应。营销人员力图利用不同的变量,观察哪一种变量能揭示最好的细分机会。对于每个细分市场,要设计一个顾客细分轮廓,细分分析的有效性在于所要达到的细分市场,要求这个细分市场具有可衡量性、足量性、可接近性、差异性和行动可能性。细分市场分类的细分变量主要为:人口变量、经营变量、采购方法、情境因素和个性特征。

有效的细分市场应具有以下特点:①该细分市场是可衡量的,即该细分市场的购买力和规模大小能被衡量,且有明确的个性特征,有相似的消费需求和购买行为;②该细分市场具有一定的规模范围,能够适应企业扩大发展的要求;③该细分市场是企业有能力占领的,即在该细分市场上,企业能发挥自己的长处,且在财力、物力、人力、技术等方面都有能力去占领;④该细分市场对企业来说是有利可图的,就是企业有效的市场营销策略的实施,在该细分市场上能够获得的利润和好处要比其他市场更加丰厚。

在评估各种不同的细分市场时,企业必须考虑三个因素,即细分市场的规模和发展,细分市场结构的吸引力,公司的目标和资源。企业在市场细分的基础上,可以选择最为有利的目标市场,制定自己的目标市场策略。企业选择目标市场策略一般有以下三种。

1. 无差异市场策略

企业把整体市场看作一个大的同质的目标市场,不考虑顾客实际存在的差异,只以单一的产品、单一的花色品种投向整个市场,并在这一目标市场上只运用单一的市场营销组合,力求适合尽可能多的顾客的需求。如早期的美国可口可乐公司,由于拥有世界性专利,因此,在相当长的时间内,只生产一种口味的产品,用一种瓶子包装,甚至广告用语也只有一种,试图以一种产品和一种市场营销组合满足所有的消费者市场的需要。

2. 差异性市场策略

企业把大的市场分成若干细分市场,根据自己的条件,同时为两个或两个以上的细分市场服务,设计不同的产品,并在销售渠道、促销和价格方面都加以相应的变化,以不同的营销组合满足各个细分市场的需要。

3. 密集性市场策略

密集性市场策略又称集中化市场策略,是指企业把自己的力量集中在某一个或几个细分市场上,实行专业化生产或销售,使企业在这些细分市场上有较大的市场占有率,以替代在较大市场上的较小的市场占有率。

选择目标市场作为企业的一种营销策略,具有长期性的特点。因此,选择市场策略是很重要的,不能随心所欲,要考虑企业本身的特点及产品和市场的状况。企业在选择市场策略时须考虑以下因素。

(1)企业实力。如果企业有足够的相对优势,在人、财、物等方面基础比较雄厚,可以选择差异性市场策略或无差异市场策略;若企业实力不足,则应采用密集性市场策略。

(2)产品的特性。性质相近、使用面广的通用产品,宜采用无差异市场策略,对差异性大的产品,应采用差异性市场策略或密集性市场策略。

(3) 市场的特性。当消费者或顾客的需求比较接近,购买量很大,购买动机和行为没有较大差异的市场,可采用无差异市场策略;否则,宜选择差异性或密集性市场策略。

(4) 产品所处的生命周期阶段。产品处于引入期和成长期时,竞争者少,宜采用无差异市场策略,以进一步探测市场需求和潜在需求。当产品进入成熟期时,宜采用差异性市场策略,以开拓新市场。产品进入衰退期,则应采取密集性市场策略,集中于最有利的细分市场,以延长产品的寿命周期。

企业选择目标市场时,每一策略的界限并不是绝对的、不变的,企业要根据市场情况进行调整,以使企业采取最有利和有效的市场策略,在营销活动中把握时机,立于不败之地。

(二) 市场营销组合

市场营销组合,即企业为了满足目标市场的需要而采用的可控制的基本因素的组合。尤金·麦卡锡(Eugene J. Mc Carthy)把这些因素概括为四个变量"4Ps",即产品、价格、销售渠道、促销。

菲利普·科特勒(Philip Kotler)的整体市场营销理论认为:在实行贸易保护的条件下,企业的市场营销战略,除了"4Ps"之外,还必须加上两个"P",即政治力量和公共关系。

1981年,伯纳德·布姆斯(Bernard Booms)和玛丽·乔·比特纳(Mary Jo Bitner)建议在传统市场营销理论"4Ps"的基础上增加三个"服务性的 P",即人、过程、物质环境三个要素,构成了服务营销理论的"7Ps"组合。

(三) 市场营销资源配置优化决策

为了使市场营销活动更行之有效,企业必须了解各种类型的市场营销组合的费用与其销售和利润之间的基本关系。这些关系可用利润方程式和销售方程式表示,追求利润的最优化要求企业确定最适当的市场营销费用、市场营销组合和市场营销资源配置。一般企业可以通过建立销售函数、成本函数、利润函数等,采用优化理论予以实现。

二、产品策略

(一) 产品整体概念

顾客是企业赖以生存和发展的基础,企业的产品必须以满足顾客需求为基础。因此,为了制定有效的产品策略,向市场提供适销对路的产品,首先必须对产品的基本含义有清楚的理解。从满足顾客的观点出发,企业所有的活动(过程)结果都是产品。产品的这种概念就称为产品整体概念。

产品整体概念可以把产品理解为由核心产品、形式产品和延伸产品三个层次组成的整体,也可以把产品理解为由核心产品、形式产品、期望产品、延伸产品和潜在产品五个层次组成的整体,如图 9-1 所示。

(1) 核心产品是指向购买者提供的基本效用或利益。

(2) 形式产品是核心产品借以实现的形式,在市场上表现为五个特点,即质量水平、特色、式样、品牌和包装。

(3) 延伸产品是顾客购买形式产品时所能得到的全部利益,即形式产品所提供的基本效用或利益和随同形式产品而提供的附带服务的总额,如安装、维修、保用、运送,以及其他售后服务。

（4）期望产品是指购买者购买产品时通常希望和默认的一组属性和条件。

（5）潜在产品是指产品最终可能会实现的全部附加部分和新转换部分。如果延伸产品包含产品的今天，则潜在产品指出了它可能的演变。

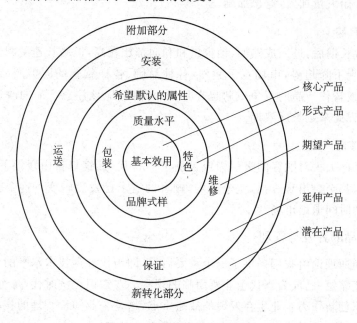

图 9-1　产品整体概念示意图

（二）产品生命周期策略

产品在市场上的销售状况及获利能力随着时间的推移而变化。这种变化的规律正像生物界的各种生命一样，有诞生→成长→成熟→衰亡的过程，这个过程在市场营销中指产品从进入市场开始，直到最后被市场淘汰的过程，产品的这一规律，被称为产品的生命周期（product life cycle，PLC）。产品生命周期由四个阶段组成，即引入期、成长期、成熟期、衰退期。在这里，必须强调，产品生命周期不是指产品的使用寿命，而是指产品在市场上存在的时间，即市场寿命。在整个生命周期中，销售额及利润额的变化作为产品生命周期的主要特征值，其变化表现为类似 S 形的曲线。

产品生命周期各个阶段的划分是相对的。产品生命周期的变化与产品的定义有关，产品定义范围不同，则表现出来的生命周期也会有所不同，但总体上都存在着从产品引入到产品衰亡的过程，只是各个时期的特征值表现不同而已。产品处于生命周期的不同阶段，企业就必须考虑用不同的策略开展营销和管理活动。

1. 引入期策略

企业的产品处于引入期时，一般要经过试销阶段，这时产品处于发展初期，还存在着各方面的不足，如产品的生产方法尚未定型，质量和性能不够稳定，制造成本高等。同时，消费者对这类产品的性能还不了解，对产品也不适应，销售量有限，前期利润为负值。因此在这一时期，企业要让新产品在市场上站稳脚跟，并扩大市场占有率，以取得利润。

2. 成长期策略

新产品经过市场引入期后,经受住市场的检验,销路迅速打开,产品进入成长期。这时产品已定型,开始大批量生产,销售渠道也已疏通,销售量迅速上升,成本降低,利润增加,但这时竞争者也开始大量加入,竞争加剧。

3. 成熟期策略

产品经过成长期后,进入成熟期,销售量和利润都比较高,但增长速度减慢,市场趋于饱和,甚至开始呈现下降趋势,市场竞争激烈,各种品牌、各样款式的同类产品不断出现。而且,来自新产品或替代产品的竞争威胁也在加剧。因此,应该注意产品的改进,使产品生命周期再次循环,以此来延长成熟期。

4. 衰退期策略

当一种产品已失去对顾客的吸引力或被新产品替代,其销售量由缓慢下降变为急剧下降,利润也减少,甚至会出现亏损,竞争减弱,顾客的需求已发生转变。这个时候,企业的战略是选择适当的时间退出市场。

(三) 新产品的开发与管理

产品生命周期理论给我们提供了一个重要启示,即当代科学技术水平的迅速发展、产品生命周期的迅速缩短,已成为当代企业所面临的现实。在知识经济时代,每个企业不得不把技术创新和知识创新作为企业生存发展的战略重点,这是企业知识管理的核心,是提高企业劳动生产率最主要的手段。

改变人类命运最戏剧化的因素是技术,每种技术都会产生长期的重大影响。随着技术变革步伐的加快,新技术研究的范围越来越广,研究与开发预算不断变化,技术革新成果不断涌现。与此同时,建立一个网络化的技术传播渠道,加速技术的扩散,是促进技术进步的有效方式。

技术创新和开发研制新产品又称为 R&D(research & development),它是企业为满足新的需求,改善消费结构,提高人们生活水平而进行的创新、研制和开发活动,是企业在市场上具有活力和竞争力的表现。其实质是为适应市场需求的变化,适时地、经常地研制、扩充出新产品,更新老产品的管理过程。创新活动的成败直接关系企业的成败,为了提高新产品开发的成功率,必须建立科学的新产品开发管理体系。

知识的创新性,表现为新设计、新观点、新思路、新发明、新战略技术。企业可以通过引入一种新产品或一种产品的新质量,采用一种新的生产方法,开辟一个新的市场,获得一种原料或半成品的新的供给来源,实行一种新的企业组织形式,将新知识、新技术和新观念导入企业经营管理活动中。

所谓新产品,是指相对企业老产品而言的产品。对于新产品,各个地区和各个国家都有不同的规定,通常我们将已正式投入生产并受到市场欢迎的那些在结构、性能、材质、制造工艺等一方面或几方面比老产品有显著改进或提高的产品称为新产品。新产品的开发要以满足顾客的需要为出发点,并以企业的资金、技术力量、设备、原材料等条件为前提,以经济效益为核心的要求,可以采取技术引进、自行研制与技术引进相结合、独立研制等方式,作为新产品开发的有效途径。

新产品开发是一个复杂的过程，一般要经过以下几个阶段。

1. 构思

发展新产品首先需要广泛征集富有创造性的构思。所谓构思，就是对满足一种新需要的产品的设想。有一些市场营销学者认为，一个好的构思，等于新产品成功的一半，因而新产品构思的产生，具有十分重要的意义。构思的主要来源包括：①消费者和用户；②商业部门；③各种专业情报资料；④竞争产品；⑤各种博览会、展览会；⑥企业内部职工。一个企业，只要有不断创新的精神，广开言路，就可以通过各种渠道，获得新产品的构思。

2. 筛选

在新产品构思阶段，往往会有很多的设想，这些设想或构思，哪些应保留、哪些应剔除，要通过筛选来决定。通过筛选，把没有必要或没有可能的设想剔除，留下适合本企业发展的新产品方案。筛选时企业要考虑：①新产品潜在市场的大小；②需要的投资和企业的财务能力；③原材料和能源的供应状况；④所需设备和人力资源状况；⑤新产品的销售渠道和储运能力以及获利能力等。

3. 产品设想

产品的基本设想来源于产品的构思，是在许多的产品构思中筛选出来的，并把它用有意义的语言描述出来，这是对产品构思的具体化和形象化。

4. 可行性分析

可行性分析是对某一新产品方案从技术、经济、所处的生产条件、市场条件和社会环境等方面进行全面的调查研究和分析比较，最终判断是否开发这一新产品的过程。新产品可行性分析主要考虑以下方面：①产品技术先进性分析、产品功能实现程度分析、产品可靠性分析、产品社会性分析等技术因素的分析；②产品的生产成本和利润分析以及投资收益分析等经济因素的分析；③社会评价，即产品的开发是否符合国家和社会的法律道德，是否有利于企业、用户和国家的利益等。

5. 产品研制

企业选定最佳产品设想以后，就要制作样品，包括产品设计、工艺准备、样品试制和小批量试生产。这一阶段是以前的抽象产品的具体化阶段。经过从设计到试验、再设计到再试验的反复过程，发展到技术上可行的产品，从而进一步成为市场上的可行产品。

6. 试销

新产品样品经过用户试用之后，通常要制造少量的正式产品，投入到一定范围的市场进行试销，以检验产品在正式销售条件下的市场反应。企业对新产品的市场试销必须进行周密的筹划和精心的组织，但并非开发任何新产品都必须经过试销这一环节。

7. 投入市场

新产品经过试销，从获取的资料证明是成功的，就可以进行大批量生产，投入市场。新产品投入市场，一是须对新设备进行投资，以便产品大量生产。二是通过广告宣传等手段，建立顾客对新产品以及生产经销企业的强烈印象，唤起并刺激顾客对新产品的消费欲望。三是可以利用企业原有的销售渠道，利用原产品的声望、信誉和知名度，把新产品推入市场。四是把新产品向重要的市场与地区投放，当竞争对手进入同一市场时，则可采取快速抢占市场份额的措施。

新产品开发能力是企业竞争能力的重要组成部分,决定着企业经营活动的成败。同时,新产品开发又是一项艰巨而复杂的工作,不仅要投入大量的资金,还要冒很大的风险。有关调查资料显示,新产品的开发,从构思到投入市场,成功率只有1‰。为了有效利用企业资源,抓住机会,企业有必要在以下几个方面加强对新产品开发的组织和管理。

（1）企业要制定新产品开发的近期、中期和长期发展规划。把近期的技术性开发和中长期战略性研究结合起来,使新产品保持连续的开发局面。

（2）加强对新产品的科研投入,保证充足的科研开发经费。

（3）发展科技、生产联合体。一类是以企业为主体的联合体,从事本企业的新产品、新工艺、新装备、新材料的研究开发;或研究推广和移植采用国内外的先进技术和研究成果,改进提高老产品的性能和质量。另一类是以社会科研部门为主体的联合体,通过现代科技成果的转化,开发新产品。

（4）建立产品研究开发中心,为企业提供新产品的技术经济预测分析、咨询服务等,负责新产品规划的制定和实施,协调企业内部各种力量,平衡资源,保证从组织上落实和管理好新产品的开发工作。

（四）产品组合

企业从满足市场需求和获取利润的角度考虑,一般不止经营一个产品项目,而是要同时经营多个产品项目。企业生产和销售的全部产品项目的结构就称为产品组合。

产品组合是由产品线构成的,而产品线是由使用功能相同、规格不同的一组产品项目所构成的。产品组合的宽度,说明企业经营多少产品类别、有多少条产品线。产品组合的深度,是指企业经营的各种产品线内的平均项目的多少。产品组合的关联程度,是指各种产品线在最终用途、生产条件、分销渠道及其他方面相互联系的程度。

企业一般采用的产品组合方式如下。

（1）全线全面型,即企业考虑向所有顾客提供他们所需要的一切产品。

（2）市场专业型,即向某个专业市场（某类顾客）提供所需要的产品。

（3）产品线专业型,即企业专注于某一类产品的生产,并将其产品推销给各类顾客。

（4）有限产品专业型,即企业根据自己的专长和条件,发展具有良好销路的某一类产品线,集中经营有限的、甚至单一的产品线,以适应有限的或单一的市场需要。

（5）特殊产品专业型,即企业凭借自己的特有专长,发展具有良好销路的特殊产品项目,由于产品的特殊性,能开拓的市场是有限的,但竞争威胁也小。

产品组合策略,就是根据市场需求和企业目标,对产品组合的宽度、深度和关联程度进行决策。一般情况下,扩大产品组合的宽度、增加产品线的深度和加强产品组合的关联程度,可以使企业降低投资风险,增加产品的差异性,满足不同顾客的需求,从而提高企业在某一地区或某一行业的声誉。

（五）产品的品牌和包装

品牌俗称牌子,是制造商或经销商加在商品上的标志。品牌是指企业用以区别其他类似产品的名称、词句、符号、设计,或它们的组合。品牌的基本功能在于使竞争者相互区别。品牌是一个笼统的名词,包括品牌名称、品牌标志、商标。品牌名称,指品牌中可以用语言称呼表达的部分,例如长城、永久、可口可乐等都属于可以用语言称呼的品牌名称。品牌标志,指品牌中可以通过视觉识别,但不能用语言称呼的部分,一般体现在符号、图像、色彩等方面与众不同的设计,如"永久牌"自行车以永久两字设计成类似自行车的图案作为品牌标志。品牌(包括品牌名称和品牌标志)经向政府有关部门注册登记后,获得专用权,受到法律保护就称为商标。注册商标是一个法律名词,用以保证企业的专有知识产权和其他利益不受侵犯。

企业在进行品牌决策时,一般可以作出以下几种选择:使用品牌还是不使用品牌,采用制造者品牌还是销售者品牌,采用统一品牌还是个别品牌。

产品包装是指产品在运输、存储和销售过程中,为保持其价值和使用价值,保护和美化产品,采用一种综合性的技术经济措施的容器和包扎物。包装一般分为内包装、外包装两类,内包装一般指接触产品的包装,外包装指附着在内包装外的包装。

产品包装直接影响到产品的价值和销售前景,被称为"沉默的推销员"。因此,除了多数属于原材料、燃料类型的产品外,一般产品都需要有不同方式的包装。按照产品包装的观念,可以将产品包装在市场营销活动中的作用归纳为:①保护产品;②便于运输、携带和存储;③便于销售,方便使用;④美化商品,促进销售。

企业为了充分发挥产品包装的促销作用,在包装设计上采取各种各样的措施,形成了不同的包装策略,包装策略有类似包装策略、组合包装策略、双重用途包装策略、附赠品包装策略、改进包装策略等。

三、价格策略

(一)价格的概念

价格是市场营销组合中一个非常敏感的重要因素,在很大程度上决定和影响着其他市场营销组合因素。价格是唯一能产生收入的因素,其他因素则表现为成本。企业的定价策略既要有利于促进销售、获取利润、补偿成本,同时又要考虑顾客对价格的接受能力,从而使定价具有了买卖双方双向决策的特征。

在市场营销活动中,企业的定价工作受到各种因素的影响和制约,其中定价目标、市场需求、竞争者行为、成本和公共政策等因素对价格的制定具有十分明显的影响作用。定价目标有很多,如以最大利润为目标,以合理利润为目标,以市场占有率为目标,以排除竞争和应付竞争为目标等,不同的定价目标会产生不同的产品价格。定价中最难把握的因素是同行业竞争者行为对企业的影响和对企业定价的反应。定价是一种挑战性行为,任何一次价格的制定与变动都会引起竞争者的关注,并导致竞争者采取相应的对策。

影响定价的另一个重要因素是对顾客心理的考虑。顾客心理因素对商品定价的影响主要表现为三个方面。

(1)期望价格。顾客对商品价格有一个期望值,这个期望值影响着企业的定价水平,当期望某一商品价格下降时,就会等待观望,而导致该商品的价格一再下跌;反之,就会抢购并过量购买,导致商品价格的上涨。

(2)价值观念的变化。由于人们的价值观念在不断变化发展,就存在这样一种现象:经济水平高、发展迅速的地区,人们的收入水平增长快、购买力强、对价格敏感性差,有利于企业较自由地定价;反之,企业就难以在宽松的范围内定价。

(3) "逆反购买心理"。顾客的逆反心理会导致需求不按照常规的需求规律变化,从而出现价格下降却不引起需求的增加,涨价也不引起需求量减少的现象。

(二) 定价方法

企业可以采用的定价方法是多种多样的,但是,定价方法选择得是否正确合理,直接关系到定价目标的实现和企业营销成果的大小,因此,企业必须选择最佳的定价方法。一般采用的定价方法主要有以成本为中心、以需求为中心和以竞争为中心的三类定价方法。由于市场竞争的加剧,目前以需求和竞争为中心的定价方法占据了重要地位。

以需求为中心的定价方法是根据市场需求强度和顾客反应来确定价格。市场需求强度是指顾客想获取某种商品的强烈或迫切程度,市场需求量大时价格定得高些,市场需求量小时价格定得低些。企业可以有效利用价格差异,促进销售活动。当然这种价格差异要根据需求价格弹性的变化,以及顾客心理、产品改良、地域差别和时间差别等综合考虑。

以竞争为中心的定价法是以竞争者的售价作为企业定价依据的一种方法。它不是根据成本或需求来定价,而是随竞争者价格的变动而变动。采用这种方法,要分析竞争者的产品价格、质量、性能、服务和声誉等情况,对照本企业的实际情况,通过比较来定价。

此外,还有盈亏平衡定价法和习惯定价法等。

(三) 常用的价格策略

企业要实现预定的营销目标,不仅要研究定价的方法,还要研究价格策略。价格策略包括制定价格和调整价格的策略,以下介绍几种常用的价格策略。

1. 折让策略

折让,即折扣和让价,都是通过减少一部分价格以争取到顾客的方式。常用的折让策略有数量折扣、现金折扣、交易折扣、季节性折扣、推广让价等。

2. 地理价格策略

企业在定价时,运费是要考虑的重要因素。尤其是当运费在可变成本中所占比重较大时,更需要合理摊算运输成本。常用的地理价格策略有:生产地定价,统一交货定价,区域定价等。

3. 心理价格策略

心理价格策略是针对顾客心理采用的定价策略。运用心理学原理,根据不同类型的顾客在购买商品时的不同心理需求来定价,以诱导顾客增加购买量。心理定价策略包括:整数定价、零头价格、声誉价格、幸运数字价格、投标价格、拍卖定价和期货定价等。

(四) 新产品定价策略和价格变动

新产品定价策略就是对新产品所采取的定价策略。一种新产品初次上市,能否在市场上打开销路,并给企业带来预期的收益,定价因素起着重要作用。常用的新产品定价方法有两种,即撇脂定价策略和渗透定价策略。

撇脂定价策略是指新产品刚投入市场时采用高价,以高出成本几倍甚至十几倍的价格来销售,以期在短期内获得高额利润。采用这种定价策略是以新产品具有某些独特的优点,为社会所迫切需要为基础,或是其产品生命周期较短或需求弹性较小,利用顾客爱好新奇、购买力较强的特点。采用撇脂定价策略可以在短期内尽快收回资金,而且在有竞争者加入市场时可以用减价的方法来进行限制。

渗透定价策略又称低价策略,是指在新产品投入市场时,企业采取薄利多销的原则,将价格定得较低的一种方法。采用这种方法能使产品迅速打开局面,占领市场,可以阻止竞争对手的加入,有利于控制市场。尽管产品的价格较低,但从长远看,企业仍可获得相当多的利润。

产品价格受各种因素的影响,特别是随着市场需求、资源供应、竞争和成本的变化而需要经常变动和调整。价格变动通常有提价和降价两种情况。

提高价格会引起顾客和中间商的不满,增加他们的支出,但是企业为了减轻成本上涨的压力,或为了缓解因市场供不应求而带来的压力,或为了弥补通货膨胀所引起的产品价值的损失,就会采取提高价格的策略。企业提价时,应做好信息沟通工作,争取买方理解,同时又要选择合适的时机和有效的方式,使提价能顺利进行,且不影响产品在市场上的销售量。

降低价格会产生一些消极影响,容易使顾客或中间商对企业的产品质量和企业信誉产生疑虑。但是企业为了缓解由于生产能力过剩或市场收缩所造成的产品积压的压力,或为了适应价格竞争、避免市场份额的减少,或为了体现成本降低后企业控制市场的能力提高等,就有必要降低价格。

四、营销渠道策略

(一)营销渠道的概念

营销渠道也称销售渠道、分配渠道或分销渠道,是市场营销理论特有的概念。营销渠道是指产品的所有权从生产者向顾客转移过程中所经过的途径或通道。在这个流通过程中,生产者是营销渠道的起点,顾客是营销渠道的终点,营销渠道的中间环节一般由中间商组成。中间商是指处于生产者和消费者或用户之间,直接或间接参与商品销售活动的一切组织或个人,如进出口商、批发商、零售商、运输公司、保险公司、广告公司、销售咨询公司等。在商品流通过程中,中间商从不同的角度起着连接生产与消费的桥梁作用,具体表现在三个方面:①具有简化销售手续、扩大销售范围、降低市场营销费用的功能;②具有集中、平衡、扩散产品的功能;③具有加速商品流通和资金周转、提高经济效益的功能。

(二)营销渠道的选择和渠道策略

一般来说,无论是从长期还是短期战略来看,企业选择和开发营销渠道的总目标是取得适当的利润和市场占有份额。今天,越来越多的企业认识到保持已有顾客的重要性。根据赖克海德和萨瑟的理论,一个公司如果将其顾客流失率保持在5%,其利润就能增加25%~85%。为实现这个目标,还必须考虑成本、资金、控制、市场覆盖面、特点和连续性等。建立和选择营销渠道,主要是对下述方面做出以下决策。

(1)对于所销售的商品,决定采用长渠道还是短渠道。销售渠道越短,生产者保留的商业责任越多。同时,企业更容易控制产品的零售价格,有利于进行宣传和提供各种服务,提高企业的声誉;销售渠道越长,流通环节多,必然导致流通速度慢,流通成本费用高,因而价格也高,会影响企业的声誉和经济效益。

（2）需要决定采用宽渠道还是窄渠道，即选择多少中间商。在这方面有三种策略可供选择：①广泛性营销渠道策略，即大量利用中间商，把销售网点广泛分布在市场的各个角落，适用于日用消费品和工业品中的经常耗用品。②选择性营销渠道策略，即企业在市场上选择一部分中间商来销售自己的产品，这种策略比较常用。③独立营销渠道策略，即生产企业在特定的市场内仅选一家批发商或零售商经销其产品，这种策略的优点是容易控制市场和价格，降低流通费用；缺点是有时出现销售力量不足，同时只依赖一家经销商，具有较大的风险。

第三节　市场促销策略

一、市场促销策略的概念

现代营销不仅要求企业开发优良产品，给予有吸引力的定价，还必须经济方便地满足顾客的需要，与顾客进行沟通，扮演好信息传播者和促销者的角色。企业可以通过设置高的转换壁垒和提供高的顾客满意度来保持顾客，减少顾客流失率。

促销是促进销售的简称，是指企业运用多种手段，掌握顾客的需求和偏好，激发其欲望和兴趣，满足顾客的需要，达到推销商品、劳务或品牌形象，促进顾客购买行为的一种营销活动。

促销组合就是企业把广告、营业推广、公共关系和人员推销四种促销方式，有目的、有计划地配合起来，综合运用。促销组合决策就是选择各种对企业有利的促销手段，或者在某种促销手段的组合中，确定侧重使用哪一种促销手段。影响促销组合和促销决策的主要因素是促销目标、市场范围和类型、产品性质、产品所处市场生命周期、促销策略和其他营销策略。

二、人员推销和营业推广

（一）人员推销

人员推销是指企业派出推销人员或委派专门推销机构，直接与顾客（或用户）接触、洽谈、宣传介绍商品和劳务，以实现销售目的的活动过程。人员推销是一种古老的、普遍的但又是现代基本和最重要的销售方式，它由推销人员、推销对象和推销的商品三者结合起来构成统一的人员推销这一活动过程。人员推销的特点是灵活机动、培养情感、提供服务、双向沟通。

人员推销的不足之处是成本费用比较高，理想的推销人员不易得到，在市场范围广阔而买主分散的状态下，显然不宜采用此方式进行促销。因此，人员推销需与其他促销方式配合使用。

（二）营业推广

营业推广又称销售促进或市场推广，是指除人员推销、广告和公共关系以外的，用以在一个较大的目标市场中,为了刺激需求而采取的能够迅速产生刺激作用的促销措施。营业推广多用于一定时期、一定任务的短期特别推销。营业推广一般很少单独使用,常作为广告和人员推销的补充手段,具有针对性强、非连续性、短期效益明显和灵活多样的特点。

营业推广可分为对顾客的营业推广、对中间商的营业推广和对推销人员的营业推广三种形式。

为提高营业推广的促销效果,必须制定正确的营业推广策略,主要包括以下几个方面:第一,确定营业推广的对象和目标。第二,选择营业推广的形式。第三,确定营业推广期限。营业推广是一种适宜于较短时期、有限规模范围的促销方式,因此,实施时间不能太长。第四,确定营业推广的预算。企业一般可以根据预计利润额或营业额的一定百分比来确定营业推广的费用,或者根据具体方案直接估算,将各种费用和激励费用(如赠奖成本、减价成本等)综合起来计算出预算总额。第五,执行和控制。必要时对营业推广方案进行调整。第六,营业推广效果的评价。

总之,营业推广既可以给顾客带来优惠,也能使企业从中获益,因而要有正确的策略方案和措施,争取在有限时间和有限范围内取得最佳的推广效果。

三、广告促销

(一) 广告和广告媒体

广告是商品经济的产物,是企业促销的重要策略之一。广告从本质上说是信息传播活动。根据现代广告的基本特征,广告是广告主支付一定的费用,通过特定的传播媒介,把商品和服务的有关信息传播到可能的用户中的信息传递形式,以激起用户的注意和兴趣,促进商品销售。

所谓广告媒体,就是传播广告信息的一种物质技术手段。广告媒体是企业与广告宣传对象之间起连接作用的媒介物。广告媒体的种类很多,归纳起来主要有报纸、杂志、广播、电视、户外等。

除了广告媒体,还有以下几种信息传递方式:①交通媒体,即利用人们乘坐的汽车、轮船、飞机等设置广告;②销售点媒体,即以商店、营业现场或橱窗作为布置广告的媒体;③邮政媒体,以信函的方式直接向公众寄送广告物,如样品、商品目录、说明书等;④包装媒体,在包装物上附带制作企业或产品标志、图案,以宣传和推广商品等。

(二) 广告决策

广告决策包括广告目标的确定、广告预算的编制、广告信息的选择、广告媒体的选择。

1. 广告目标的确定

广告活动的总目标是刺激用户的兴趣和购买欲望,促进销售,增加盈利。但是任何一个广告,都须有具体的目标。广告的具体目标很多,归纳起来有以下几种:以介绍为目标、以提高产品和企业的信誉为目标、以提醒为目标等。

2. 广告预算的编制

广告能促进销售量增加,但是做广告要支付一定的费用。由于广告的促销效果很难计算,因而无法直接定量计算出合理的广告费用。通常本着扩大销售、提高经济效益、节约费用开支的原则,在制定广告费用预算时,采用以下几种方法:力所能及法、销售额比例法、竞争对等法、目标任务法等。

3. 广告信息的选择

信息即广告内容,与广告效果关系密切,是广告宣传中极为重要的方面。选择信息,即广告要向目标对象传递什么样的商品和劳务。这取决于商品本身的特征与企业在竞争中目标的确定。为了提高广告的效果,在选择信息时必须注意信息的真实性、针对性、生动性、独特性、理解性与激励性。

4. 广告媒体的选择

广告媒体的选择应根据广告目标的要求、广告费用和广告商品来确定,在选择广告媒体时应考虑商品的性质与特征、媒体的性质、广告目标、商品购买者的特征、媒体的费用等。选择广告媒体,不一定费用越高越好,一方面,企业选择广告媒体要根据自己预算的多少;另一方面还要根据广告的相对费用,即广告费用支出与预计效果比较,从而用有限的广告费用达到理想的效果。

第四节 网络营销

一、网络营销概述

(一) 网络营销的产生与发展

1. 网络营销的产生

现代电子技术与通信技术的应用与发展是网络营销产生的技术基础,消费者价值观的变革是网络营销产生的观念基础,商业竞争的日益激烈是网络营销产生的现实基础。网络营销是多种因素综合作用的结果。

2. 网络营销的发展

网络营销的发展主要经过五个阶段:"山东农民网上卖大蒜"的网络营销的萌芽阶段(2000年前),全球互联网泡沫经济爆发的网络营销的发展与应用阶段(2001—2004年),网络营销的市场形成阶段(2004—2009年),网络营销的社会化转变阶段(2010—2015年),网络营销的多元与生态阶段(2016年以后)。

(1) 2004年之后,我国网络营销的主要特点表现:网络营销服务市场继续快速增长,新型网络营销服务不断出现(企业需要完整的网站推广整体方案、网站优化思想和方法诞生);企业网络营销的认识和需求层次提升;搜索引擎营销呈现专业化、产业化趋势;更多有价值的网络资源为企业网络营销提供了新的机会;网络营销服务市场直销与代理渠道模式并存;web2.0等新型网络营销概念和方法受到关注。

(2) 网络营销社会化的特点表现:网络营销从专业知识领域向社会化普及知识发展演变,这是互联网应用环境发展演变的必然结果,这种趋势反映了网络营销主体必须与网络环境相适应的网络营销社会化实质。需要说明的是,正是由于网络营销社会化趋势的发展,加上移动互联网对社会化网络营销的促进,网络营销逐渐从流量导向向粉丝导向演变,尤其是微博、微信等移动社交网络的普及,为粉丝经济环境的形成提供了技术和工具基础。

(3) 2016年以后,网络营销的多元与生态阶段的主要特点:从应用环境来看,新的网络营销平台和资源不断涌现;从网络营销方法来看,传统的PC网络营销与移动网络营销方法逐渐融合,移动网络营销方法渐成主流;从网络营销指导思想来看,流量和粉丝地位同样重要,都具有进一步发展演变的趋势。

(二)网络营销的定义

网络营销与许多新兴学科一样,没有一个公认的、完善的定义。从广义上讲,凡是以互联网为主要手段进行的、为达到一定营销目标的营销活动,都可称为网络营销(或叫网上营销)。也就是说,网络营销贯穿企业开展网上经营的整个过程,从信息发布、信息收集到开展网上交易为主的电子商务阶段,网络营销一直都是一项重要内容。

(三)网络营销的职能

网络营销的职能包括网络品牌建设、网站推广、信息发布、销售促进、线上销售、顾客服务、顾客关系、线上调研。网络营销的职能不仅表明网络营销的作用和工作内容,也说明网络营销应实现的效果。

1. 网络品牌建设

网络营销的重要任务之一就是在互联网上建立并推广企业的品牌,以及让企业的线下品牌在线上得以延伸和拓展。无论是大型企业还是中小型企业、其他机构或个人都可以用适合自己的方式展示品牌形象。传统的网络品牌建设是以企业网站建设及第三方信息发布平台为基础,通过一系列的推广措施,达到顾客和公众对企业的认知和认可。移动互联的发展为网络品牌提供了更多的展示机会,如建立在各种社交平台上的企业账户、企业应用软件等。网络品牌价值是网络营销效果的表现形式之一,通过网络品牌的价值转化实现持久的顾客忠诚度和更多的直接收益。

2. 网站推广

网站推广是网络营销基本职能之一。企业网站获得的必要的访问量是网络营销取得成效的基础,尤其对于中小企业,由于经营资源的限制,中小企业利用发布新闻、投放广告、开展大规模促销活动的机会比较少,因此通过互联网手段进行网站推广就显得尤为重要。同时,大型企业网站推广也是非常必要的。

3. 信息发布

网络营销的基本方法就是将发布在线上的企业营销信息以高效的互联网手段传递到目标用户、合作伙伴、公众等群体,离开有效的企业网络信息源,网络营销便失去了意义。发布信息渠道包括企业资源(如官方网站、官方博客、官方应用软件、官方社交网络等)以及第三方信息发布平台(如开放式的网络百科平台、文档共享平台、B2B信息平台等),充分利用企业内部资源及外部资源发布信息,是扩大企业信息网络可见度、实现网络信息传递的基础。

4. 销售促进

市场营销的基本目的是为最终增加销售量提供支持,网络营销也不例外。各种网络营销方法大都直接或间接具有促进销售的效果,同时还有许多针对性的网络促销手段。这些促销方法并不局限于线上销售,事实上,网络营销对于促进线下销售同样很有价值,这也是一些没有开展网络销售业务的企业有必要开展网络营销的原因。

5. 线上销售

线上销售是企业销售在互联网上的延伸,也是直接的销售渠道。一个企业,无论是否拥有实体销售渠道,都可以开展线上销售。线上销售渠道包括企业自建官方网站、官方商城、官方应用软件,以及建立在第三方电子商务平台上的线上商店、通过社交网络销售及分销的微店,参与团购、加盟某网站成为供货商等。与早期网络营销中线上销售处于次要地位相比,当前的线上销售正发挥越来越重要的作用,许多新兴的企业甚至完全依靠线上销售。

6. 顾客服务

互联网提供了方便的在线顾客服务手段,从形式简单的FAQ(常见问题解答),到电子邮件、邮件列表,以及聊天室、在线论坛、即时信息、网络电话、网络视频、社交网络等,均具有不同形式、不同功能的在线沟通和服务功能。在线顾客服务具有低成本、高效率的优点,在提高顾客服务水平、降低顾客服务费用方面具有显著作用,同时也直接影响到网络营销效果,因此在线顾客服务成为网络营销的基本组成内容。

7. 顾客关系

网络营销的基础是连接,尤其是在网络营销的粉丝思维及生态思维模式下,顾客是社交关系网络中最重要的环节,对于促进销售及开发顾客的长期价值具有至关重要的作用。建立顾客关系的方式,从早期的电子邮件、邮件列表、论坛等到目前的微博、微信、微社群等社会化网络,连接更为紧密、沟通更加便捷。顾客关系资源是企业网络营销资源的重要组成部分,也是创造顾客价值、发挥企业竞争优势的基本保证。

8. 线上调研

线上调研具有调查周期短、成本低的特点。线上调研不仅为制定网络营销策略提供支持,也是市场研究活动的辅助手段之一,合理利用线上调研手段对制定市场营销策略具有重要价值。线上调研与网络营销的其他职能处于同等地位,既可以依靠其他职能来开展线上调研,也可以相对独立进行,线上调研的结果反过来又可以为更好地发挥其他职能提供支持。

网络营销的各个职能之间并非相互独立,而是相互联系、相互促进的,网络营销的最终效果是各项职能共同作用的结果。只有各项职能充分发挥作用,相互协调,才能让网络营销的整体效益最大化。

二、网络营销方法体系

网络营销方法体系可以按照应用目的划分为四种,分别是网络服务营销方法、信息宣传营销方法、口碑宣传营销方法和综合营销方法,如表9-1所示。

表 9-1　电子商务网络营销方法

名称	网络服务营销方法	信息宣传营销方法	口碑宣传营销方法	综合型营销方法
内容	邮件列表营销 IM 营销 RSS 营销 数据库营销 会员制营销	搜索引擎营销 Wiki 营销 企业博客营销 交换链接营销 网络广告营销 电子书营销 微信营销	网络社区营销 病毒式营销 微博营销	网络活动营销 网络事件营销 网络视频营销 网络软文营销

（一）网络服务营销方法及工具

就网络服务营销方法而言，主要是企业通过网络为用户提供服务，增强用户的黏性，实现营销效果。一般可以通过以下几个方法为用户提供服务。

1. 邮件列表营销

邮件列表营销是许可邮件营销的一种具体表现形式，是指在用户自愿加入的前提下，为用户提供有价值的信息，同时附带一定数量的商业信息，实现网络营销的目的。亚马逊线上书店就是运用了邮件列表营销策略，用户只要告诉网站对哪个作者的新书感兴趣，只要该作者有新书到货，用户就会收到亚马逊线上书店发来的通知。这种服务对提高客户的忠诚度和保持企业的长期利益具有良好的效果。

2. IM 营销

IM 营销又叫即时通讯营销，是通过即时工具 IM 帮助企业推广产品和品牌的一种手段方法。企业以网络为媒介，以专业知识为基础，运用心理学的方法和技术，帮助用户发现问题并解决问题，通过回复用户的咨询，打造企业良好的口碑，为企业树立良好的形象，实现口碑营销效果。即时通信技术如 QQ、百度 Hi、阿里旺旺和电子邮件等应用形式，为网络咨询服务提供了方便的沟通平台，能在企业与用户之间建立即时、便捷的网络咨询通道，方便用户进行网络咨询服务。

3. RSS 营销

RSS 营销是指企业在开发网站时，可利用 XML 技术添加 RSS 订阅功能，这样用户在访问网站时就可以点击或订阅企业新闻，当网站有新内容发布时，用户的 RSS 阅读器就可以接收并显示链接。因此不断更新新闻内容是 RSS 营销的关键，可以对订阅者进行跟踪分析，收集用户的点击信息，分析用户的爱好、阅读习惯等，为定制网络营销策略提供数据基础。

4. 数据库营销

数据库营销是在 IT（信息技术）、Internet（互联网）与 Database（数据库）技术发展的基础上逐渐兴起与成熟起来的一种市场营销推广手段，是企业通过收集和积累会员（用户或消费者）信息，经过分析、筛选后有针对性地使用电子邮件、短信、电话、信件等方式进行客户深度挖掘与关系维护的营销方式。数据库营销的核心是数据挖掘，通过对用户数据的分析，准确地预测市场反应，进而实现精准营销的目的。电子邮件营销和短信营销都是以数据库营销为基础发展起来的。

5. 会员制营销

会员制营销就是企业通过发展会员，提供差异化的服务与精准营销，提高顾客的忠诚度，长期增加企业利润。如今，网络会员制已经成为电子商务网站推广的主要手段，该营销方法在一定程度上留住了企业的部分固定客源，同时可以通过老会员的宣传与推广，不断吸引新会员加入。

（二）信息宣传营销方法及工具

信息宣传营销方法是指通过在网络上提供企业相关信息，让客户了解企业文化、经营理念、服务项目等，增强客户对企业的认识，加深客户对企业的整体印象，实现营销的目的。

1. 搜索引擎营销

搜索引擎营销是根据用户使用搜索引擎的方式，利用用户检索信息的机会尽可能将营销信息传递给目标用户。冯英健提出了搜索引擎营销的目标层次原理，认为在不同的发展阶段，搜索引擎营销具有不同的目标，最终的目标在于将浏览者转化为真正的顾客，从而实现销售收入的增加。常用的搜索引擎营销方式主要有竞价排名、分类目录登录、搜索引擎优化、关键词广告、网页内容定位广告等。通过优化，企业产品的信息能够出现在搜索引擎靠前的位置，从而更容易吸引浏览者的目光。

2. Wiki 营销

Wiki 营销是一种建立在 Wiki 百科这种多人写作工具基础上的新型营销手段。Wiki 营销以关键字为主，将关键字作为入口，建立产品或公司品牌的相关链接，面向的人群更加精确，提供了更好的广告环境。著名的 Wiki 平台有百度百科、维基百科、互动百科、搜搜百科，企业可以利用 Wiki 平台进行企业介绍，有助于客户进一步了解企业。

3. 企业博客营销

企业博客营销是指企业通过博客这种网络平台进行企业（或产品）宣传、企业信息发布、品牌营销等，以达到企业营销、宣传的目的。企业博客营销大大降低了营销成本，与搜索引擎营销无缝对接，并且容易吸引年轻受众的注意力，提升了企业的宣传力度。近些年，微博也逐渐产生了营销效力，微博营销是企业营销发展的一种新趋势。

4. 交换链接营销

交换链接营销也称为友情链接营销、互惠链接、互换链接营销等，是一种具有一定资源互补优势的网站之间的简单合作形式，即分别在自己的网站上放置对方网站的标识或网站名称，并设置对方网站的超级链接，使得用户可以从合作网站中发现自己的网站，达到互相推广的目的。

5. 网络广告营销

网络广告就是在网络上做的广告。狭义的网络广告是利用网站上的广告横幅、文本链接、多媒体等方法刊登或发布广告，通过网络传递给互联网用户的一种高科技广告运作方式。网络广告是企业进行网络营销最简单且有效的途径，不仅成本低、宣传范围广，而且企业可以通过发布网络广告进行品牌推广、产品促销、在线调研、信息发布等活动。

6. 电子书营销

电子书营销就是某一主体(个人或企业)以电子信息技术为基础,借助电子书这种媒介和手段进行营销活动的一种网络营销方式。企业或者站长、网店店主通过制作实用电子书并嵌入广告内容,然后发布,供人免费下载来传递产品或网站信息。电子书以其方便性、永久性的特点成为新一代的阅读工具。企业利用电子书进行网络营销比软文营销的时效性长,由于读者会经常阅读,因此营销效果会更好。

7. 微信营销

随着微信的迅速发展,许多商家看到了其中蕴含的无限商机,微信营销应运而生。微信营销是网络经济时代企业对营销模式的创新。微信不存在距离限制,用户注册微信后,可与周围同样注册的"朋友"形成一种联系,用户可订阅自己所需的信息,商家通过提供用户需要的信息来推广自己的产品,是一种点对点的营销方式。

(三) 口碑宣传营销方法及工具

口碑宣传营销方法是指用户通过体验或者了解之后,以相互转告、相互推荐的方式进行营销。这种营销方式需要企业为用户提供一定的利益,或者企业在用户之间树立了良好的口碑,使用户愿意主动为企业进行宣传。

1. 网络社区营销

网络社区营销就是把具有共同兴趣的访问者或互相熟悉的人集中到一个虚拟空间,达到成员相互沟通、资源共享的目的,进而达到商品的营销效果。其主要形式有论坛、聊天室、讨论组、贴吧、QQ群、社会性网络服务等。网络社区营销可以由企业发起,组建论坛或讨论组等,不仅增进企业和访问者或客户之间的关系,也能直接促进网上销售。

2. "病毒式"营销

"病毒式"营销是通过用户的口碑宣传,使信息像病毒一样传播和扩散,利用快速复制的方式传向数以千计、数以百万计的受众。一旦用户对企业的产品和服务满意了,就会主动为企业做宣传,从而在用户之间迅速扩大企业的影响力。我们经常看到的免费邮箱、免费空间、免费域名等,都采用了"病毒式"营销。

3. 微博营销

微博,微博客的简称,是一个基于用户关系的信息分享、传播以及获取的平台,用户可以通过Web、WAP以及各种客户端组建个人社区,以大约140个文字更新信息,并实现即时分享。尽管微博是从博客的基础上发展起来的,但是微博绝对不是缩小版的博客。两者的本质区别是:微博更多依赖于社会网络资源的广泛传播,更注重时效性和趣味性。正因为微博的传播力度很强,已成为很多企业进行网络营销的"新宠儿"。企业以微博为营销平台,向每一位粉丝(潜在的营销对象)传播企业、产品的信息,以期树立良好的企业形象和产品形象。

(四) 综合型营销方法及工具

综合型营销方法,即企业以互联网为传播平台,通过策划活动,借助新闻事件,以视频、图片、新闻等形式,间接地宣传企业。与以往的宣传方式不同,综合型营销方法通常为隐形的,潜移默化地影响着人们的观念。

1. 网络活动营销

网络活动营销是指通过精心策划的具有鲜明主题，能够引起轰动效应，具有强烈新闻价值的单一或是系列性组合的营销活动，以达到更有效的品牌传播和销售促进的目的。网络活动营销以其不受空间限制、互动性、经济性、大众性、延伸性及创新性的特点，帮助企业塑造网络品牌、发布产品信息、促进网络销售、培养顾客的忠诚度，以提升企业的核心竞争力。

2008 年，全球瞩目的奥运会在我国首都北京举办，奥运会圣火采集仪式是中国乃至全球都关注的盛事，可口可乐作为奥运会火炬赞助商，于奥运圣火在雅典点燃的同一天，与腾讯公司合作在网上举办了一项规模宏大的"在线奥运火炬传递活动"。这项活动受到了腾讯用户与可口可乐消费群体的大力追捧，可以说，可口可乐的"在线奥运火炬传递活动"是一次成功的、精准的"受众参与体验，品牌蔓延扩散"的营销 2.0 活动，取得了企业宣传的预期效果。

2. 网络事件营销

网络世界营销是指企业、组织主要以网络为传播平台，通过精心策划、实施可以让公众直接参与并享受乐趣的事件，达到吸引或转移公众注意力，改善、增进与公众的关系，塑造企业、组织良好形象的目的，以谋求企业的长久、持续发展。

3. 网络视频营销

网络视频营销指的是通过数码技术将产品营销现场实时视频、图像信号和企业形象视频信号传输至互联网上。企业将各种视频短片以各种形式放在互联网上，能达到一定的宣传目的。网络视频广告的形式类似于电视视频短片，只不过网络视频广告的播放平台是在互联网上。"视频"与"互联网"的结合，让这种创新营销形式集中了二者的优点。

继微博、微小说、微访谈之后，短视频、微电影开始大行其道。微电影即微型电影，是指专门在各种新媒体平台上播放的，适合在移动状态和短时休闲状态下观看的，具有完整策划和系统制作体系支持的，具有完整故事情节的"微时短片"。微电影是网络视频的新兴产物。

4. 网络软文营销

网络软文营销又叫网络新闻营销，是通过网络上的门户网站、地方或行业网站等平台传播一些具有阐述性、新闻性和宣传性的文章，包括网络新闻通稿、深度报道、案例分析等，把企业、品牌、人物、产品、服务、活动项目等相关信息以新闻报道的方式，及时、全面、有效、经济地向社会公众广泛传播的新型营销方式。网络软文营销通常以吸引人的题目入手，抓住浏览者的注意力，并通过贴近生活的故事让读者坚持浏览，在文章或新闻中的某些片段穿插进企业或产品的信息，使读者在不知不觉中了解企业及产品。

本章小结

企业的健康成长，受到众多因素的影响，尤其是市场因素。要想在复杂多变的市场经济环境中生存和发展，企业就必须开展有效的市场研究和营销活动。

市场研究是企业市场营销活动的前提。企业可以采用各种随机抽样的调查方法，并辅以数理统计技术，对市场进行科学的调查研究。为了对市场未来需求进行预测，企业可使用购买者意向调查法、销售人员综合意见法、德尔菲法、市场试验法、时间序列分析、回归分析法等预测方法。

企业市场营销活动主要包括市场机会的分析、目标市场的选择、市场未来需求的估计、市场营销组合策略的决策等，从而以合适的产品和服务组合、合适的价格、合适的时机和地点、有效的促销手段说服和吸引顾客，将企业的商品送达顾客手中，满足顾客的需求，实现企业的经营目标。

关键术语

市场需求　市场研究方法　抽样调查　市场预测技术　市场营销组合策略　价格策略　营销渠道策略　市场促销策略　人员推销和营业推广　广告促销

思考题

1. 企业市场研究的主要任务是什么？对于市场营销而言，市场研究扮演着怎样的角色？

2. 企业开展市场研究有哪些方法？这些方法对于提升企业的市场调查效果有什么作用？能有助于企业促进销售吗？

3. 企业市场营销包括哪些策略？如何进行策略选择？

4. 为什么说企业的市场营销活动会受到生产观念、产品观念、推销观念、市场营销观念和社会营销观念的影响？

5. 如何认识广告营销的作用？企业有哪些广告渠道可以选择？选择广告渠道的依据是什么？

第九章　企业营销管理

第九章案例阅读

第十章 企业创新与创业管理

教学目标

通过本章的学习,使学生对企业创新与创业管理有一个较深刻的了解,关于企业创新对企业发展的重要性有更深刻的认识。借助本章知识,使学生可以对企业发展或企业创立过程中遇到的问题提出解决方法,促进企业更好地发展。

教学要求

本章要求学生了解企业技术创新的重要性,掌握企业技术创新的含义、企业创新战略,掌握企业创立期的特点、企业创立期的发展过程。

引导案例

2020年10月吉利汽车累计产销量超过1 000万辆,成为第一家累计产销量超过千万辆的中国自主汽车品牌。根据中国汽车工业协会发布的《2020年中国汽车工业经济运行情况》,中国品牌汽车销量前15名中,吉利排名上汽、长安之后,稳居第三。在自主创新方面,2020年吉利研发出世界级"CMA超级母体架构"、面向未来的SEA浩瀚智能进化体验架构,全面促进自身产品的转型升级。吉利汽车从一个民营中小企业逐步发展壮大,成为今天中国以及全球汽车市场中一个知名汽车品牌。由此可见,吉利汽车是中国汽车自主品牌创新和国际化的代表性企业之一。

资料来源:赵雅玲. 中国制造企业国际化过程中的技术创新策略——以吉利汽车为例[J]. 企业经济,2021(5):14-21.

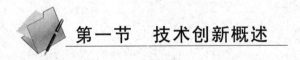

第一节 技术创新概述

一、技术创新的基本含义

技术创新的理论观点首先是由美籍奥地利经济学家约瑟夫·阿罗斯·熊彼特(J. A. Schum Peter)于1912年在《经济发展理论》一书中提出的。

熊彼特把创新定义为"在经济活动中引入新的思想、方法以实现生产要素新的组合",换句话说,就是建立一种新的生产函数,把一种完全新的生产要素组合引入现存的生产过程,使生产的技术体系发生变革。技术创新的目的是获取潜在的超额利润。

熊彼特把创新概括为以下五种形式：①生产新的产品；②引入新的生产方法、新的工艺过程；③开辟新的市场；④开拓并利用新的原材料或半制成品的供给来源；⑤采用新的组织方法。

技术创新受到普遍重视，是 20 世纪 70 年代后期的事情。世界各国经济发展的实践表明，哪里技术创新最活跃，哪里的经济就最发达。技术创新不断促进新产业的诞生和传统产业的改造，不断为经济注入新的活力。因此，许多国家都先后开展了对技术创新理论和政策的研究，并采取了许多促进和引导技术创新趋于深化的政策、法律和组织措施，力图形成一种推动技术创新的机制与环境，以期通过技术创新，加速经济增长，提高经济增长质量。

关于技术创新的定义，人们提出了许多种。一般认为，技术创新是创新者（大多指企业家）抓住市场潜在的盈利机会，将科学知识和技术发明用于工业化生产，实现生产要素的重新组合，并在市场上实现其价值，以获得最大商业利润的一系列活动。技术创新是科学技术转化为生产力的实际过程，是技术进步中最活跃的因素。关于技术创新的主要特点可总结如下。

1. 技术创新的实质是依靠技术进步促进经济增长

技术创新是推动经济发展的火车头。熊彼特认为："经济由于创新而增长。"这一观点已为越来越多的理论和实践所证明，为越来越多的人所接受。

2. 技术创新的关键，不是研究发展，而是研究与发展成果的商业化

技术创新是在商品的生产和流通过程中实现的。单纯的创造发明不能成为技术创新，只有当它们被用于经济活动时，才能成为技术创新。技术创新由科技开发、生产、流通和消费四个环节构成完整的系统，实现其促进经济增长的作用。其中生产和流通是使技术创新获得经济意义的关键环节，缺少这两个环节，科技发明就不能转化为社会财富，就没有经济价值。同时消费者（广义的用户）也不能将各自的反映或评价传递给科技人员，发明创造只能停留在实验室中，不能进入经济领域，无法转化为生产力，也就不是技术经济学中所要研究的技术创新。

3. 技术创新的主体只能是企业家

只有企业家，才能抓住战略机会，辨别市场潜在的盈利前景，甘冒风险、敢于创新、善于创新。

4. 技术创新是一个动态的过程链

这个过程虽然有很大的风险性，但不是一个随机的过程，而是一个有组织的活动过程。这个过程包括下列五个阶段：①技术开发设想阶段，即根据科学发现形成技术开发的设想；②方案形成阶段，即将设想形成设计方案；③制作与试生产阶段，即将方案变成具体实施方案并进行试生产；④市场销售开发与销售阶段；⑤扩散阶段，即对该项技术进行模仿形成扩散。

二、技术创新分类

研究技术创新的分类，其目的不在于分类本身及分类本身如何合理或如何科学，而在于通过研究分类,寻找研究技术创新的线索,并通过分类研究,寻找技术创新与经济发展的关系。例如,日本著名创新经济学家斋藤优就曾提示过研究技术创新分类与世界经济周期的关系,他把技术创新分为五种类型,即补充性技术创新、组合性技术创新、飞跃式技术创新、巨大技术创新、科学技术革命。同时他提出,飞跃性技术创新和巨大技术创新可以与世界经济的中期波动联系起来加以考查;科学技术革命则是一种与社会体系变革、与社会价值观变革相伴随的技术创新。这种技术创新与世界经济发展的长期波动有重大关系。

还有不少学者提出了各种分类方法。如英国经济学家弗里曼(C. Freeman)就把技术创新概括为四种类型,即渐进型创新、基本创新、技术体系的变革及技术—经济范式变革。

国内的研究则使技术创新的分类更具体化。如清华大学的傅家骥教授在《技术创新——中国企业发展之路》一书中把技术创新作了以下分类。

(1) 按照创新对象不同,技术创新可以分为产品创新和工艺创新。产品的创新结果是获得新的产品或者将原有产品进行实质性变化的改善。工艺创新,则是针对生产产品的工艺过程或装备进行改进或创新,从而提高加工产品的质量、效率等。

(2) 按照创新技术发生变化的程度不同,技术创新可分为突变性创新、累进性创新和根本性创新。突变性创新是指在比较短的研究周期内,使某项技术有质的变化,或开发出某项新技术,从而使某一领域形成跳跃式发展。累进性创新,即弗里曼提出的渐进创新,这种创新通常在一次创新中无质的突破,每一次创新都使技术得以改进,但是,当这种改进积累到一定程度后将会形成质的飞跃。在许多情况下,正是累进性创新引发大的技术革命或创新。根本性创新类似于弗里曼提出的基本创新,是指技术上有重大突破,这种创新一旦实现,将开拓新的市场或者使现有产品或技术得到巨大改善。根本性创新多应用新的科学原理,其成果会使产品的技术含量大幅度增加。

(3) 按照创新的依托不同,技术创新可分为依托经验型创新和依托科学原理型创新。依托经验型创新是指创新成果的取得主要根据已有经验的总结、归纳、上升,使其有提高和突破。依托科学原理型创新是指创新成果主要依据科学发明或科学发现,将这些基本规律和基本原理通过技术开发,使其在某一领域得以实际应用。

(4) 按照创新规模的大小不同,技术创新可分为企业创新和产业创新。企业创新是一个企业内部对产品、工艺过程、组织机构等方面开发的创新活动和取得的创新成果。产业创新是指某一项技术创新或形成一个新的产业,或对一个产业进行彻底改造。在许多情况下,产业创新并不是一个企业的创新行为或者结果,而是一个企业群体的创新集合。

(5) 按照创新本身的经济价值不同,技术创新可分为基础性创新和增值性创新。基础性创新本身不要求有重大的技术开发成果或技术上有重大突破,这种创新可能突破很小或技术附加值很低,却能够在某一方面增加新的需求。换言之,基础性创新为社会创造出新的需求,或者使某一社会需求更好地得到满足。增值性创新是指这一创新的引入,虽然不能引起某一项技术领域发生根本性变化,但能够使原效益得到较大幅度的提高。

(6) 按照创新最终效益不同,技术创新可分为资本节约型创新、劳动节约型创新和中性技术创新。资本节约型创新的结果,能够使某一行业或某一领域的资本有机构成中物化劳动部分减少,从而导致商品价值构成中物化劳动的价值减少。劳动节约型创新的结果,可以使某一行业或领域内的商品价值构成中活劳动的部分减少,从而形成资本密集型产业或产品。中性技术创新的结果是整个劳动生产效率提高,商品中的价值大幅度减小,但商品价值构成中活劳动与物化劳动的比重并不发生很大变化。

第二节　企业技术创新战略

一、技术创新与企业竞争优势

企业竞争优势是企业在竞争市场中生存与发展的核心,竞争优势归根结底产生于企业为客户所能创造的价值。竞争优势来源于产品的技术优势、成本优势和销售优势,这些优势的取得根本在于企业的技术创新。

20世纪60年代前,美国的钢铁业曾有过一段辉煌的历史,但由于炉顶吹氧、连续铸造及电脑控制等一系列新技术相继出现,钢铁业的竞争打破了原有的均衡。日本人对该项技术创新反应敏锐,动作迅速,而美国钢铁企业决策者由于原先在平炉技术上有大量投资,出现了故步自封,停滞不前,不愿放弃旧的、接受新的。而相关的设备制造商、配件企业甚至管理人员也因对新技术陌生而拒绝接受新工艺,由此造成美国钢铁企业迟迟没有动作。当美国企业发现新技术的价值时,日本企业早就以三年时间的兴建、三年时间的运转取得了巨大的成功。到了20世纪80年代,韩国在工艺技术和原料供给上进行了大幅度的创新,原本空白的韩国钢铁业一跃成为世界上效率最高的钢铁企业。企业的竞争优势就是这样随着创新中心的转移而升降。

因技术创新使企业获得成本优势打败竞争对手的一个例子是世界消费类电子产品的竞争。过去二十多年消费类电子市场上的三项主要电子产品——摄像机、传真机及激光唱盘,前两项是美国发明的,后一项是荷兰发明的,但从目前世界的电子类销售额、就业人数与利润来看都是日本第一,因为同样产品日本货的价格更低廉。这是由于日本企业在采用反求工程仿制新产品的同时,集中力量在加工技术上创新,从而以更好质量、更低价格的产品与新产品发明者进行竞争。

管理创新同样可使企业获得竞争优势,例如在企业经营方向的定位、目标市场的确定、财务核算制度的变更等方面,都可以使竞争优势发生变化。美国联邦快递公司通过重新构造传统的包裹发送业务,确定小件包裹为自己的目标市场,购置卡车和运输机,建立分送中心,从而比竞争对手依靠班机、班车的传统做法具有明显的竞争优势,在市场上取得了成功。日本松下公司把黑白电视与彩色电视分成两个事业部,虽然黑白电视被认为是走下坡的产品,但黑白电视部成功地开发了袖珍超小型电视机并成为热销品。如果将彩色电视和黑白电视放在一个事业部,他们就不会积极开发黑白电视的畅销品了。

二、技术创新战略

技术创新战略的正确选择,从企业的角度讲决定着企业的生存和发展,从国家角度讲关系到国民经济增长的质量和发展的后劲。从技术来源角度看,可将技术创新分为自主创新、模仿创新和合作创新。

自主创新是指企业以自身的研究开发为基础,实现科技成果的商品化。自主创新并不要求所有的技术环节都由企业攻克,但是核心技术必须是企业独立研究开发的。例如北大方正电子出版系统,虽然参考了大量国外技术成果,但是其核心技术——汉字信息计算机处理技术——是自行开发的。自主创新一般指重大技术难关的攻克和完全新型的产品问世。

自主创新必须以率先性的技术为目标,如果别的企业已创新成功,再自主创新就没有必要了。率先性的技术一旦攻克,就具有独占性的优势,使企业的竞争优势极大地增强,从而保证企业获得超额利润。企业如能充分利用自主创新的技术积累,沿着形成的技术轨道,产生派生创新,那么企业可在相当时期内站在新兴产业的前沿。美国杜邦公司从自主创新尼龙后充分利用形成的技术轨道,接连对合成纤维、合成橡胶、合成塑料三大合成材料进行自主创新,从而使自己在合成材料产业中始终保持着领先地位。自主创新要求企业拥有雄厚的研究力量和技术成果与创新经验的积累,要有领先的核心技术和雄厚的开发资金作后盾,特别是要能正确判断科技发展趋势和市场需求趋势,否则将事倍功半甚至前功尽弃。例如在高清晰度彩电技术的创新上,日本采用了难度较小的模拟技术路线,美国采用的是难度较大的数字技术路线。由于日本的系统将淘汰所有现存的电视机,不为消费者所接受,最后日本只得放弃,100亿美元的研制费也付之东流。而自主创新投资大,并且没有现成的经验可借鉴,所以美国要冒较高的风险。

模仿创新是指在率先创新的示范下,引进或破译率先者的核心技术,在此基础上进行完善、开发和商业化。模仿创新是技术创新的一个重要方式,只有通过模仿创新将率先创新进行扩散,创新才能在经济生活中产生巨大影响,形成新兴产业,促进经济高涨。从企业角度来说,世界上绝大多数企业的创新活动都属于模仿创新。从国家来说,大多数国家实行模仿创新为主的模式,日本就是一个很成功的模仿创新的例子。模仿创新不等于"依葫芦画瓢",成功的模仿创新除了核心技术的模仿外,更重要的是完善、改进和进一步的开发。日本松下公司模仿开发家用录像机(VCR)就是一个典型的例子。该产品原本由索尼公司于1975年率先推向市场,松下公司经过对其剖析,在核心技术模仿的基础上改进了录像容量小和放映时间短的缺点,并进一步开发。新产品不但解决了原有的不足,而且体积更小、价格更优,从而松下公司的市场占有率超过了率先创新者索尼公司。模仿创新不仅是跟踪、追赶,而是完全可以超越率先者。模仿创新由于有率先者的示范,成本相对低,风险也相对小,当然获取垄断利润的可能性也相对小一些。

模仿创新要在尊重率先者的知识产权的基础上进行,可通过购买专利、使用许可证来获取和使用核心技术。模仿者要能与率先者竞争,关键在于模仿中有创新。

合作创新是指以企业为主体,企业之间、企业与高校之间、研究所之间进行合作推动的创新。一个企业往往由于科技人才与装备的缺乏,研究与开发经验的不足,难以单独进行重大创新。与企业外的单位合作创新,实质上是社会创新资源的聚集与优化配置,从而达到缩短创新时间、扩大创新规模、集聚创新成果的目的。合作创新在我国有较长的历史,多年来工业战线上的"攻关""会战"就是合作创新的一种形式,我国"两弹"技术和航天技术的联合攻关就是一个涉及成千上万个单位合作创新的成功范例。近年来我国企业陆续开展与高校、科研院所的合作创新,每年数以万计的科研成果转向企业,成为企业新产品、新工艺的重要来源,这对引导科技转向生产和商品化,真正发挥科技是第一生产力的作用具有重要意义。

无论一个国家还是一个企业,在进行技术创新战略选择时,要视自身的基础和实力而定。从国家角度讲,自主创新始终是我们奋斗的方向,但从总体上说,模仿创新是现阶段我国企业创新战略的现实选择。科学有其内在的规律,技术发展有其必然的轨道,只有掌握规律和自觉运用"轨道",自主创新才会得心应手。所以自主率先创新需要有一个认识深化过程、规律掌握过程、实践积累过程,从某种意义上讲,模仿创新是自主创新必不可少的准备,是一个不可逾越的阶段。目前我国绝大多数企业的经济实力与技术实力,特别是在研究与开发的经验与积累、人才与信息方面,都与国际上的大企业有较大差距。差距意味着风险,只有通过积累缩小差距,才能减少创新风险。所以模仿创新是我国企业现阶段增强竞争力、参与国际竞争的必要手段。

当前,我国的科技人才与资源大量集中于高等院校与科研院所,科技成果在生产上的转化率很低,而与之形成鲜明对比的是,旺盛的市场需求又得不到创新的支持,所以企业在模仿创新时应充分利用社会的科技力量进行合作创新。可以采用实验室研究以研究单位为主,中试与生产性试验以企业为主的分段式合作,也可以联合组织班子从小试到生产性试验共同完成的创新机制。当前合作创新的最大障碍是研究单位与企业的价值取向不同,前者注重研究的是理论成果,而后者需要的是物质成果,所以成果的转化就成为合作创新的"瓶颈"。随着市场经济的发展,这个"瓶颈"会在互利的基础上得到解决,合作创新的进一步发展可促使企业与研究单位合二为一,一部分研究所可直接进入企业成为企业的研究开发部门,直接参与创新的全过程。高校与科研单位可自己创办科技性企业,参与市场竞争,如北大方正、清华同方等,由于这些企业中也有研究与开发者,其创新周期无疑将会缩短,提高创新效益。

合作创新可集聚创新资源、缩短创新周期,特别是对于重大创新无疑是一种好方式。在这方面政府或行业协会应起组织作用。如日本由五家计算机公司组成的日本特大规模集成电路(VLSI)研究协会进行的 VLSI 合作创新,短短五年时间便极大地推动了日本计算机产业的发展,缩小了与美国的差距。同样,法国、德国、英国等几个国家合作创新的"协和"号超音速喷气机则是国家间合作创新的典型。

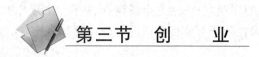

第三节 创 业

创业前段的主要工作是研发产品,处于这个阶段的企业称为种子期企业。因为此时企业处于研发阶段,还没有销售收入,只有研发资金的投入。当研发成功后,其产品或者服务就开始投放市场,通过销售或者服务产生销售收入,现金流入开始增大。这个阶段的企业称为创立期企业。随着时间的推移,其产品或服务市场逐渐扩大,销售收入逐渐增多,这个阶段的特征是企业现金流量增大,总现金流从负值逐渐达到平衡点。这个阶段的企业称为成长期企业。随着市场的不断开拓,销售收入逐渐增多,企业的总现金流从平衡点逐渐增加,开始出现盈利。这个阶段的企业称为扩张期企业。此时,企业往往需要扩大再生产,开始了新一轮的融资,逐步进入成熟期。所以,创业的过程要经历五个阶段:种子期、创立期、成长期、扩张期和成熟期。所谓创业,是由创业者或者创业团队将自身或合作研发成功的产品或服务推向市场,并进行经营。因此,该类企业首先遇到的风险是研发和对市场判断的风险,这样,其他人或者企业想进入该行业时在一定时期内会遭遇技术上的壁垒。

一般情况下,创业者在创办企业时,所遇到的首要问题是融资,即筹措足以支持研发的资本。否则,就难以迈过种子期阶段。这时的风险主要是研发风险,因为一旦研发失败,企业往往无法继续创办下去。当然,融资一直是创业过程中的重要事项,每个阶段都离不开这个重要的影响因素。所以,没有良好的创业环境,创业将步履艰难。但是,关键还是在于创业者。

一、创业者的特征和类型

1. 创业者的特征

创业者通常具有如下一些特征:①具有强烈的取得成就的欲望;②自发性地从事一些冒险活动;③具有自信心;④乐观主义者;⑤具有拼搏的精神;⑥具备协调和处理各种困难的能力。

除了上述特征外,要取得创业成功还必须关注三个主要影响因素。

(1) 创业者的内在素质,包括直觉能力、对外联系能力、风险处理和承受能力、创造性能力、灵活性、独立意识、时间观念。

(2) 创业者的管理能力,包括战略规划能力、现金流的有效管理、预算能力、先前的经验、受教育程度、组织能力。

(3) 创业者的交际能力,包括与信用评估机构和银行之间的良好关系,与用户之间的良好关系,与雇员之间的良好关系。

2. 创业者的类型

创业者大体上可以分成三类:基础型、管理型和销售型。

一般认为,基础型创业者是"纯"创业者。这类人可能是发明家,他们在自己发明的或者改进的新产品和服务的基础上开始创业活动。这类人也可能是技师,他们在自己发展起来的技能的基础上创业。这类人也可能是有市场背景、有事业心的人,他们在利用别人的思想开始创业活动。后一类人的创业,往往通过市场调查、融资、吸引人才、添置必要的设备等活动发展他的公司,当公司成立后努力负责公司的管理并使其成长,或者将其出售后开始另一种创业活动。

管理型创业者管理着发展中的企业,他们日夜管理着公司的生产、销售和财务。基础型和管理型创业者之间的界线往往是模糊的。比如,有的小公司会朝着创业时的经营方向快速成长,而有的小公司在以后的经营过程中改变了原有的方向。

销售型创业者的特征是成功研发并成功创业。如果仅是销售其研发的产品,不能称之为创业者,只是研发人员而已。只有成功研发并创业,才是真正意义上的创业者。与管理型创业者的区别在于,销售型创业者的目标就是通过创业提升其研发的价值,并获得承受研发风险的高回报。也有人对此有不同的定义,认为销售型创业者是指那些在创业后具有对经销权支配特权的创业者。

3. 工匠型创业者和机会型创业者

从管理方式来看,创业者有工匠型创业者和机会型创业者两种类型。

工匠型创业者所接受的教育主要是技术方面的。他们具有技术方面的工作经验和能力,但是缺乏社会活动能力和综合判断能力。这类创业者在进行决策时主要有如下特征:①家长式的;②不愿意委托别人进行管理;③可利用的财政资源是有限的;④制定的市场战略只考虑传统的价格、质量和声誉;⑤依靠人员推销;⑥缺乏长期的未来成长计划,主要考虑眼前情况。

机会型创业者,除接受技术方面的教育以外,还接受一些非技术方面的教育,如经济、法律等。机会型创业者的特征是:①尽量避免家族式管理;②为了公司的成长,愿意并尽量委托专家管理;③制定出各种市场战略和作出各种销售方面的努力;④尽量拓宽融资渠道;⑤为将来的成长制订计划。

当然,以上两种类型的创业者是处于极端的情况,现实中大多数创业者是处于两者之间。

以上都是指创业者是一个人的情况,也有的是几个人共同创业的,称为创业群体。目前,这种创业群体的情况越来越普遍。创业群体中可能有技术人员、管理人员和销售人员,相互之间优势互补,因此这种群体创业成功的可能性往往会更大一点。

二、创业机会

1. 创业准备

接受教育和获取经验对于大多数创业者来说是必要的准备之一。虽然不同行业的需求是不一样的,但一些必要的"知道如何做"是需要提前了解和准备的。此外,有远见的创业者为了进行初始投资,还需要积累"原始资本"。

创业虽然没有年龄的限制,但是,确实存在一些年龄上的障碍:年轻人往往由于准备不足和原始资本欠缺而在初创阶段遇到挫折;年纪较大的人由于建立了家庭、有稳定的工作和收入,而在初创阶段显得瞻前顾后。理想的创业年龄就在以上年龄段之间,即30~40岁。

创业前需要接受何种类型的教育和取得什么样的经验,取决于创业者选择什么样的行业进行创业。显然,创办软件公司和创办汽车修理厂需要不同的创业准备。

2. 创业机会的选择

创业的出发点很重要,出发点也可称为创业思想或点子,可以归纳为三类:第一类是提供一种新的产品或服务,这种产品或服务在其他地区或城市可能已经有了。第二类是一种全新的产品或服务,这种产品或服务在其他地区或城市也没有。第三类是提供一种改进的产品或服务,这类产品或服务虽然在市场上已经有了,但改进后就成为新的机会了。

一个好的点子并不一定是一个好的投资机会。事实上,许多人往往被创业思想或点子迷惑而低估了开拓市场的难度。要确认一个好的投资机会,创业者提供的产品必须在外观、质量、耐久性和价格方面受到顾客的欢迎,并让顾客相信享用后将带来好处。如果创业时不清楚自己的服务对象和真正的需求,那么就很难找到顾客和市场。

有很多因素决定着创业思想是否是一个好的投资机会,但是有一些基本的要求必须满足:创业时机的把握,产品或服务的竞争优势,企业的成长性,创业者的创业基础,创业者没有致命的弱点和缺陷。

三、创业融资与风险投资

创业的核心财产可能就是思想、知识或者技术,能够进行抵押的有形自有资产不多。因此,这类企业的资金来源渠道可能有自有资金、借款、股权投资以及风险投资等。种子期和创立期的资金来源主要是自有资金、借款和股权投资等。而到了企业发展阶段,需要的资金量就可能很大,以上三种渠道的资金已经不足以满足发展的需要。这时候,往往需要风险资本的投入。

1. 风险投资业的特点

概括来说,风险投资业具有如下特点。

(1) 风险投资是一种权益投资。风险资本家以股权方式投入创业企业,他们和创业者共担风险。如果企业成功了,风险资本家以投入的股份分享利益。如果企业失败了,他与创业者一同分摊损失。

(2) 风险投资是一种专家投资,或者称为专业投资。与一般的金融业者不同,风险投资公司积极参与受资公司的管理,风险资本家首先扮演创业者的角色,其次才扮演金融业者的角色。用他们帮助其他公司成长所积累起来的经验,为新的受资公司作出提供资金以外的贡献。有的风险资本家称创业公司就像一个婴幼儿,需要"哺育"着成长。由于风险投资公司的介入,创业公司不但在资金方面得到保障,而且在管理方面也走向成熟。

(3) 风险投资是一种长期投资。风险资本家向创业公司投入资金后,并不追求短期的利润。在企业发展过程中,风险资本家并不分享过程中的利润。根据企业发展的需要,风险资本家往往进行第二次和第三次的投入。待企业"哺育"大了以后,风险资本家将协助企业上市,通过上市,风险资本家撤出投资。或者通过被收购,风险资本家出售股权撤出投资。

(4) 风险投资的对象。风险资本通常投资于年轻的、具有发展潜力的和快速成长的公司(称为受资公司)。这些公司一般是一些高技术公司,或者是提供一种全新服务的、具有创意的、具有潜在高回报价值的公司。

(5) 风险资本家仅投资受资公司的一小部分股权,通常的投资额不超过公司股份的 30%。

2. 风险投资业的组织形式和资金来源

风险投资组织有多种形式并存,包括有限合伙制组织、商业银行、投资银行、直接投资者和政府风投支持机构等,其中典型的组织形式是有限合伙制。

尽管有限合伙制在风险投资组织中占主导地位,但是近年来,美国税法已经允许有限责任合伙组织(limited liability partnerships, LLPs)形式和有限责任公司(limited liability companies, LLCs)形式作为替换形式。然而,有限合伙制形式依然占主导地位。对每一种组织形式的有利之处和不利之处的比较可以从责任形式、税务负担、企业管理权三方面进行讨论。

风险投资公司将组织一个合伙基金,该基金由主管合伙人和投资者(或称为有限合伙人)组成。这种基金是有期限的,通常是 10 年。每个基金受投资协议的约束。一旦合伙人组织达到了其目标资金规模,将不再接受新的投资者加入,甚至会让一些已经加盟的投资者退出,以保持基金规模。

美国和欧洲国家风险投资业的资金来源有抚恤金、捐款基金、基金,以及公司、富有的私人、外国投资者和风险资本家自有资金。目前中国的许多风险投资公司主要是政府或者法人出资成立的有限责任公司。

3. 投资期限和投资的退出

风险投资公司会帮助受资公司成长,但是,他们将会在3～7年内寻找退出渠道。早期阶段的风险投资受资公司在7～10年内成熟,后期阶段的风险投资受资公司的成熟期则短一些。因此,风险投资公司对投资对象的发展阶段选择与有限合伙组织的资产流动性要求是一致的。风险投资既不是短期的投资也不是流动性投资,但是,这种投资的投资人必须是勤勉的和具有专门知识的专家。

有限合伙人对风险基金进行投资时,已经知道这种投资是一种长期投资。在第一次投资以后可能需要几年时间才开始有回报。许多情况下,风险投资资金可能在受资公司中占用7～10年。有限合伙人理解这种资金的不可流动性。

根据风险投资公司自身的投资焦点,他们将在其初始投资后的3～5年考虑退出投资。尽管公开发行股票是风险投资和创业者退出的理想途径,但是,大多数风险投资的成功退出是通过被创业者回购或者被其他方收购兼并的方式进行的。风险投资公司在退出方面的经验也指导着创业者。

公开发行股票是常见的风险投资退出渠道。股票公开发行以后,风险投资公司将接收到受资公司的股票,但是,风险投资公司所持有股票的出售是有限制的,需要几年以后(通常是2年以后)才能出售。一旦这些股票可以流通,风险投资公司将分配股票或者现金给有限合伙人。

兼并和收购代表着大部分成功风险投资的退出。在兼并和收购的情况下,风险投资公司将从受资公司的收购者那里得到股票或者现金,然后分配给有限合伙人。

第四节　风险投资的融资过程

创业者为了争取风险投资,第一需要了解有哪些风险投资公司及其投资原则,第二需要了解风险投资公司的项目选择标准,第三需要制订一份融资计划书。

一、风险投资公司的投资原则

风险资本家有着各自的投资原则,创业者要有所了解。有的风险资本家可能投资于公司形成或者产品开发出来之前的阶段,这种投资称为"种子投资";有的风险资本家可能投资于公司第一次或者第二次发展的创业阶段,这种投资称为"早期阶段的投资";有的风险资本家可能投资于公司的成长阶段,这种投资称为"扩张期的投资";有的风险资本家可能投资于公司发展后期阶段,通过投资使公司能够上市公募资金。

因此,在了解不同风险投资公司的投资范围和原则以后,创业者才能根据自身企业的特点有针对性地寻找和选择风险投资公司进行洽谈。

二、风险投资公司的项目选择标准

不同风险投资公司的项目选择标准有所差异。但是,概括起来存在一些共同点。

(1) 退出的考虑。无论是在中国投资的国外风险投资公司,还是中国境内的风险投资公司,其共同特点之一是在选择项目时首先考虑退出的问题。这可能与我国目前缺少退出环境(如二板市场)有关。

(2) 创业者的素质。风险投资公司对创业者的素质考虑得比较多的是人品、观念、经营管理能力和技术水平。其中,风险资本家认为前三者往往比创业者的技术水平更重要。因为作为一个企业,需要各种人才。如果创业者在前三者中有所欠缺,结果可能会造成不能凝聚人才和留住人才,不能有效开拓市场,很可能被竞争者击败。

(3) 管理队伍。对于扩张期的投资,考虑较多的是管理队伍。管理队伍的组成,既反映了创业者是否具有凝聚人才的能力,同时也反映了这个企业是否具有后劲。风险资本家对有过经营失败记录的管理者是持谨慎态度的。主要管理部门存在人才缺陷,或者由于公司的规模不同,各部门不能及时调整自己的工作角色时,可通过聘用在这一领域有丰富经验的专家作为公司的非执行董事,协助管理队伍进行公司的日常管理。

(4) 所属行业和技术带头人。风险投资选择的行业一般是所谓的朝阳行业,最近几年投资最多的是互联网行业、信息技术行业、通信行业、生物和医疗行业、新能源行业等。特别是互联网行业,在国外上市的难度低,并且容易被大众投资者接受和看好。这种行业即使在上市时还没有利润,其股票价格也在不断上涨。另外,有的风险投资机构也非常重视创业公司中技术带头人的水平,其认为,如果技术带头人不是一流的,那么,该公司也不可能有一流的技术和产品。

(5) 项目前景。考察公司的发展前景时,主要依据公司的发展计划。风险资本家往往把现实的和可实现的未来收益综合起来考虑。风险资本家希望受资公司不是为了开发新技术而做研究工作,而是为满足某一种新产品的特殊需要而从事新技术的开发。因而对发展前景的考察,与其说是对技术本身可行性的考察,倒不如说是对新技术在新产品商业化过程可行性方面的考察,包括现有的竞争水平、技术的创新水平、市场进入的壁垒以及供应商和客户的讨价还价能力。

三、融资时需要准备的文件

创业者需要准备一些文件来证明:本人的素质,公司管理队伍的素质和水平,公司的发展前景。如果公司刚刚创业,则对于前两者,可以用一些历史业绩来证明。如果公司处于扩张期,则除了用历史业绩证明以外,还需要用公司历年来的财务报表等来证明。对于公司的发展前景,则需要有发展计划来证明。

简单来说,创业计划是一种管理资源以期获得利润的方式或程序。一个计划应该包括现在的情况和目标,以及要达到目标所应该采取的方式。因此,创业计划应该回答四个问题:公司所处的环境和现在的情况如何?公司的资源和优劣势情况如何?目标是什么?如何才能达到目标?

四、融资战略任务矩阵

一个公司大概由几个职能部门组成：生产部门、销售部门、财务部门、管理部门、技术部门和顾问。根据每个职能部门的工作性质，针对不同情况可以构筑战略任务矩阵，如表 10-1 所示。

表 10-1 不同职能部门在不同情况下的战略任务

情况	生产部门	销售部门	财务部门	管理部门	技术部门	顾问
刚开张	研究与发展新产品研制与生产	市场调查与制订开拓计划	展示资金情况	计划与协调	试验、研发、出成果	顾问队伍尚处于小规模状态，等待发展
慢速成长阶段	推进产品、创新活动、引进新产品	协助生产部门进行创新和引进活动	寻求债务市场或引进权益投资，以改进财务状况	组织班子努力推进公司的成长	努力寻找满足用户需求的产品，改进、创新和引进新产品	寻求具有积极进取精神的顾问
快速成长阶段	不断推进和保持发展趋势	不断抓住市场机会，扩大市场占有率	寻找新的资金来源	开拓和谨慎并行	需要开始重大的创新活动	顾问队伍需要扩大，但也需要谨慎
改进和停滞阶段	试验新的和较好的生产方法	研究用户的需求和调整市场销售战略	寻找新的资金来源	向竞争者学习和引进有效的新的管理方法	增强培训工作和新产品研制工作	培训员工和增强工作效率
整顿阶段	努力提高效率以优于竞争者	努力在市场上战胜竞争者	保持财务状况的稳定性和灵活性	设法在各方面超过竞争对手	改进产品和跟踪新产品动向	设法使公司成长

第五节 创立期企业的组织体制与管理

对创立期企业来说，面临的突出问题是人才和知识的管理问题。可以分析以下三种情况。

（1）如果企业的技术或者产品是创业者自己开发的，并且创业者担心技术外泄，创业者会永远自己掌握着技术，而不在公司内部培养核心技术人员，那么，这个企业可能是长不大的，只能维持一种小作坊形式。显然，这种管理办法并不可取。因此，重点是介绍后面两种情况。

(2) 如果创业者培养了核心技术人员,则核心技术人员的流失和出走就意味着知识产权的流失。特别是核心技术人员到其他企业或者自己创业,就意味着竞争者变得强大,或者多了竞争者。企业如何防范这种情况呢?

(3) 随着公司的不断发展,可能会出现这样一种情况:公司内部没有一个人或者几个人能够全面地掌握技术,特别是一些咨询公司。作为公司里重要财富之一的知识,如何进行有效的交流和管理呢?

一、创立期企业的人才管理

高技术企业最大的特点是:其最大财富是在人的脑子里,高科技企业的竞争是技术的竞争,而人才是技术的载体。如果核心技术人员走了,他也带走了技术,并且很可能使公司多了一位竞争者。企业人员的稳定性,关系到企业核心能力的成长及企业核心技术的保密问题。因此,高技术企业管理与一般企业管理最大的不同可能就是人员管理方面的不同。

新创立的高技术小企业在成长过程中会不断出现分裂现象,一些地区的发展经验值得借鉴。其中最值得借鉴的是知识参与分配和管理参与分配,这种特殊的分配体制可以凝聚人才、吸引人才。知识参与分配、管理参与分配的主要方式有两种:一种方式是送给核心技术人员或者管理人员企业股份,另一种方式是实行期权制度。

二、创立期企业的知识管理

前面实际上已经提到,创立期企业人才流失造成的不仅是人才损失,更重要的是可能将竞争力的核心部分——技术泄露出去。因此,知识管理的问题是非常重要的。

在现实经济活动中往往存在很多矛盾。如果将知识牢牢掌握在创业团队的手里,那么这个企业是无论如何都做不大的,如果由非创业团队掌握着核心知识,就有可能存在技术泄露的风险。如何防范和管理呢?

首先,如果是可以申请专利的技术,可以申请专利。

其次,如果是无法或者不便申请专利的技术,而又有必要让其他人员掌握,那么就想办法让这些人成为核心人员,以稳定这些人员。

最后,对于重要的技术,需要建立知识档案。

三、生存空间的选择

任何企业要想生存与发展,必须先找到自己的生存空间。对于处于创业阶段的高科技中小企业而言,市场空间是生存空间中最重要的部分,也是最直接的体现形式,企业只有预见到、把握住极其宝贵的市场空间,才能克服种种创业困难。高科技中小创业企业的市场空间主要有地域型、时差型、地域时差综合型、制度保护型及特殊需求型等多种。

当不同地域的市场需求存在一定的差异,而强大的竞争者又忽视了这一差异,或当竞争对手无暇顾及该市场时,就给高科技中小企业留下了开拓地域型市场空间的机会;当市场对某一产品服务有需求或有潜在需求,而国内外竞争者尚未涉足该领域时,时差型市场空间就出现了;当地域对区外竞争企业的进入构成一些障碍,会延迟竞争对手进入时,区内企业就有了地域时差综合型市场空间;当国家对国外产品采购实行许可证制度限制时,就会给企业留下制度保护型的生存空间;此外,如军方等特殊需求也可能成为企业的市场空间。总之,把握住市场空间是中小企业生存与发展的关键问题。

 本章小结

本章介绍了企业技术创新的含义、企业技术创新的特点,以及技术创新的实质,即依靠技术进步促进经济增长;技术创新的关键,不是研究发展,而是研究与发展成果的商业化;技术创新的主体是且只能是企业家;技术创新是一个动态的过程链。

企业创新战略对企业发展有重要性作用。

创立期企业主要有三个特点:①高科技中小企业在发展初期具有很大的风险,创业者的知识或者技术作为无形资产在企业中往往占相当可观的股份,其贷款可抵押的有形资产不多;②如果创业成功,该企业将具有一般中小企业所不能比拟的成长速度;③创立期企业最大的财富是知识或者技术。

由于创立期企业的特点,对于创业者来说,了解该类企业的融资渠道和方法,如了解风险投资,了解人才、技术(知识)管理的特点,了解和把握自己的生存空间,才能使自己创办的企业得到快速成长,这些显得很有必要。

关键术语

技术创新　企业技术创新战略　创业　风险投资

思考题

1. 技术创新的种类有哪些?
2. 技术创新的动力源、目前具有代表性的模式有哪些?各种模式的主要内容是什么?
3. 技术创新的影响因素有哪些?
4. 什么是技术创新的扩散?其作用是什么?
5. 试比较技术创新与技术开发两个概念的区别。
6. 试论述技术创新的形式、目的与主体,并举一两个案例。
7. 试论述改革开放后中国经济高速发展与技术创新的关系。
8. 试比较第一次工业革命时世界前20位富国排行榜与20世纪末世界前20位富国排行榜,从比较中你能获得什么启示?
9. 请举例说明持续的技术创新是企业持续发展的根本保证。
10. 你从其他有关技术创新的书籍中看到过"内部企业家"的介绍吗?请问你如何评价"内部企业家"在企业创新活动中的作用?
11. 创业的关键是什么?是不是所有人都可以创业呢?
12. 创业过程各阶段中,创业者应该关注的重点是什么?
13. 在新形势下,创业的最大财富还是知识和技术吗?

第十章　企业创新与创业管理　　　第十章案例阅读

第十一章 企业文化管理

教学目标

学生通过本章的学习,能够对企业文化的相关概念、功能以及企业文化的结构有较深刻的理解,并对企业形象的概念和构成有一定的了解。借助本章知识,学生可以对企业发展过程中遇到有关文化问题有一个初步的认知,并能针对具体问题提出一定的解决方法,使企业文化更好地促进企业的持续发展。

教学要求

本章要求学生了解企业文化的发展,理解企业文化的概念、内涵、特征和功能,掌握企业文化的结构,了解企业文化建设的内容,理解企业形象的概念,掌握企业形象的构成,理解企业形象与企业文化的关系。

引导案例

华为公司创立于1987年,是一家由员工100%持有的民营企业。公司100%由员工持股,不包含政府以及任何机构。在2018年全年其全球销售收入达7 212亿元。在短短的30年华为从一家小公司起家发展成世界500强企业,并且是唯一一家作为民营非上市公司上榜。华为的企业文化是"狼文化"。华为公司认为狼是企业学习的榜样,要学习"狼性"。华为的狼性主要体现在学习、创新、获益和团结。因为"狼文化",华为有远大的追求和求实的作风,成为世界领先级企业,独立自主的研发和发展世界领先的核心技术以及产品。

资料来源:韩思为. 企业核心竞争力分析——以华为公司为例[J]. 广西质量监督导报,2021(04):127-129.

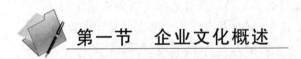

第一节 企业文化概述

企业除了要有"硬性"的规章制度之外,还要有一种"软性"的协调力和凝合力。企业以无形的"软约束"力量构成企业有效运行的内在驱动力,这种力量就是被称为管理之魂的企业文化。企业文化是一个有机系统,塑造企业文化是领导者必须实践的一项职能。一旦企业文化被融入组织,它便为全体员工提供了行为准则,无论员工在任何地方工作,都能运用已经融入心中的价值观指导自己的行动。企业文化的基本思路是要改变管理者和被管理者的对立,使他们自动为企业的共同目标奋斗。企业文化是现代管理理论与文化理论相结合的产物,也是现代管理实践的产物,对企业的经营决策和领导风格,以及对企业职工的工作态度和工作作风起着决定性作用。

一、企业文化的发展

企业文化研究热潮的兴起,源于日本经济的崛起对美国所造成的冲击。日本是第二次世界大战的战败国,但是在第二次世界大战以后,日本经济在短短30年左右的时间里迅速崛起,一跃成为世界第二大经济强国。日本经济的崛起,使西方国家乃至全世界都为之震惊。是什么力量促成了日本经济的成功?日本靠什么样的管理使其产品在国际市场上具有如此强大的竞争力?

面对这些问题和困惑,许多美国管理学者进行了美、日管理学的比较研究。他们在研究中发现,美国企业管理较为注重诸如技术、设备、制度、方法、组织结构等"硬"因素的分析,而日本企业更多强调人、目标、信念、价值观等"软"因素。其中最大的差别是日本企业员工有爱厂如家的观念,而美国企业员工缺乏这种观念。这表明,美、日两国不同管理模式的背后存在文化的差异。在系统比较了日、美两国企业在管理上的差异以及总结了成功企业的经验后,一些美国的管理学者认识到企业文化在企业发展中的重要作用,他们纷纷发表论著,揭示企业文化的概念,论述企业文化的内容和作用。

进入20世纪80年代,美国理论界接连出版了四本畅销书:《Z理论——美国企业界如何迎接日本挑战》《日本企业管理艺术》《企业文化——企业生存的习俗和礼仪》《追求卓越——美国最成功公司的管理经验》。这四本著作以崭新的思想、独到的见解、精辟的论述和丰富的例证,构成了一个理论体系,被誉为美国企业文化的"四重奏"。这四本著作的出版,标志着企业文化理论的诞生。

《Z理论——美国企业界如何迎接日本的挑战》发行于1981年,该书对美国和日本的企业管理方式进行了比较,把美国式的领导个人决策、职工被动服从的企业称为A型组织,把日本式的领导层和职工积极融为一体的组织称为J型组织。大内认为,应该通过学习日本的企业来革新美国的企业,创立新型的Z型组织,强调企业与职工荣辱与共,决策采取集体研究与个人负责相结合,树立牢固的整体观念,以自我指挥代替等级指挥等。同时他还对企业文化做出了较为完整的定义:"传统和气氛构成了一个公司的文化。同时,文化意味着一个公司的价值观,诸如进取、守旧或是创新——这些价值观构成了职工的活动、意见和行为规范。管理人员身体力行,把这些规范灌输给职工并代代相传。"他认为只有在组织内部培养出共同的目标和信任感,经营才可能成功。

《日本企业管理艺术》由理查德·帕斯卡尔(Richard Tanner Pascale)与安东尼·阿索斯(Anthony G. Athos)合著。该书揭示了著名的"七因素理论"或称"7S"理论,是从管理的机制上认识企业文化,认为企业文化从结构上应分为七个方面:结构、战略、制度、技能、作风、人员和最高目标。该书认为,美国企业在管理过程中过分强调前三项,而日本在不忽略前三项的基础上,较重视后四项,因此日本企业在竞争中充满了活力。

《企业文化——企业生存的习俗和礼仪》于1982年出版。该书首次将企业文化作为一门系统的理论加以研究。该书认为,企业文化由企业环境、价值观念、英雄人物、文化仪式和文化网络五个要素组成,并把企业文化分为强人文化、拼命干、尽情玩文化、风险文化、过程文化四种类型。该书为企业文化这一理论奠定了深厚的基础,是企业文化理论探索的一个里程碑。

《追求卓越——美国最成功公司的管理经验》一书归纳了成功公司的八个共同特点,其中突出的一点就是长期坚持形成有自己特色的企业文化,以此作为企业发展的动力。

尽管企业文化热已经在全球范围内产生了深刻的影响,但究竟什么是企业文化?企业文化有什么内涵和特点?企业界和学术界没有形成完全一致的看法。

二、企业文化的概念和内涵

企业文化就是企业在长期的生存和发展过程中所形成的,为企业多数成员所共同遵循的经营观念或价值观体系。企业文化包括价值标准、企业哲学、管理制度、行为准则、道德规范、文化传统、风俗习惯、典礼仪式以及组织形象等。其中,共同的价值观是企业文化的核心。因此,企业文化也可以认为是以企业哲学为主导,以企业价值观为核心,以企业精神为灵魂,以企业道德为准则,以企业形象为形式的系统理论。

企业文化的内涵,可以从以下几个方面进一步理解。

(一)企业文化的核心是企业价值观

企业总要把自己认为最有价值的对象作为本企业追求的最高目标、最高理想或最高宗旨,一旦这种最高目标和基本信念成为统一本企业成员的共同价值观,就会构成企业内部强烈的凝聚力和整合力,成为组织成员共同遵守的行动指南。因此,企业价值观制约和支配着企业的宗旨、信念、行为规范和追求目标,企业价值观是企业文化的核心。

(二)企业文化的中心是以人为主体的人本文化

人是整个企业中最宝贵的资源和财富,也是企业活动的中心和主旋律,因此企业只有充分重视人的价值,充分调动人的积极性,发挥人的主观能动性,努力提高企业全体成员的社会责任感和使命感,使企业和成员成为真正的命运共同体和利益共同体,这样才能不断增强企业的内在活力和实现企业的既定目标。

(三)企业文化的管理方式以软性管理为主

企业文化是一种以文化的形式出现的现代管理方式,也就是说,企业文化通过柔性的而非刚性的文化引导,建立起企业内部合作、友爱、奋进的文化心理环境,自动协调企业成员的心态和行为,并通过对这种文化氛围的心理认同,逐渐内化企业成员的主体文化,使企业的共同目标转化为企业成员的自觉行动,使群体产生最大的协同合力。这种由软性管理所产生的协同力,比企业的刚性管理制度有着更为强烈的控制力和持久力。

(四)企业文化的重要任务是增强群体的凝聚力

企业成员来自五湖四海,不同的风俗习惯、文化传统、工作态度、行为方式、目的愿望等都会导致成员之间的摩擦、排斥、对立、冲突乃至对抗,这些不利于企业目标的顺利实现。而企业文化通过建立共同的价值观和寻找观念的共同点,不断强化企业成员之间的合作、信任和团结,使之产生亲近感、信任感和归属感,实现文化的认同和融合,在达成共识的基础上,使企业具有一种巨大的向心力和凝聚力,这样才有利于企业共同行为上的齐心协力和整齐划一。

三、企业文化的特征

企业文化是在企业长期发展过程中逐步形成和完善的。由于各个企业的历史传统和社会背景不同、所处行业不同、技术设备和生产经营状况不同以及员工素质不同,各个企业所形成的企业文化模式也各不相同。企业文化的本质特征可以归纳为以下几点。

(一) 时代性

任何企业的运作都是在一定的时空条件下进行的,它受特定的时代、特定的地域空间的政治、经济和社会环境的制约。企业文化必须随时代的变化而变化,反映所处时代的精神。例如,20世纪50年代我国企业倡导的"鞍钢文化",20世纪60年代的"大庆文化"。随着现代市场经济的发展,开放、改革、开拓、进取、竞争等精神逐渐成为现代企业文化的主旋律。

(二) 系统性

企业文化是一个由企业内互相联系、互相依赖、互相作用的不同层次、不同部分内容结合而成的有机整体,是由诸多要素构成的系统。每个要素又是一个子系统,如企业精神就是包括企业理想、信念、传统、习惯的系统。企业文化的各种构成要素,以一定的结构形式进行排列组合,它们各有其相对的独立性,同时又以一个严密有序的结合体的形式出现。

(三) 稳定性

企业文化具有相对稳定性的特点。企业文化的形成总是与企业的发展相联系的,是一个长期渐进的过程。企业一旦形成具有自身特点的企业文化之后,就会在职工中产生"心理定势",成为企业所有成员共同遵循的准则,长期对企业的运转和员工行为产生影响,不会因企业领导人的更换或组织制度、经营策略和产品的改变而发生大的变化。

(四) 独特性

由于企业的性质、条件以及所处环境的不同,在企业经营管理发展过程中,必然会形成具有本企业特色的价值观、经营准则、经营作风、道德规范等。每个企业都会具有鲜明的个体性和独特性,即使有些企业对其文化的描述相似或相同,这些企业进行自己的活动时,往往也呈现出极大的差别。

(五) 民族性

民族文化是企业文化的根基,企业文化的形成离不开民族文化,任何企业文化都是某一民族文化的微观形式或亚文化形式。企业文化是企业全体员工经过长期的劳动交往而逐渐形成的被全体成员认可的文化,这些成员的心理、感情、行为不可避免地受到民族文化的熏陶,因而在他们身上必然表现出共同的民族心理和精神气质。企业文化虽然有其民族性的一面,但它不应当是一种封闭的文化体系,也不应仅成为民族文化的缩影。

四、企业文化的结构

由企业文化的内涵及特点,看出企业文化的大致结构,再综合学术界的各种观点,我们认为企业文化的结构应包括物质层、行为层、制度层和观念层四个层次,如图11-1所示。其中观念层属于一种隐性文化,它是企业文化的根本,主要包括企业精神、企业哲学、企业价值观、道德规范等。这些内容是企业在长期的生产经营活动中形成的,存在于企业员工的观念中,对企业的生产经营活动产生直接的影响。物质层、行为层和制度层则属于显性文化的内容,是指企业的精神以物化产品和精神性行为为表现形式,能为人们直接感觉到的内容,包括企业制度、企业行为、企业设施、企业形象和标识等。

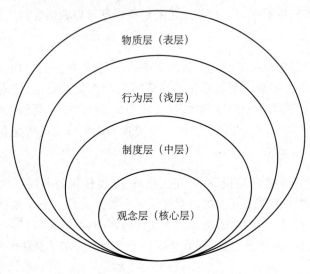

图 11-1　企业文化结构示意图

(一) 物质层

物质层包含的是企业员工创造的产品和各种物质设施等所构成的器物文化。物质层主要包括企业产品结构和外表、款式、企业劳动环境和员工休息娱乐环境、员工的文化设施,以及厂容厂貌等。物质层文化是企业员工的理想、价值观、精神面貌的具体反映,所以,尽管它是企业文化的最外层,却集中表现了一个现代企业在社会上的外在形象。因此,物质层文化是社会对一个企业总体评价的起点。物质层的载体是指物质文化赖以存在和发挥作用的物化形态,主要体现在以下几类。

1. 生产设施及环境

物质文化载体中的生产设施包括机器工具、设备设施等。这些是企业直接生产力的实体,是企业进行生产经营活动的物质基础,标志着人类文明进化的程度,是社会进步程度的指示器。

企业的生产机器、设备设施的摆设等往往折射出管理理念和企业的价值观。如在日本的许多企业中,对员工的关怀往往体现在对安全生产的重视,对安全标语、安全设施、保养维护、安全检查、工厂平面配置、现场布置、区域划分均有整体的科学规划。丰田汽车厂就运用最佳动作原理,将产品输送带抬高,使作业人员不必弯腰工作,既提高了劳动生产率,又减轻了工人的体力负荷。企业的技术、设备的现代化与企业的文明程度密切相关,它是企业进行生产经营活动的物质基础,是生产资料中最活跃的部分。在现代企业中,职工凭借先进的技术、设备,使劳动对象达到预期的目标,为社会生产出质优、价廉的产品,创造优质的物质文化。

企业环境,主要是指工作环境,如办公楼、厂房、俱乐部、图书馆,以及生活设施和环境绿化等。企业环境也是企业文化建设的重要内容。一方面,优美的环境、良好的工作条件能激发职工热爱企业、积极工作的自觉性;另一方面,企业环境也是企业形象与经营实力的一种外在表现。所以,企业环境对扩大企业的社会影响,拓展经营业务,都会产生积极的作用。

2. 企业的产品

企业不仅通过有目的的具体劳动,把意识中的许多表象变为具有实际效用的物品,更重要的是,在这一过程中,不时地按照一种文化心理来塑造自己的产品,使产品的使用价值从一开始就蕴含着一定的文化价值。企业生产的产品和提供的服务是企业生产的经营成果,它是企业物质文化的首要内容。

3. 企业名称和标识

企业名称和企业标识都是企业文化的可视性象征,充分体现了企业的文化个性。企业名称和企业标识还被企业作为一种文化、智慧、进步的结晶奉献给社会,以显示其文化风格。

企业标识是以标志性的外化形态来表示本企业的文化特色,并与其他企业明显区别开来的内容。企业标识包括厂牌、厂服、厂徽、厂旗、厂歌、商标等。这些标识能明显而形象地概括企业的特色,有助于企业形象的塑造,有助于激发职工的自觉性和责任感,使全体职工自觉维护本企业的形象。因此,企业标识已成为企业文化的最表层,但又是不可缺少的。

(二)行为层

企业文化的行为层是指企业员工在生产经营、学习娱乐中产生的活动文化,包括企业经营、教育宣传、人际关系的活动、文娱体育活动中产生的文化现象。这些是企业经营作风、精神面貌、人际关系的动态体现,也折射出企业精神和企业的价值观。

根据不同的行为主体划分,企业行为包括企业家行为和企业员工行为。

1. 企业家行为

企业家是企业的灵魂。企业文化是企业创始人、领导人、企业制度建立者和社会建筑师的创业活动的结果。企业家行为决定了企业文化健康与优化的程度,决定了员工对企业的信心程度,也决定了企业在未来竞争中的胜负。有什么样的企业家,就有什么样的企业和什么样的企业文化。

企业文化主要由企业家来导向,因此企业文化深深烙上了企业家的个性,企业家的志趣情操、精神状态、思维方式和目标追求,所有这些都对企业文化起着决定性的影响。企业家是企业文化的设计者、倡导者、推动者、弘扬者,也是"企业文化的旗手"。企业家的文化素养是孕育企业文化的养分。企业家一生的磨砺与追求奠定了企业文化的基础。优秀的企业家通过追求成功,实现自己人生的崇高理想和信念,通过将自己的价值观在企业的经营管理中身体力行、推而广之,形成企业共有的文化理念、企业传统、风貌、士气与氛围,也形成独具个性的企业形象。

企业家文化是企业文化的核心,企业家的人格力量、信念力量、知识力量是企业家事业追求的驱动力。企业家最重要的任务是创造和管理文化,以自己的言行影响企业健康文化的生成。企业家文化主要体现在企业家的专业素养、思想道德、人格风范、创新精神、理想追求等方面。企业家对企业文化的理解深度与行为选择,反映了他的领导水平与领导能力。纵观成功的企业,几乎所有优秀的企业领导者总是不惜耗费时日去创造、倡导、塑造、维护自己或创业者们构架的具有强势力量的企业文化,并通过自己的行为不断对员工和企业施加积极的影响。

"世界船王"包玉刚一向以稳健、谨慎的风格来经营企业,没有十分的把握,他不会冒险决策。他在创业之初,就选定了风险相对较小的船运业。他认为只要处理好海情,风险就不算什么,船运业是国际性的服务活动,具有广阔的前景。就这样,包玉刚走出了通向"船王"之路的第一步。回避风险成为他事业成功的重要秘诀。他的这种稳健、谨慎的风格直接影响到他旗下的几十家集团、公司,使整个企业所烘托出来的文化处处表现出安全可靠、处处为客户着想的氛围。这些企业文化反过来又帮助包玉刚以卓著的信誉、良好的经营风格不断扩大自己的企业王国。由此可见,企业家的特殊风格直接影响和左右着企业文化。

2. 员工行为

企业员工是企业的主体,企业员工的群体行为决定了企业整体的精神风貌和企业文明的程度。因此,企业员工群体行为的塑造是企业文化建设的重要组成部分。

"海底捞"火锅一直奉行着顾客至上的文化理念,在顾客就餐的全过程中,员工行为充分体现出企业文化。在撤台时用三条毛巾擦桌子:第一条是蓝色湿毛巾,用于擦去桌面上的残渣,然后喷洒洗洁精,并涂满整个台面;第二条是红色湿毛巾,用于擦去台面上的洗洁精和油污;第三条是白色干毛巾,用于擦干台面上的水珠。当食客进入海底捞后,服务员就笑脸相迎,像迎接久违的朋友。落座后,服务员在为食客服务的过程中充满了热情,非常有感染力,并且会跑动为食客服务。通过观察食客的人数来跟食客建议点菜的量,以避免食客因不清楚而浪费金钱和食物。餐后,服务员马上送上口香糖,一路遇到的所有服务员都会主动向顾客微笑道别,甚至还帮顾客打车、提车。也正是这种周到细致的服务才使海底捞在火锅业处于领先地位。

(三)制度层

制度层也叫企业的制度文化,它在企业文化中位居中层,是具有本企业文化特色的各种规章制度、道德规范和职工行为准则的总称,包括厂规、厂纪以及生产经营中的交往方式、行为准则等,也包括企业内部长期形成的企业风俗,是一种强制性文化。企业制度文化是企业为实现自身目标对员工的行为给予一定限制的文化,具有共性和强有力的行为规范的要求。企业制度文化的规范性是一种来自员工自身以外的、带有强制性的约束,规范着企业的每一个员工。

在企业文化中,企业制度文化是人与物、人与企业运营制度的结合部分,它既是人的意识与观念形成的反映,又是由一定物的形式所构成。同时,企业制度文化的中介性,还表现在它是精神与物质的中介。制度文化既是适应物质文化的固定形式,又是塑造精神文化的主要机制和载体。正是由于制度文化这种中介的固定、传递功能,制度文化才对企业文化的建设具有重要的作用。

企业的规章制度主要包括企业的领导制度、人事制度、劳动制度和奖惩制度,企业的领导制度规定着企业领导者的权限、责任及其具体的实施方式,是企业的基本制度。人事制度包括用工制度和晋升制度,它关系到企业人力资源的充足程度、使用效率、员工的素质和企业内部的人际关系,是企业的重要制度。劳动制度包括企业的安全管理劳动时间和劳动纪律,它是企业生产顺利进行的必要保证。奖惩制度是企业员工的行为导向,通过奖励和惩罚向员工表明企业所倡导和禁止的行为,以此规范企业员工的行为。制度的内容必须具有合法性、统一性和准确性。就是说,各种制度内容要符合国家和地区的各项法律规定,相互之间协调统一,表达准确、清晰、通俗易懂,避免模棱两可和生涩难懂。

(四) 观念层

企业文化的观念层是现代企业文化的核心层,是指企业在生产经营中形成的独具本企业特征的意识形态和文化观念。观念层文化包括企业精神、企业伦理、价值观念、企业目标等。由于精神文化具有企业的本质特点,因此它是在企业多年的运营过程中逐步形成的。

1. 企业精神

企业精神是现代意识与企业个性相结合的一种群体意识。每个企业都有各具特色的企业精神,企业精神往往以简洁而富有哲理的语言形式加以概括。一般来说,企业精神是企业全体或多数员工共同一致、彼此共鸣的内心态度、意志状况和思想境界。企业精神可以激发企业员工的积极性,增强企业的活力。企业精神作为企业内部员工群体心理定势的主导意识,是企业经营宗旨、价值准则、管理信条的集中体现,构成了企业文化的基石。

企业精神源于企业生产经营实践。随着实践的发展,企业逐渐提炼出带有经典意义的指导企业运作的哲学思想,这种思想成为企业家倡导并以决策和组织实施等手段所强化的主导意识。企业精神集中反映了企业家的事业追求、主攻方向及调动员工积极性的基本指导思想。企业精神常常以各种形式在企业组织过程中得到全方位强有力的贯彻。于是,企业精神常常成为调节系统功能的精神动力。

企业精神能够反映企业的特点,并与生产经营不可分割。企业精神不仅能动地反映与企业生产经营密切相关的本质特性,而且鲜明地显示企业的经营宗旨和发展方向。企业精神能较深刻地反映企业的个性特征在管理上的影响,起到促进企业发展的作用。

许多成功企业都有自己独特的企业精神,比如华为倡导的危机意识。华为是 1987 年开始创业的,2000 年第一次跃居中国电子行业百强企业首位。13 年创业就取得如此骄人的成绩,可喜可贺,而正当大家准备庆祝的时候,任正非在华为内刊上发布了一篇非常有名的文章《华为的冬天》,他说:"公司所有员工是否考虑过,如果有一天,公司销售额下滑、利润下滑甚至会破产,我们怎么办?我们公司的太平时间太长了,在和平时期升的官太多了,这也许就是我们的灾难。泰坦尼克号也是在一片欢呼声中出的海。而且我相信,这一天一定会到来。面对这样的未来,我们怎样来处理,我们是不是思考过。我们好多员工盲目自豪,盲目乐观,如果想过的人太少,也许就快来临了。居安思危,不是危言耸听。"千禧之年,华为没有被自己的成绩冲昏头脑,反而更加扎实地做自主研发,在这样的危机意识之下,华为屡创佳绩。

2. 企业价值观

价值观简单来说就是关于价值的观念,它是客观的价值体系在人们主观意识中的反映,是价值主体对自身需要的理解,以及对价值客体的意义、重要性总的看法和根本观点。价值观包括价值主体的价值取向、价值主体对价值客体及自身的评价。价值是客观的,价值观念则是主观的。由于人们的社会生活条件、生活经验、目的、需要、兴趣不同,价值观念也彼此不同,企业价值观是指企业中绝大多数员工所共同持有的价值观。对一个企业而言,只有当绝大多数成员的价值观趋于一致时,企业价值观才能形成。企业价值观是企业推崇和信奉的基本行为准则,是企业进行价值评价、决定价值取向的内在依据。国内外经营成功的企业都很注重企业价值观的塑造,并号召企业员工自觉推崇和尊重自己企业的价值观。例如海尔集团提出"真诚到永远",把真诚地为顾客提供高质量的产品和服务作为自己的价值追求。

不同企业对自身价值信念的提法虽然各有千秋,但无一不强调企业的社会责任感及其在社会生活中的存在价值,并以此把企业与职工凝聚在一起。成功企业的经验证明,积极向上的企业价值观,能使员工把维护企业利益、促进企业发展看作有意义的工作,从而激发员工极大的劳动热情和工作主动性,使企业的外部适应能力和内部协调能力得到加强,企业也由此更容易获得成功和发展。

3. 企业理念

企业理念是一个总概念,包括企业存在的意义、经营信条和行为规范等,并表达企业存在于这个世界上的使命是什么,宣告如何去实现这一使命。企业理念一般是在长期的生产、经营实践中逐渐建立起来的,表现为企业所遵循的根本原则及企业全体员工对共同理想和信仰的追求。实际上,企业理念是企业文化的一个组成部分,主要以企业精神的形式反映出来,是企业文化中经营哲学、价值观、经营宗旨等内容的凝结和提炼。企业经营理念综合性地反映了企业精神,确立了企业的行为目标和发展方向,因此企业理念被称为"企业的灵魂"。建立在企业群体文化知识、理想认同和行为规范上的企业理念,对外能够昭示企业所确立的社会身份、精神面貌和经营风格,对内能够成为全体员工的统一意志,唤起员工巨大的工作热情,促使企业充满活力。

如某科技公司以"the future of possible"(未来无所不能)为主旨理念,在无人机系统、手持影像系统与机器人教育领域成为业内领先的品牌,以一流的技术产品重新定义了"中国制造"的创新内涵。

企业理念是一个整体性概念,它以企业的价值观为基础,以企业组织系统和物质系统为依托,以企业员工的群体意识和行为表现形成一个企业特有的生产经营管理的思想作风和风格。

4. 企业伦理

企业伦理,既是一种善恶评价,可以通过舆论和教育的方式影响员工的心理和意识,形成员工的善恶观念和生活信念,同时也是一种行为标准,可以通过舆论、习惯规章制度等成文或不成文的形式调节企业及员工的行为。

伦理文化是一种最直接的社会文化层面。同样,企业伦理是现代企业文化的重要组成部分,它是一种社会意识,是一种微观的道德文化,同时,它又是一种新的富有成效的管理观念,即主张以人为核心,用道德观念和道德规范来调节企业员工的行为。任何企业文化,如果离开风尚、习惯、道德规范,就是不成熟、不系统的,不可能是一种成功的企业文化。因此,在建设企业文化时必须高度重视企业伦理建设。

企业之间的恶性竞争以及劳资关系的紧张等问题,使人更加注重企业的社会责任,认为在考虑企业绩效时,应同时讲求经济效益和社会效益。有识之士指出,从管理的角度而言,企业伦理即是企业"向下与向外的管理运作沟通",社会里的各个企业都是大系统下的子系统,彼此拥有"共生共灭的互动关系",企业既要公平竞争,又要互助合作,并勇于承担自身的社会责任。

(五)企业文化各层次的关系

企业文化的结构不是静止的,各层次之间存在着相互的联系和作用。

首先,观念层决定了行为层、制度层和物质层。观念层是企业文化中相对稳定的层次,它的形成受社会、政治、经济、文化以及本企业的实际情况、企业管理理论等影响。观念层一经形成,就处于比较稳定的状态。观念层是企业文化的决定因素,有什么样的观念层就有什么样的物质层。

其次,制度层是观念层、物质层和行为层的中介。观念层直接影响制度层,并通过制度层影响物质层。企业领导者和职工在企业哲学、价值观念、道德规范等基础上,制定或形成一系列的规章制度、行为准则来实现他们的目的,体现他们特有的观念层的内容。可见观念层对制度层的影响是直接的。在推行或实施这些规章制度和行为准则的过程中,会形成独特的物质层,并以特有的价值取向和观念反映在行为中,可见观念层对物质层的影响一般是间接的。制度层的中介作用,让许多卓越的企业家非常重视制度层建设,并把制度层建设成为自己企业重要的特色。

最后,物质层和制度层是观念层的体现。观念层虽然决定着物质层、制度层和行为层,但观念具有隐性的特征,它隐藏在显性内容的后面,必须通过一定的表现形式来体现,它们的精神活动也必须付诸实践。因此,企业文化的物质层和行为层就是观念层的体现和实践。物质层和制度层以其外在的形式体现了企业文化的水平、规模和内容。因此,当我们看到一个企业的工作环境、文化设施、规章制度,就可以想象出该企业的文化精髓。企业文化的物质层和制度层除了体现精神层的作用以外,还能直接影响职工的工作情绪,直接促进企业哲学、价值观念、道德规范的进一步成熟和定型。所以,许多成功的企业十分重视企业文化中物质层和制度层的建设,明确企业的特征和标志,完善企业的制度建设和规范的形成,从而以文化的手段激发职工的自觉性,实现企业的目标。

企业文化的物质层、制度层、行为层和精神层是密不可分的,它们相互影响、相互作用,共同构成企业文化的完整体系。其中,企业的精神层是根本,它决定着企业文化的其他三个层次,因此,我们研究企业文化的时候,要紧紧抓住精神层的内容,只要抓住了精神层,企业文化的其他内容就顺理成章地揭示出来了。

五、企业文化的功能

(一)导向功能

企业文化反映了企业整体的共同追求、共同价值观和共同利益。这种强有力的文化,能够对企业整体和企业成员的价值取向和行为取向起到导向作用。企业文化一旦形成,就建立起自身系统的价值和规范标准,对企业成员的思想和企业整体的价值、行为取向发挥导向作用。

企业文化的导向功能,主要通过企业文化的塑造来引导企业成员的行为心理,使人们在潜移默化中接受共同的价值观念,自觉自愿地把企业目标作为自己的追求目标来实现。

企业文化的导向功能具体体现在:一是规定企业行为的价值取向;二是明确企业的行动目标;三是建立企业的规章制度。正如迪尔和肯尼迪在《企业文化》一书中反复强调的:"我们认为人员是公司最伟大的资源,管理的方法不是直接用电脑报表,而是经由文化暗示,强有力的文化是引导行为的有力工具,它帮助员工做到最好。"

(二)凝聚功能

企业文化通过沟通企业职工的思想,使之形成对企业目标、准则、观念的认同感,产生对本职工作的自豪感和对企业的归属感,从而使职工个体的集体意识大大加强,使自己的思想感情和行为同企业的整体联系起来。这就是企业文化的凝聚功能。良好的企业文化会使职工与企业形成一定的相互依存的关系,从而产生对企业的某种群体意识。这种意识能使个人行为、思想、感情与企业整体统一起来,产生一种合力,使企业内部组织一体化,使企业成员朝着一个共同的目标努力。

一般来说,好的企业文化还会使企业职工产生强烈的归属感,从而形成强大的凝聚力。企业文化的群体行为模式,首先表现为企业成员的归属感。在企业这个群体中,个体虽说具有相对的独立性,但也不是超越群体的孤立者,而是归属于这一群体的个体。个体通过参与群体的活动,利用种种措施来释放自身的能力,发挥聪明才智,为群体的发展做出贡献;同时,群体对个体的作用也进行鼓励和认可,这样就会大大增强个体的"主人翁"地位的自我感觉,增强个体对群体的归属感。

把每位员工视为企业不可替代的存在,理解人、尊重人、同心同德、齐心协力,这才是企业成功之道。企业内部的这种凝聚力是由企业文化的氛围营造的。在许多公司,当新员工入职时,公司就向他们灌输他们必须与企业同存在的观念。当员工过生日时,公司都会有生日卡和生日蛋糕及总经理的亲笔祝福:公司为能有你这样的员工而自豪,祝你生日快乐。当员工家庭遇到困难时,公司会送上关怀和帮助。这种以团队精神来影响员工的企业文化,大大增强了企业的凝聚力。

(三)激励功能

企业文化中的员工士气激励功能,是指企业文化以人为中心,形成一种人人受重视、人人受尊重的文化氛围,激励企业员工的士气,使员工自觉地为企业而奋斗。企业文化对企业员工不仅有一种"无形的精神约束力",还有一种"无形的精神驱动力"。这是因为,企业文化使企业员工懂得了他所在企业存在的社会意义,看到了他作为企业一员的意义和自己生活的意义,就会产生一种崇高的使命感,以高昂的士气,自觉地为社会、为企业、为实现自己的人生价值而勤奋地工作。

企业文化的激励功能具体体现在以下两点。

(1)信任鼓励。只有使员工感到上级对他们的信任,才能最大限度地发挥员工的聪明才智。

(2)关心鼓励。企业各级主管应了解其部属的家庭和思想情况,帮助他们解决在工作和生活上的困难,使员工对企业产生依赖感,充分感受到企业的温暖,从而为企业尽力尽责。

(四)约束功能

企业文化的约束功能通过制度文化和道德规范来实现。一方面,企业规章制度的约束作用较为明显,而且是硬性的,规章制度面前人人平等;另一方面,对于企业的伦理,包括社会公德和职业道德,员工都必须遵守。这是一种无形的、理性的韧性约束。

(五) 辐射功能

企业文化与社会文化紧密相连,在受社会文化影响的同时,企业文化也潜移默化地影响着社会文化,并对社会产生一种感应功能,影响社会,服务社会,成为社会改良的一个重要途径。

企业文化不仅在本企业发挥作用,而且会对社会产生辐射和扩散。一是企业文化可以通过企业精神、价值观、伦理道德向社会扩散,与社会产生某种共识,并为其他企业或组织所借鉴、学习和采纳。中国百年老店北京同仁堂药店,把生产药提升到精神"德"的高度:"同声同气济民济世,仁心仁术医病医人""炮制虽繁必不敢省人工,品位虽贵必不敢减物力"。他们把经商和做人融为一体,在弘扬中华民族医学传统的同时,充分表现了中华民族传统文化中的道德价值和人格、国格意识,使顾客在购药、用药时也体会到同仁堂员工美好的情操和高尚的品质。正是这种传统文化,使创建于1669年的同仁堂几百年来长盛不衰,成为中国医药行业备受保护的驰名商标,成为中外顾客青睐的药店。二是企业文化也通过员工向社会传播和扩散企业文化。

六、企业文化建设的内容

企业文化建设是一项长期的系统工程,优秀的企业文化源于长期精心的建设和培育,企业文化由精神文化、制度文化、行为文化和物质文化四部分组成,所以,企业文化建设也应围绕这四部分展开。

(一) 精神文化建设

精神文化建设主要是培育企业的价值观念和企业精神,建立适合企业的价值观念体系,创建具有本企业特色的企业精神文化。企业在进行精神文化建设时,要注意以下几点。

(1) 应深入研究和挖掘民族文化中的优良传统,积极吸取现代文化的优秀成果,处理好传统文化与现代文化、民族文化与外来文化的关系。

(2) 企业价值目标要与整个社会的正确价值导向相符合。

(3) 在社会正确价值观念的指导下,根据企业的性质、规模、类型、职工素质、经营特点、历史变革等因素,选择适当明确的价值目标及内容,并随着客观环境和企业内在因素的变化,不断注入新内容。

(4) 企业在确立自身价值目标、标准及实质内容的过程中,要同时树立既反映时代精神又表现本企业特色,既体现企业领导人的精神风貌又集中反映广大职工群体意识的企业精神。

(5) 企业价值观念和企业精神必须具体化为一系列原则,使企业领导者和职工都可以具体操作,并体现在企业行为中。

(二) 制度文化建设

制度文化把企业职工的价值共识,以及在分工协作、协调相互关系、保持行为一致性方面的共同要求以条文的形式确定下来,从而对员工行为形成有形或无形的约束。在制度规范的约束下，每名组织成员能够准确地掌握行为评判的准则，并以此自觉约束、修正自身行为，遵守共同的行为规范。在企业制度文化建设中，应当高度重视建立在企业共有的价值观念体系和企业精神基础上的制度文化建设，围绕企业目标建立健全各种规章制度，形成严谨、规范的制度文化体系，使职工的各种行为活动、相互关系的确立和调整以及行为效果的评价等均有规可依、有章可循。

企业制度文化建设可以从产权制度、领导制度和内部管理制度三个层面入手。从产权制度看，要建设一种产权明晰，有利于协调国家、企业及其经济主体之间的利益，以及调动各方面积极性的产权制度；从领导制度看，要把职工代表大会制度与法人治理结构结合起来，建设既能明确权责、高效运转，又能充分实施民主管理的企业领导制度；从内部管理制度来看，要使企业的生产制度、人事制度和奖惩制度形成体系，制度的内容必须具有合法性、统一性和准确性，同时还要强调制度的可操作性，以此规范员工的行为。

（三）行为文化建设

企业行为文化包括企业经营、教育宣传、人际关系的活动、文娱体育活动中产生的各种文化现象。企业在行为文化建设时首先是注意人力资本的培育和积累，增加投资，加大人才的培养和引进力度，加强员工教育和培训；其次要注意对员工工作作风和精神风貌的培养；再次是建立良好的人际关系环境，为员工提供更多参与管理、参与文化建设的机会，及时奖励员工，注意发挥非正式组织的作用；最后要做好员工的文化娱乐体育活动，引导员工发展自己的个人兴趣，提高员工的综合素质。

企业行为文化建设过程中要注意发挥企业模范人物的榜样示范作用。模范人物是企业中具有超出一般职工的思想境界和行为表现，能够成为榜样和表率的先进个人或群体，他们通常以自己的思想和行为鲜明地体现企业的价值观和精神风貌，构成了企业行为文化的组成要素。通过对模范人物的仿效和追随，广大员工可以形象、具体地感受企业的价值观体系，领悟企业精神的精髓，进而积极遵从本企业的各种准则和规范，使职工群体的文化素养得到普遍提高。

企业行为文化建设还要注重习俗仪式的建设。习俗仪式包括企业内带有普遍性和程序化的各种风俗、习惯、传统、典礼、仪式、集体活动、娱乐方式等。习俗仪式是企业在发展过程中长期积累、反复实践和总结而形成的，实质是企业的价值观念、精神境界与存在方式的积淀和体现。具有鲜明文化特色的企业，大多形成了一系列独特的习俗活动或仪式，用以不断强化全体职工对本企业文化的认同感，从而推动企业形成良好的风气和全员的自我管理意识。

（四）企业物质文化建设

企业物质文化是企业文化的物质表现，是企业员工赖以生存和发展的环境和条件。对内，企业物质文化可以促使职工为追求理想目标和自身价值的实现而更好地工作、学习，以求自身的全面发展；对外，企业物质文化可以充分展示企业的突出形象，积累和扩张企业的无形资产。企业在进行物质文化建设时要注意以下两点。

（1）注重产品和服务质量的改进和提高，加强产品的设计和促销活动，注重产品的商标和包装设计，使顾客得到满意的产品和服务，从而提高产品和企业的竞争能力。

（2）加强企业的基础设施建设，美化厂容、厂貌，合理布局企业的空间结构，使工作环境和谐优美,让员工在舒适的氛围中达成任务目标。

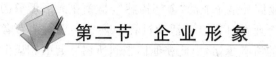

第二节 企 业 形 象

一、企业形象的概念及构成

(一)企业形象的概念

企业形象是社会公众及企业员工对企业的一切活动及其表现的总体印象和整体评价。企业形象包含两方面的内容:第一,企业形象的主体是企业,是企业有意或无意地展现在社会公众面前的内部生产经营管理和外部营销服务及社会活动在内的所有活动及其表现。第二,企业形象的接受者是社会公众,它是社会公众对企业的总体印象和评价。社会公众是指影响着企业经营目标实现能力的一般公众和机构公众。其中一般公众包括企业内部员工、企业所在地居民、企业产品(服务)消费者及潜在消费者、企业相关媒体接受者等;机构公众包括与企业活动相关的政府机构、融资机构、媒体机构、社会团体及与企业营销活动紧密联系的其他的企业组织如销售商、供应商等。

社会公众对企业的印象不仅来自看得见摸得着的事物,如企业的建筑物、设备、产品等,也来自无形的但能被别人感知和记忆的企业行为和企业所表现出的精神风貌。任何企业都有一个属于自己的独特形象,或卓越优异,或平凡普通;或真善美,或假恶丑;或美名远扬,或默默无闻……良好的企业形象可以使企业在市场竞争中处于有利地位,受益无穷;而平庸乃至恶劣的企业形象无疑会使企业的生产经营举步维艰,贻害无穷。

(二)企业形象的构成

企业形象由企业的无形要素和有形要素两大类构成。

1. 企业形象的无形要素

企业形象的无形要素包括企业理念、企业制度、企业信誉以及员工素质等方面,是企业文化的重要组成部分,更多表现为企业内部的、深层的形象。无形要素构成了企业形象的灵魂和支柱,对企业的影响是长期的、深刻的。

(1)企业理念。企业理念是指企业的指导思想或经营哲学,是企业倡导并形成的特有的经营宗旨、经营方针、企业价值观和企业精神的总称,是企业形象的核心内容。企业理念规范制约着企业及其员工的日常行为,对企业的生产经营发展起着导向和指导作用。良好的企业理念可以在潜移默化中引导员工的正确观念和行为,激发员工士气,凝聚员工精神,推动企业发展。企业理念作为企业的灵魂和核心,影响着企业的一切存在,支配着企业的一切行为。企业理念虽然是无形的,却无处不在。

(2)企业制度。企业制度是建立在企业理念基础上的,企业的管理者和一般员工都应遵守的各项规定、准则及行为规范,是企业理念得以贯彻的必要手段,是所有员工的行为规范化、制度化和系统化的保证,也是企业得以顺利而有效运营的基础。像一个国家没有法律是不可想象的一样,若一个企业没有制度作保障,更是难以想象,管理者和一般员工将无章可循,企业将成为一盘散沙,因而也将无竞争力可言。

(3) 企业信誉。企业信誉是企业的"金字招牌",是企业无形形象的主要内容,是企业的宝贵财富。企业信誉是企业在日常经营活动过程中善于实现对消费者、所有与之打交道的客户以及社会公众所做的所有承诺,由此在他们中间所树立起的相应形象。

(4) 员工素质。企业理念要靠企业员工贯彻实施,企业员工的素质对于企业理念的实施程度具有直接影响。企业员工具有的文化素质、敬业精神、技术水准、价值观念以及企业管理者(企业家)的管理能力、战略眼光及个人魅力等,虽然也是无形的,却都直接影响着企业的行为和表现,影响着社会公众对企业的印象和评价。

2. 企业形象的有形要素

企业形象的有形要素包括产品形象、环境形象、业绩形象、社会形象、员工形象等。

(1) 产品形象。产品形象是企业形象的代表,是企业形象的物质基础,是企业主要的有形形象。企业形象主要通过产品形象表现出来。产品形象包括产品质量、性能、造型、价格、品种、规格、款式、花色、档次、包装设计以及服务水平、产品创新能力等。其主要表现为企业的品牌形象。产品形象直接影响着企业形象,企业只有通过向社会提供质量上乘、性能优良、造型美观的产品和优质的服务来塑造良好的产品形象,才能得到社会的认可,才能在竞争中立于不败之地。

(2) 环境形象。环境形象主要指企业的生产环境、销售环境、办公环境和企业的各种附属设施。企业厂区环境的整洁和绿化程度,生产和经营场所的规模和装饰,生产经营设备的技术水准等,无不反映着企业的经济实力、管理水平和精神风貌,是企业向社会公众展示自己的重要窗口。特别是销售环境的设计、造型、布局、色彩及各种装饰等,更能展示企业文化和企业形象,对于强化企业的知名度和信赖度,提高营销效率更有直接的影响。

(3) 业绩形象。业绩形象是指企业的经营规模和赢利水平,主要由产品销售额、资金利润率及资产收益率等组成。业绩形象反映了企业经营能力的强弱和赢利水平的高低,是企业生产经营状况的直接表现,也是企业追求良好企业形象的根本所在。一般而言,良好的企业形象,特别是良好的产品形象,总会为企业带来良好的业绩形象。而良好的业绩形象总会增强投资者和消费者对企业及其产品的信心。

(4) 社会形象。社会形象是指企业通过非营利的以及带有公共关系性质的社会行为塑造良好的企业形象,以博取社会的认同和好感。企业社会行为包括:奉公守法,诚实经营,维护消费者的合法权益,保护环境,促进生态平衡;关心所在社区的繁荣与发展,做出自己的贡献;关注社会公益事业,促进社会精神文明建设等。

(5) 员工形象。企业员工是企业生产经营管理活动的主体,是企业形象的直接塑造者。员工形象是指企业员工的整体形象,包括管理者形象和一般员工形象。管理者形象是指企业管理者集体,尤其是企业管理者的知识、能力、魄力、品质、风格及经营业绩给本企业职工、企业同行和社会公众留下的印象。企业管理者是企业的代表,其形象直接影响到企业的形象。一般员工形象是指企业全体职工的服务态度、职业道德、行为规范、精神风貌、文化水准、作业技能、内在素养和装束仪表等给外界的整体形象。企业是员工的集合体,因此,员工的言行必将影响企业的形象。管理者形象好,可以增强企业的向心力和社会公众对企业的信任度;一般员工形象好,可以增强企业的凝聚力和竞争力,为企业的长期稳定发展打下牢固的基础。

企业形象是企业有形形象和企业无形形象的综合,它们从不同侧面塑造出一个具体、生动、综合的形象。其中,企业无形形象是企业形象内在的、深层次的表现,是企业形象的灵魂和支柱;企业有形形象是企业形象外在的、表层的表现,是企业形象的重要组成部分。

二、企业形象的特征

(一) 客观性和主观性

一方面,企业形象是企业实态的表现,是企业一切活动在社会面前的展示,是客观真实的,具有客观性的特征。良好的企业形象不能由企业经营者主观设定,自我感觉良好并不能表明企业形象果真良好。良好的企业形象是有客观标准的,由企业良好的经营管理状态、良好的企业精神、良好的员工素质、良好的企业领导作风、良好的企业制度、良好的企业产品以及整洁的生产经营环境等客观要素构成。这些构成要素都是客观实在,是人们能够直接感知的,不以人们的主观意志为转移的。

另一方面,企业形象是社会公众对企业的印象和评价,所以企业形象又具有主观性特征。作为社会公众对企业的印象和评价,企业形象并不是不以人的意志为转移的企业客观存在的实态本身,而是与人们的主观意志、情感、价值观念等主观因素密切相关。在企业形象形成过程中,企业形象是社会公众以其特有的思维方式、价值取向、消费观念、需要模式以及情感等主观意识,对企业的各种信息进行接收、选择和分析,进而形成的特定的印象和评价,其结果是主观的。

(二) 整体性和层次性

一方面,企业形象是由企业内部诸多因素构成的统一体和集中表现,是一个完整的有机整体,具有整体性的特征。各要素形象如企业员工的形象、产品或服务的形象之间有内在的必然联系。构成企业形象的每一个要素的表现必然影响整体的企业形象。

另一方面,整体的企业形象是由不同层次的企业形象综合而成的,因此企业形象也就具有了十分鲜明的层次性特征。企业形象的层次性表现在以下两个方面。

(1) 内容的多层次性。企业形象的内容可分为物质的、社会的和精神的三个方面。物质方面的企业形象主要包括企业的办公大楼、生产车间、设备设施、产品质量、绿化园林、点缀装饰、团体徽记、地理位置、资金实力等;社会方面的企业形象包括企业的人才阵容、技术力量、经济效益、工作效率、福利待遇、公众关系、管理水平、方针政策等;精神方面的企业形象包括企业的信念、精神、经营理念及企业文化等。

(2) 心理感受的多面性。企业形象是企业在人们心目中的一种心理反映。由于每个人观察的角度不同,和企业的关系不同,构成了观察角度各异的局面,这就决定了人们对企业形象的心理感受呈现出多面性。例如,企业在其成员心目中的形象和企业在外部公众心目中的形象是不完全一致的。外部公众一般都是从评价企业产品的角度来认识企业形象,而企业员工往往从企业的工作环境、管理水平、福利待遇等方面来认识企业形象。

(三) 稳定性与动态性

一方面,企业形象一旦形成,一般不会轻易改变,具有相对稳定性。这是因为社会公众经过反复获取企业信息，经过过滤分析，由表象的感性认知上升为理性认知，对企业必然产生比较固定的看法，从而使企业形象具有相对稳定性。这种稳定性产生于企业形象所具有的客观物质基础，如企业的建筑物、机器设备、职工队伍等，这些要素在短期内不会有大的改变，而企业形象的树立在很大程度上依赖于企业的物质基础。再者，企业形象是企业行为的结果，而企业行为又可能发生这样或者那样的变化。但是这种变化不会马上改变人们心目中已存在的形象，因为公众具有的思维定式，使他们总是倾向于原有的企业形象，而不会因为企业行为的改变而马上改变对企业的看法。

另一方面，企业形象又具有动态性或可变性的特征。企业形象树立起来以后，有其宏观的时空上的稳定性。但是，企业形象并不是固定不变的，除了具有相对稳定的一面，还具有波动可变的一面。随着时间的推移，空间的变化、企业行为的改变以及政治、经济环境的变迁，企业形象不可能一成不变，而是始终处在动态的变化过程之中。

（四）对象性和传播性

企业形象的形成过程，实质上是企业实态借助一定的传播手段，为社会公众认识、感知并得出印象和评价的过程。企业形象的形成过程使其具有明确的对象性和传播性。企业形象的对象性，是指企业作为形象的主体，其形象塑造要针对明确的对象。企业作为社会的营利组织，其形象塑造是为了实现企业经营目标，是为其营销服务的。不同的企业提供不同的产品和服务，面对不同的消费者和用户，其社会公众的构成也有所不同。这就决定了企业必须根据公众特有的需求模式、思维方式、价值观念、习惯爱好以及情感特点等因素，适应公众的意愿，确定自己特有的企业形象。

企业形象的建立必须经过一定的传播手段和传播渠道。没有传播手段和传播渠道，企业实态就不可能为外界感知、认识，企业形象也就无从谈起。企业形象的形成过程，实质上就是企业信息的传播过程。传播作为传递、分享及沟通信息的手段，是人们感知、认识企业的唯一途径。企业通过传播将有关信息传递给公众，同时又把公众的反应反馈到企业中来，使企业和公众之间达到沟通和理解，从而实现塑造企业形象的目的。

（五）独特性与创新性

独特性又称企业形象的差异性。社会竞争的加剧，竞争对手的增多，以及商品世界的繁华，迫使每个企业必须做到形象的鲜明性和独特性，以显示企业的与众不同之处，给公众不同的新鲜刺激，便于公众认知、识别，吸引其注意，从而在公众头脑里留下难以忘怀的美好印象。企业形象仅具有独特性是远远不够的，还必须在保持鲜明的独特性的同时，不断调整、创新、提升自己的形象，这样才能适应市场需求、公众价值观、竞争状况、社会舆论、政府政策及各种环境因素的变化。

三、企业树立良好形象的作用

良好的企业形象是企业宝贵的无形资产，它对企业内部管理和对外经营方面的影响和作用巨大而深远。

（一）在内部管理方面的作用

企业形象在企业内部经营管理方面的作用，主要表现在有利于企业文化的建设，企业凝聚力的提高,企业竞争力的增强以及企业多元化、集团化经营的开展等方面。

1. 有利于企业文化的建设

企业文化是企业员工追求的价值观念、思维方式、行为方式和信念的综合,它的最大作用便是强调企业目标和企业员工工作目标的一致性,强调群体成员的信念、价值观念的共同性,强调企业的吸引力和向心力。因此企业文化对企业员工有着巨大的内聚作用,使企业成员团结在组织内形成一致对外的强大力量。而良好企业形象的树立,有利于企业文化的形成,使企业员工身在企业工作有一种自豪感、归属感,在企业中形成一种凝聚力、向心力,实现价值观念的统一、员工行为的规范化,在企业中形成一种团结、和谐、积极、向上的氛围,从而保证了企业管理的有效性和竞争力的提高。

2. 有利于增强企业实力

企业实力是指企业的生产经营能力,主要由产品的生产能力和销售能力组成。随着现代社会由工业化向信息化的转变,以及企业无形资产价值的增大,企业形象越来越成为一种重要的独立力量,成为企业实力的有机组成部分。良好的企业形象所形成的形象力,与企业生产力、销售力一起形成综合的企业实力。例如,在树立良好企业形象的过程中所出现的名牌产品,对企业实力的提高具有非常重要的作用。我国民族企业中的红塔山、海尔等,美国企业中的可口可乐、麦当劳等,都被估作高价,被视为企业的无形资产和宝贵财富,从而增强了企业的经营实力。

3. 有利于企业多元化、集团化、国际化经营

在企业多元化、集团化、国际化的经营中,关键是要取得集团各关系企业的协作。因为这种经营战略的核心便是如何共同利用经营资源,也就是如何追求协同效应,在新、旧经营项目,以及集团内各成员企业之间寻求多处资源共享的环节,使一种资源产生多种效用,从而把各经营项目联结起来,相互助长。企业拥有并运用统一的良好的企业形象,既有利于企业在开始拓展经营领域、兼并或购买企业,或投资新建企业时迈出多元化、集团化、国际化经营的步伐,也有利于集团各关系企业相互沟通、相互协作与支持,使协同效应得到最大限度的发挥。

(二) 在外部经营方面的作用

企业形象在企业对外经营方面的作用,主要表现在有利于企业经营资源的运用,有利于消费者的认同以及企业公共关系的建立等,为企业创造一个良好的经营环境,使企业与政府、供应商、经销商、股东、金融机构、大众传播媒体、地方社区、消费者等与企业相关的组织或个人都保持良好的关系。

1. 有利于企业生产经营资源的增长

企业的生产经营资源主要由人、财、物三个方面构成。首先,良好的企业形象,不仅能够稳定现有的员工队伍,而且能够吸引优秀的社会人才,使企业在人才竞争中处于优势。其次,良好的企业形象有利于企业的融资发展,扩大资金来源,增强股东的投资信心。同时,良好的企业形象,有利于增强投资者的安全感和信任感,使企业获得银行的支持以及股东的信赖,提高企业的融资能力。最后,良好的企业形象有利于吸引更多的供应商和经销商,扩大企业的流通渠道。

2. 有利于获得消费者的认同,扩大产品的销售力

企业的任务是向社会提供产品和服务。企业形象的建立就是为了更好地向社会提供产品和服务。良好的企业形象的主要表现是有一个良好的产品和服务形象,良好的品牌形象即名牌产品。没有名牌产品的企业,不可能建立起一个良好的企业形象。而名牌产品是消费者自己用货币"投票"选出的,是消费者认可的,是市场竞争的结果。当一种产品成为名牌产品之后,其自身的名牌效应和消费者追求名牌的消费心理,都会使企业在扩大产品销售方面获益无穷。

3. 有利于企业公共关系的处理

企业的公共关系是指企业与社会公众的各种关系。企业通过信息的传递,协调好与各种社会公众的关系,便会在社会公众中间产生沟通和理解,从而使企业获得公众的认可,为企业的生产经营活动创造良好的环境。良好的企业形象本来就是社会公众认可的,是社会公众对企业实态及其特征的良好印象与评价。这种良好印象的形成及优秀评价的产生,建立在公众对企业传递的信息充分了解的基础之上。公众由此对企业产生的信赖和好感,使企业与社会公众之间的理解和沟通变得顺畅,其公共关系工作的开展也会顺利进行。同时,企业公共关系的顺利开展,也是企业进一步维持和发展良好形象的主要途径和手段。随时处理好企业与各种社会公众的关系,维持和发展良好的企业形象,正是企业公共关系的目的和任务所在。

四、企业形象与企业文化

(一)企业文化与企业形象的层次一一对应

从企业形象的构成来看,企业形象可分成三个层次:理念形象、行为形象、视觉形象,这三个层次与企业文化的观念层、制度层和行为层、物质层之间存在着对应关系。

(二)企业形象不等于企业文化

企业文化的观念层对应企业理念形象,制度层和行为层对应行为形象,物质层对应视觉形象,它们相互之间看起来也差不多,那么企业形象是不是企业文化呢?

我们认为,企业形象绝不等于企业文化。

首先,企业文化是一种客观存在,是人类认识的对象,而企业形象是企业文化在人们头脑中的反映,属于人类的主观意识。如果没有业已存在的企业文化,就不会有公众心目中的企业形象。因此,企业文化是企业形象的根本前提,企业文化决定企业形象。

其次,人类的认识过程受到客观条件(如信息传播渠道)和自身认知水平(如知识、经验)的限制,因此公众心目中形成的企业形象并不是企业文化客观真实全面的反映,有时甚至还有扭曲的成分。这决定了企业形象与企业文化之间必然存在某些由人类认知造成的差距。当然,随着认知过程的不断深入,两者之间的差距会逐渐缩小。

最后,出于企业自身的需要,企业文化中有些内容是不会通过传播媒介向外传播的,或是向外传播一些经过特别加工的信息,这也使得企业形象与企业文化在内涵上有差别。

(三)企业形象是企业文化在传播媒介上的印象

从认识过程来看,客观对象必须转化为可以传播的信息,才能通过媒介被人类认识,这种在媒介上反映出的关于企业文化的全部信息就构成了企业形象。

由此,可以得到以下几个重要的判断。

（1）如果人的认知水平、所接触的传播媒介完全相同，同一个企业的企业形象在不同的人心目中应该是完全相同的。

（2）企业文化在不同传播媒介上的印象是不同的，即同一个人通过不同传播媒介会得到同一个企业的不同形象。

（3）完全相同的企业文化在相同传播媒介上形成的印象即企业形象是完全相同的。当然，现实中不可能有两个企业文化完全相同的企业，但如果它们的企业文化差不多，传播媒介也差不多，那么它们的企业形象也就没有什么区别了。

（4）有显著差异的企业文化，在相同传播媒介上的印象即企业形象之间也存在显著差异。

 本章小结

企业文化就是企业在长期的生存和发展过程中所形成的，为企业多数成员所共同遵循的经营观念或价值观体系。企业文化的本质特征包括时代性、系统性、稳定性、独特性和民族性。企业文化的结构包括物质层、行为层、制度层和观念层四个层次。企业文化具有导向、凝聚、激励、约束和辐射的功能。企业文化建设由精神文化、制度文化、行为文化和物质文化建设四部分组成。

企业形象是社会公众及企业员工对企业的一切活动及其表现的总体印象和整体评价。企业形象的无形要素包括企业理念、企业制度、企业信誉以及员工素质等；企业形象的有形要素包括产品及其包装、生产经营环境、生产经营业绩、社会贡献、员工形象等。企业形象具有客观性和主观性，整体性和层次性，稳定性与动态性，对象性和传播性，独特性与创新性的特征。良好的企业形象是企业宝贵的无形资产，对企业内部管理和对外经营方面的影响巨大。企业形象的构成层次与企业文化的层次之间存在着对应关系。企业形象绝不等于企业文化，企业形象是企业文化在传播媒介上的印象。

关键术语

文化　企业文化　企业文化建设　企业形象

思考题

1. 如何理解企业文化的内涵？
2. 企业文化各个层次包括哪些具体内容？你赞同这种分层的方法吗？
3. 企业文化有哪些特点？
4. 企业文化具有哪些功能？
5. 从网站上收集国内外几家著名企业的企业文化方面的相关资料，并提炼出这几家企业的企业精神、经营理念与核心价值观。
6. 请你谈谈应如何建设有中国特色的企业文化。

第十一章　企业文化管理　　　第十一章案例阅读

参考文献

[1] 祝爱民,袁峰. 企业管理学[M]. 北京:高等教育出版社,2010.
[2] 周三多,邹统钎. 战略管理思想史[M]. 上海:复旦大学出版社,2003.
[3] 周三多. 管理学[M]. 5版. 北京:高等教育出版社,2018.
[4] 布里克利,等. 管理经济学与组织架构[M]. 4版. 张志强,等译. 北京:人民邮电出版社,2014.
[5] 斯蒂芬·罗宾斯,等. 组织行为学[M]. 16版. 北京:中国人民大学出版社,2016.
[6] 邹华,修桂华. 人力资源管理原理与实务[M]. 2版. 北京:北京大学出版社,2015.
[7] 尤建新. 企业管理概论[M]. 4版. 上海:同济大学出版社,2015.
[8] 宿恺,等. 企业管理学[M]. 北京:机械工业出版社,2019.
[9] 张智利,潘福林. 企业管理学[M]. 北京:机械工业出版社,2007.
[10] 迈克尔·希特,等. 战略管理:概念与案例[M]. 12版. 北京:中国人民大学出版社,2017.
[11] 张阳,等. 战略管理[M]. 北京:科学出版社,2017.
[12] 刘冀生. 企业战略管理——不确定性环境下的战略选择及实施[M]. 3版. 北京:清华大学出版社,2016.
[13] 李玉刚. 战略管理[M]. 3版. 北京:科学出版社,2018.
[14] 由建勋,李柯. 现代企业管理[M]. 3版. 北京:高等教育出版社,2014.
[15] 周三多,陈传明. 管理学[M]. 5版. 上海:复旦大学出版社,2013.
[16] 理查德L·达夫特,多萝西·马克西. 管理学原理[M]. 7版. 北京:机械工业出版社,2012.
[17] 吴冬梅. 人力资源管理案例分析[M]. 北京:机械工业出版社,2011.
[18] 尤建新. 企业管理理论与实践[M]. 北京:北京师范大学出版社,2009.
[19] CHASE B R,AQUILANO J N,JACOBS R. 运营管理[M]. 11版. 北京:机械工业出版社,2015.
[20] 祝爱民. 技术经济学[M]. 2版. 北京:机械工业出版社,2017.
[21] 陆剑清. 市场营销学[M]. 北京:清华大学出版社,2014.
[22] 荆新,等. 财务管理[M]. 8版. 北京:中国人民大学出版社,2018.
[23] 希金斯. 财务管理分析[M]. 10版. 沈艺峰,等译. 北京:北京大学出版社,2015.
[24] 刘淑莲. 财务管理[M]. 4版. 大连:东北财经大学出版社,2017.
[25] 甘华鸣. 管理决策操作规范[M]. 北京:企业管理出版社,2004.
[26] 陈志祥. 生产与运作管理[M]. 3版. 北京:机械工业出版社,2017.
[27] 刘丽文. 生产与运作管理[M]. 5版. 北京:清华大学出版社,2016.
[28] 崔平. 现代生产管理[M]. 3版. 北京:机械工业出版社,2016.
[29] 马丁·克里斯托弗. 物流与供应链管理[M]. 4版. 北京:电子工业出版,2012.
[30] 巴罗. 企业物流管理——供应链的规划、组织和控制[M]. 2版. 王晓东,等译. 北京:机械工业出版社,2006.
[31] 张理,等. 现代企业物流管理[M]. 2版. 北京:中国水利水电出版社,2014.
[32] 梅焰. 电子商务与物流管理[M]. 3版. 北京:机械工业出版,2016.

[33] 王景河,庄培章. 管理学基础与实践[M]. 北京:中国人民大学出版社,2015.
[34] 王玮,梁新弘. 网络营销[M]. 北京:中国人民大学出版社,2016.
[35] 袁坤. 哈佛经营决策学[M]. 北京:中国三峡出版社,2001.
[36] 郭国庆. 市场营销学[M]. 5版. 北京:中国人民大学出版社,2015.
[37] 陈荣秋,马士华. 生产运作管理[M]. 北京:高等教育出版社,2017.